JOSEF SCHRAVEN

Internationale und supranationale Rohstoffverwaltung

Schriftenreihe der Hochschule Speyer

Band 89

Internationale und supranationale Rohstoffverwaltung

Von

Dr. Josef Schraven

DUNCKER & HUMBLOT / BERLIN

Gedruckt 1982 bei Buchdruckerei A. Sayffaerth - E. L. Krohn, Berlin 61
Printed in Germany

ISBN 3 428 05295 1

Vorwort

Die vorgelegte Dissertation entstand während meiner Zeit als wissenschaftlicher Assistent an der Hochschule für Verwaltungswissenschaften Speyer.

Die Anregung zu dieser Arbeit verdanke ich Herrn Prof. Dr. Hartwig Bülck, der ihre Entstehung kritisch verfolgte, mich ermunterte und lehrte, über den Bereich der Rechtswissenschaft hinauszuschauen, dabei nicht nur theoretische Studien vergleichender Verwaltungswissenschaften zu betreiben, sondern mir auch ermöglichte, praktische Eindrücke von der Arbeit der internationalen Sekretariate der Rohstoffabkommen in London zu gewinnen. Sie waren mir mehr als nur die Abrundung eines aus der Literatur gewonnenen Bildes.

Es traf sich gut, daß auch die Beschäftigung mit der Verwaltungsorganisation der Europäischen Gemeinschaften nicht auf die theoretischen Grundlagen beschränkt blieb. Die Speyerer Seminare zum Europarecht und dem Organisationsrecht internationaler Verwaltung verwerten praktisch soziologische, politische und wirtschaftliche Erkenntnisse; meine Arbeit im Bundesministerium für Wirtschaft veranschaulicht und bestätigt mir die in Speyer gelernten und diskutierten Verfahrensweisen inter- und supranationaler Organisationen.

Josef Schraven

Inhaltsverzeichnis

Einleitung 15

A. Historische Entwicklung 17

I. Frühformen im Zuckerhandel der liberalen Weltwirtschaft 17

1. Entstehung des Europäischen Zuckerhandelsproblems 17

(Rohrzucker als koloniale Delikatesse, Einfuhrzölle, Entdekkung des „Rübenzuckers", kontinental-europäische Rübenzuckerindustrie, Modernisierungseffekte für die Agrarwirtschaft; Finanzzölle, Schutzzölle und inländische Besteuerung, Steuergrundlagen und versteckte Export-Subventionierung)

2. Die Zuckerkonvention von 1864 20

(Festlegung von drawbacks, chemische Ausbeutebestimmung und technischer Fortschritt der Agrarwirtschaft, fehlgeschlagene Versuche internationaler Regulierung; Bildung inländischer Kartelle, geschützte Binnenmärkte und subventionierte Exportmärkte)

3. Die Brüsseler Konvention von 1902 21

(Großbritannien und die USA als Hauptimporteure kontinental-europäischen Exportzuckers, erste Gegenmaßnahmen durch Ausgleichszölle, Aufhebung der direkten und indirekten Erzeugungs- und Exportprämien in den Vertragsstaaten, Überwachungs- und Strafmaßnahmen, Begrenzung des Überzolls; Einrichtung einer „ständigen Kommission", internationale Verwaltungsbefugnisse; wirtschafts-historische Periodisierung, Liberalismus und Interventionismus)

II. Staatlich-private Mischverwaltung seit dem Ersten Weltkrieg und ihre Ausprägung durch die Weltwirtschaftskrise 24

1. Internationale Marktbeeinflussungen bei verschiedenen Rohstoffen 24

(Kriegswirtschaftliche Markteingriffe, Aufgabe des Freihandels, Errichtung von internationalen Kartellen, privater und öffentlicher Interventionismus)

a) Kaffeevalorisationen 26

(brasilianische Kaffeeangebotsverknappungen, staatliche Ankaufspolitik, Vernichtung der „Überschußproduktion", Nachfrageverschiebungen)

b) Teekontrollen 27

(Standardisierung im I. Weltkrieg, private Ernte-Beschränkung, britisch-niederländische international-private Kartellbestrebungen)

c) Zinnregulierungen 28

(Kriegsinterventionen, „Bandoeng-Pool" der Malayischen Bundesstaaten und Niederländisch-Indiens zur Preisstützung; Bildung eines internationalen privaten Zinn-Kartells, Produktionsbeschränkungen und Außenseiterproblem)

d) Kautschuk-Kartelle 29

(Rubber-Boom und kriegsbedingte Transportschwierigkeiten, private Erntebeschränkungen; Fehlschlagen internationaler privater Kartellmaßnahmen; Britisch-koloniale Export-Regulierung — Stevenson Plan —, Gegenmaßnahmen der Verbraucherländer, Außenseiterkonkurrenz)

2. Gelenkter Rohstoffhandel seit der Weltwirtschaftskrise 30

(zunehmende nationale und zwischenstaatliche Eingriffe in die Rohstoffmärkte, handelspolitische Abwehrmaßnahmen gegen Importe, Bilateralismus, administrativer Protektionismus; Weltwirtschaftskonferenzen, Industrieprotektionismus, Regionalismus; Autarkie und Überschußproduktion)

a) Zuckerabkommen 34

(Anstieg der Produktion nach dem I. Weltkrieg, kubanische Versuche zur Angebotssteuerung, Chadbourne Agreement, Zusammenwirken nationaler (öffentlich-rechtliche und private) Kartelle in internationaler Kooperation, Internationaler Zuckerrat, Exportkontingentierung, Schrumpfen des Weltmarkts durch Präferenzierungen, Neuorganisation im Abkommen v. 1937, Ratsorganisation mit Sekretariat, flexible Regulierungstechnik, gewogene Beteiligung von Erzeugern und Verbrauchern)

b) Teeabkommen 39

(Zusammenwirken von Verbänden und Regierungen, staatl. Exportregulierung, gewogene Stimmenverteilung und Einstimmigkeitsgrundsatz, Bedeutung der Regierungsbeteiligung, systematische Einordnung)

c) Zinnabkommen 42

(Ablösung der Tin-Producers'-Association durch zwischenstaatliches Zusammenwirken, Entwicklung der Verwaltungsorganisation, Ausgleichslager (Buffer Stock), Verbraucher-Repräsentation, Forschungskooperation, Integration in kriegswirtschaftliche Planungs- und Lenkungsorganisation; Entwicklung der Entscheidungsfindungsverfahren im Rat)

d) Kautschukabkommen 46

(Pflanzerverbände und Regierungen, Verbraucher-Repräsentation, Erwägung eines Buffer Stock, Regulierungstechniken, Entscheidungsverfahren mit Stimmenwägung und Quoren; Kolonialverwaltung und politisch-regionale Verortung)

e) Weizenabkommen 48

(Weizenhandelsprobleme und Weltwirtschaftskrise, globales Abkommen von 1933, wenig strukturierte Organisation, gleichgewichtige Beteiligung von Export- und Importstaaten, Scheitern wegen unzureichender Angebotssteuerung und unelastischer Nachfrage, marktwidriges Produzentenverhalten, Ertragsschwankungen)

B. Zwischenstaatliche Verwaltung in der gelenkten Weltwirtschaft 51

(US-amerikanische Pläne zur Umgestaltung der Weltwirtschaft während des II. Weltkriegs, Havanna Charter, Grundsätze für Rohstoffabkommen, Freihandel und Lenkungswirtschaft; Bemühungen im Rahmen der Vereinten Nationen, Unctad)

I. Die Weizenabkommen 55

1. Kriegsplanungen 55

(Draft Wheat Convention 1942, geplante Produktionskontrolle und Hilfsvorräte, Mindest- und Höchstpreise, vorgesehene Verwaltungsorganisation, Weiterentwicklung gegenüber WAC 1933)

2. Die Weizenabkommen der Nachkriegszeit 57

(Internationales Weizenabkommen 1949, Beteiligung, Verwaltungsorganisation, Regulierungssystem, Verfahrensregeln, Planung; Weizenabkommen 1956, Devisenschwierigkeiten, Modifizierung (Aufweichung) der gegenseitigen Verpflichtungen, Verstärkung der Planungsfunktionen; Erneuerung des Abkommens 1962, Einbeziehung von Wirtschaftsunionen (EWG); Erneuerung 1967, Nahrungsmittelhilfe, Abschirmung gegenüber Nichtmitgliedern, Handelsstörungen durch zunehmende Überschüsse; Scheitern der materiellen Regelung 1971, Weiterführung der Organisation und der Nahrungsmittelhilfe)

II. Zuckerabkommen 68

(Überschußprobleme, UN-Zuckerabkommen 1953, Verwaltungsstruktur, Regulierungsmechanismen, Mengen- und Vorratsplanung, Handelsregionen und Präferenzmärkte; politische Störfaktoren, Suspendierung der materiellen Bestimmungen 1961; Neuabschluß im Rahmen der Unctad 1968, Verwaltungs- und Regulierungsverfahren, Entwicklungshilfe-Aspekt, Auslaufen 1973; Erneuter Versuch 1977, Verbindung zu Gemeinsamen Rohstoff-Fonds, Regionalprobleme, bio-technische Störfaktoren)

III. Zinnabkommen 81

(Überschußprobleme, Abkommen 1956, Organisation, Entscheidungsverfahren, Planungen, Ausgleichslager, Verteilungsvorsorge, Teilnehmerstaaten, Durchführung)

IV. Kaffeeabkommen 89

(Erstes (politisch motiviertes) Abkommen 1940, Verwaltungsstruktur auf Lateinamerika-USA-Handel ausgerichtet; spätere Kartellierungsversuche der Produzenten; Abkommen 1962 und 1968 bis 71, politische Hintergründe, Erzeuger-Verbraucher-Gegensatz; Neuabschluß 1976, Verwaltungsstruktur, Regulierungstechnik, planerischer Bereich, regionale Beteiligung)

V. *Kakaoabkommen* ... 94

(Abkommen 1972 und 1975, Struktur, Regulierungssystem, Buffer Stock-Management, Planung, politische und wirtschaftliche Implikationen)

VI. *Kautschukabkommen* ... 98

(Substitutionskonkurrenz von Synthese- und Naturkautschuk, Ausarbeitung einer „reinen“ Buffer Stock-Regulierung, politische Motivation der Teilnahme der Industrieländer)

VII. *UNCTAD, Neue Weltwirtschaftsordnung und Rohstoffabkommen* 100

(Rolle der Unctad in den internationalen Handelsbeziehungen, integriertes Rohstoffprogramm, Haltung der Industrieländer, wirtschaftstheoretische Reaktionen, Gemeinsamer Rohstoff-Fonds, Finanzierung, Organisation und Verwaltung)

C. Typische Formen zwischenstaatlicher Rohstoffverwaltung ... 108

I. *Der Rohstoffsektor* ... 108

(Verortung, Zielrichtung der Regulierungen, Marktfunktion und Verwaltungssektor, praktische Voraussetzungen für Stapelgüter)

II. *Die Lenkungsformen* ... 109

1. Der Rechtsrahmen ... 109

(Völkerrechtliche Abkommen, Inkrafttreten, vereinfachte Verlängerungsverfahren, Verhandlungskonferenzen)

2. Die Lenkungsmittel ... 110

a) Multilaterale Kauf- und Verkaufsverpflichtungen ... 111

(Verteilungsmechanismus der Weizenabkommen, Preis- und Mengensteuerung)

b) Angebotssteuerung durch Kontingentierung ... 111

(Preisabhängige Angebotslenkungen durch Ausfuhrkontingente, Kaffee- und Zuckerabkommen)

c) Ausgleichslager ... 111

(Zinn-, Kakao-und Kautschukabkommen, Marktinterventionen durch preisgesteuerte Kaufs- und Verkaufsaktionen eines zentralen Fonds, Begrenzung durch vorhandene Interventions-Ressourcen)

III. *Die Organe und ihr Zusammenwirken* ... 112

1. Die Rohstoffräte ... 112

(Räte als oberste Instanz mit genereller Zuständigkeit, Regierungsvertreter, Stimmenverteilung, Mehrheiten, diplomatische Konsensfindung; Multifunktionalität, Rechtsakte, Verwaltung, Planung, Überwachung und Kontrolle, Streitentscheidung; Staatenkonferenz)

2. Der Verwaltungsrat und die Spezialausschüsse 115

(Aufgabendelegation an (permanente) Hilfsorgane, „Hauptausschuß“ als Verwaltungsrat, Einsetzung, Zusammensetzung, Stimmverteilung, Beschlußkompetenz, Ratsrekurs; laufende Überwachung, Zusammenwirken mit Sekretariat; Doppelfunktionen als politisch-fachliches und fachlich-administratives Organ)

3. Die Sekretariate 117

(Fachlich-praktische Verwaltungsarbeit, Linienprinzip, Unabhängigkeit als internationale Büros; Informationszentralen, Durchführungsbefugnisse, Initiativfunktionen, diplomatisch-mediatorische Kompetenz)

4. Die Ausgleichsfondsverwaltung 119

(Verselbständigte Fondsverwaltung, Sondervermögen, Manager, Konsultationsverpflichtungen, Interventionsspielraum, Eingriffsrecht der Räte; Dualismus von Repräsentationsorganen der Mitgliedstaaten und unabhängigen internationalen Verwaltungseinheiten)

D. Überstaatliche Verwaltung in der gelenkten Rohstoffwirtschaft Westeuropas 121

(EGKS, EAG und EWG, besondere Funktionen von Montanunion und Euratom; historische Einbindung und Modellcharakter der EGKS; Rohstoffverwaltungssektoren der Agrarmarktorganisationen der EWG, Weizen- und Zuckerwirtschaft; Konzeption des Gemeinsamen Agrarmarktes, Stufen, Agrarkonferenz von Stresa)

I. Die Regulierungstechniken der Getreide- und Zuckermarktordnungen 125

1. Die Gemeinsame Marktorganisation für Getreide 125

(Schlüsselstellung des Getreidemarktes; Markteingriffstechniken, Preissystem, Außenschutz, Abwehr von „Marktstörungen“)

2. Die Zuckermarktordnung 128

(Ergänzung des Preismechanismus durch Quotensystem, Verbindung landwirtschaftlicher Erzeugung mit industrieller Verarbeitung, Verschränkung überstaatlicher Gesamtplanung mit nationaler Zuteilung)

3. Der Ausgleichsfonds 132

(Europäischer Ausrichtungs- und Garantie-Fonds für die Landwirtschaft, Finanzierung der Interventionen, vollständige unbegrenzte finanzielle Solidarität der Mitgliedstaaten; Agrarstrukturpolitik)

II. Organe, Funktionen und Verfahren 134

(Integration der Agrarverwaltung in Organisation der EWG; Verwaltungsaufbau, Ministerräte, Ausschuß der Ständigen Vertreter, Ratssekretariat, Kommission, Gerichtshof, Europäisches Parlament und Wirtschafts- und Sozialausschuß)

1. Der Rat in der Verwaltungsorganisation der Agrarmärkte 135

(Agrarministerrat und Regierungskonferenz, Lenkungs-, Leitungs- und Verwaltungsorgan; Funktionen und Befugnisse, Dominanz; Stimmenwägung und Gewichtung, Luxemburger Kompromiß, Praxis der Konsensfindung; Rechtsakte, Geltungsbereich)

2. Die Funktion des Verwaltungsrats in Coreper und Sonderausschuß Landwirtschaft 145

(Institutionaliserung des AStV, Aufgaben und Befugnisse, Typus und Ausformung, strukturelle Weiterentwicklung des Verwaltungsrats, Verfahren)

3. Die Differenzierung und Integration der Sekretariatsfunktion in Kommission und Ratssekretariat 150

a) Das Ratssekretariat 150

(Institutionalisierung, übertragene und funktionsimmanente Aufgaben)

b) Die Kommission 152

(Zusammensetzung, Stellung, historische Verortung (OEEC, EGKS), Funktionen, innere Organisation, Verwaltung der Agrarmarktordnungen, Kompetenzabgrenzung)

4. Das supranationale Entscheidungsorgan und die nationalen Interessen: die Kommission und die Verwaltungsausschüsse .. 159

(Institutionalisierung, Zusammensetzung, Funktionen und Verfahren, Quasi-Kompetenzen, Anwendungsbereich; interinstitutionelle Verortung; das organisatorische Zusammenwirken)

5. Inter- und supranationale Entscheidungsfindung: Agrarmarathon und package deal 164

a) Die begrenzte Bedeutung von Stimmenwägung und Abstimmungen im Entscheidungsprozeß 164

(praktischer Ausschluß von Stimm-Macht, internationalrechtliche Strukturen, Durchschlag primär-politischer National-Staatlichkeit)

b) Der Entscheidungsprozeß als innerorganisatorisches multilaterales bargaining 164

(Vertragskonzept, Luxemburger Beschlüsse, Beschneidung des Initiativrechts der Kommission, Praxis des Entscheidungsprozesses, Flexibilität und Effektivität, politics and administration)

c) Wirtschaftspolitische Interdependenz und nationale Primärordnung 168

(Komplexität der Verwaltungsstrukturen und Verfahren, funktionale Interdependenz von wirtschaftspolitischem Sekundärsystem und nationalen Primärordnungen; die entwicklungsgeschichtliche Kraft völkerrechtlicher Prinzipien)

Schlußthesen 170

Literaturverzeichnis 171

Abkürzungsverzeichnis

AA	=	Auswärtiges Amt
ABl EG	=	Amtsblatt der Europäischen Gemeinschaften
AFDI	=	Annuaire Français du Droit International
AJIL	=	American Journal of International Law
AKP	=	Afrikanische, karibische und pazifische Staaten (Lomé-Abkommen zwischen EG und AKP-Staaten)
Arch. VR	=	Archiv des Völkerrechts
Art.	=	Artikel
ASEAN	=	Association of East Asian Nations
AW	=	Außenwirtschaft
AWD/NfA	=	Außenwirtschaftsdienst/Nachrichten für den Außenhandel
BAnz	=	Bundesanzeiger
BGBl	=	Bundesgesetzblatt
BML	=	Bundesministerium für Ernährung, Landwirtschaft und Forsten
BMF	=	Bundesministerium der Finanzen
BMWi	=	Bundesministerium für Wirtschaft
BMZ	=	Bundesministerium für wirtschaftliche Zusammenarbeit
BRDrS	=	Bundesrats-Drucksache
BTDrS	=	Bundestags-Drucksache
Bull BReg	=	Bulletin der Bundesregierung
Bull EG	=	Bulletin der Europäischen Gemeinschaften
CDE	=	Cahiers de droit européen
CMLR	=	Common Market Law Review
Comecon	=	Rat für gegenseitige Wirtschaftshilfe (RGW)
ders. (dies.)	=	derselbe (dieselbe)
DHA	=	Deutsches Handels Archiv
DVBl	=	Deutsches Verwaltungsblatt
EA (Eur. Arch.)	=	Europa Archiv
EAG (Euratom)	=	Europäische Atomgemeinschaft
EAGFL	=	Europäischer Ausrichtungs- und Garantiefonds für die Landwirtschaft
EFTA	=	European Free Trade Association
EG	=	Europäische Gemeinschaften
EGKS (Montanunion)	=	Europäische Gemeinschaft für Kohle und Stahl
ELR	=	European Law Review
EP (PE)	=	Europäisches Parlament
et al	=	und andere
EuGH	=	Gerichtshof der Europäischen Gemeinschaften
EuR	=	Europarecht
EWG	=	Europäische Wirtschaftsgemeinschaft
EY	=	European Yearbook
Fn.	=	Fußnote
FusV	=	Fusionsvertrag
GATT	=	General Agreement on Tariffs and Trade
HdB	=	Handbuch
HdSW	=	Handbuch der Sozialwissenschaften
HdWW	=	Handbuch der Wirtschaftswissenschaften

IBRD	= International Bank for Reconstruction and Development
ICCO	= International Cocoa Organization
ICO	= International Coffee Organization
ILR	= International Law Review
ILO	= International Labour Organization
IRSG	= International Rubber Study Group
ISA	= International Sugar Agreement
ITA	= International Tin Agreement
IWA	= International Wheat Agreement
JCMS	= Journal of Common Market Studies
JWTL	= Journal of World Trade Law
KSE	= Kölner Schriften zum Europarecht
LAFTA	= Latin American Free Trade Area
LDC	= Less developed countries
LLDC	= Least developed countries
MSAC	= Most Serious Affected Countries
NEI	= Netherlands East India
NfA	= Nachrichten für den Außenhandel
NIEO	= New International Economic Order
NTIR	= Nederlands Tijdschrift voor internationaal Recht
OECD (OCDE)	= Organization for European Cooperation and Development
OEEC (OECE)	= Organization for European Economic Cooperation
o. J.	= ohne Jahresangabe
o. O.	= ohne Ortsangabe
OPEC	= Organization of Petroleum Exporting Countries
RdErl	= Runderlaß
RGW	= Rat für gegenseitige Wirtschaftshilfe (Comecon)
RIW/AWD	= Recht der Internationalen Wirtschaft/Außenwirtschaftsdienst
RMC	= Révue du Marché commun
RTDrS	= Reichstags Drucksachen
Smlg	= Sammlung
s. o. (s. u.)	= siehe oben (siehe unten)
Stabex	= Stabilisierung der Exporterlöse (der AKP-Staaten)
UK	= United Kingdom
UNCTAD	= United Nations Conference for Trade and Development
UNO	= United Nations Organisation
UNTS	= United Nations Treaty Series
US	= United States (of America)
USD	= US-Dollar
-V	= -Vertrag
VA	= Verwaltungsausschuß
VN	= Vereinte Nationen
VO	= Verordnung
VR	= Verwaltungsrat
VRÜ	= Verfassung und Recht in Übersee
VVDStL	= Veröffentlichungen der Vereinigung der Deutschen Staatsrechts-Lehrer
WVR	= Wörterbuch des Völkerrechts (Strupp-Schlochauer)
ZaöRV	= Zeitschrift für ausländisches öffentliches Recht und Völkerrecht
ZfZ	= Zeitschrift für Zölle und Verbrauchssteuern

Einleitung

Den rechtlichen Zugriff auf die Europäische Agrarmarktordnung gewinnt man durch die historisch-systematische Methode mit ihrem praktischen Zweck. Sie entwickelt an dem signifikanten Beispiel der inter- und supranationalen Bewirtschaftung stapelfähiger Rohstoffe: Weizen, Zucker, Kautschuk, Zinn usw. die ineinander geschachtelten Epochen des modernen Wirtschaftsverwaltungsrechts. Die Anfänge reichen mit zollrechtlichen Interventionen in die Zuckermärkte bis zur hochliberalen Zeit zurück (1864), führen mit der Brüsseler Zuckerkonvention von 1902, zeitgerecht passend zum „neomerkantilistischen Kondratieff“ *(Schumpeter)*, über die wechselseitige Stützung von Staat und Wirtschaft als staatlich-private Mischverwaltung am „Ende der Weltwirtschaftskrise“ *(Predöhl)* zu den heutigen planmäßig organisierten Verwaltungsformen in den internationalen Rohstoffabkommen und den supranationalen Marktordnungen der Europäischen Gemeinschaften. Das ist in dem ausgefächerten Inhaltsverzeichnis und den Schlußthesen zusammengefaßt.

Die Kontinuität dieser über hundertjährigen Rechtsentwicklung bildet den wirtschaftsrechtlichen Boden der westeuropäischen Agrarwirtschaft. Die üblichen Theorien der Europäischen Integration sehen diesen Zusammenhang der inter- und supranationalen Rechtsentwicklung selten, stellen ihn wenigstens nicht gebührend heraus. Sie scheiden, besonders in der Bundesrepublik Deutschland aus politisch-historischen Gründen das „Europarecht“ vom Völkerrecht und verschließen sich damit den geschichtlichen Rechtserfahrungen, die sich gerade bei der Rohstoffverwaltung als fruchtbar erweisen. Die Praxis der Europäischen Gemeinschaften allerdings hat diese Erfahrungen im Unterschied zu den formalen Integrationstheorien in reichem Maße aufgenommen und weiterentwickelt.

Die Arbeit verknüpft durch diese Methode den historischen-ökonomischen Faden mit dem strukturell-funktionalen der modernen Organisationstheorie. Dieser doppelte, zugleich geschichtliche und systematische Zugriff auf die Sache ermöglicht die Bildung typischer Formen des Europäischen Wirtschaftsrechts. Das sind die Rechtsinstitute des Europarechts: Organisierte Sektoren und Lenkungsmittel wie Pflichtkäufe, Kontingentierung, Ausgleichslager usw.; Ministerrat, Verwaltungsrat (Ständige Vertreter), Verwaltungsausschüsse, Ratssekretariat,

Kommission, Fonds usw. mit differenzierten Beschlußverfahren. Sie haben ihre Wurzeln im politisch-wirtschaftlichen Völkerrecht der national-territorialen Primärordnung und ihr dichtes Ast- und Zweigwerk im Recht der wissenschaftlich-technischen Zivilisation, dem funktional-föderativen Sekundärsystem *(Freyer)*. Dieser Unterschied, zeitgemäß um 1900 von *Goodnow* auf die Formel "Politics and Administration" gebracht, leitet die sachgerechte Typisierung der Rechtsinstitute der supranationalen Agrarverwaltung.

A. Historische Entwicklung

Die Herausbildung der modernen zwischen- und überstaatlichen Zusammenarbeit geschah nicht in der Form einer gleichmäßig ablaufenden Bewegung; Entdeckungen und Erfindungen mit den daran anschließenden Verwertungszyklen bestimmten ihre historische Notwendigkeit. So bildeten sich in der zweiten Hälfte des 19. Jahrhunderts die internationalen Unionen, technisch-administrative Gemeinschaften, die unabhängig von bereits bestehenden politisch-territorialen Zusammenschlüssen gemeinsame Verwaltungsprobleme vor allem des sozialökonomischen Bereichs zu lösen versuchten[1].

Biologische und technische Neuerungen brachten die Staaten auf den Weg zu organisierter internationaler Zusammenarbeit auf dem Rohstoffsektor. Den Beginn machten die Europäischen Staaten, die eine Lösung suchten für ihre Probleme beim Export des Rübenzuckers.

I. Frühformen im Zuckerhandel der liberalen Weltwirtschaft

1. Entstehung des Europäischen Zuckerhandelsproblems

Solange die Zuckergewinnung aus Rüben nicht bekannt war, führte Europa Rohrzucker als Delikatesse aus tropischen und subtropischen Ländern ein. Negerhandel und Sklavenarbeit machten ihn billig, so daß der Zuckerkonsum in den europäischen Handelsstädten und Industrien zunahm[2]. Die horrenden Gewinne bei der Zuckerfabrikation in den Kolonien verglich Adam Smith mit der Ausbeute, die ein Getreidepächter erzielen würde, wenn er alle seine Kosten mit dem Verkauf von Heu und Stroh decken könnte, und das Korn als Gewinn übrig behielte[3]. Die europäischen Staaten machten sich das durch hohe Einfuhrzölle auf den überseeischen Rohrzucker zunutze. Nach der Entdeckung Markgrafs, daß sich aus der Runkelrübe Zucker gleicher chemischer

[1] Vgl. Hartwig Bülck, Verwaltungsgemeinschaften, internationale, in: Strupp-Schlochauer, Wörterbuch des Völkerrechts, 2. Aufl. 1962, Bd. III, S. 564 ff.

[2] Max Schippel, Zuckerproduktion und Zuckerprämien, Stuttgart 1903, S. 24 ff.

[3] Adam Smith, Der Wohlstand der Nationen, München 1974, S. 137 (übers. nach der 5. Aufl. von An Inquiry into the Nature and Causes of the Wealth of Nations, London 1789 von Horst Claus Recktenwald).

Zusammensetzung gewinnen lasse wie aus dem Zuckerrohr, und den erfolgreichen Versuchen Achards zur einheimischen Zuckerproduktion[4], entwickelte sich in den deutschen Staaten, gefördert durch die napoleonische Kontinentalsperre, vor allem aber in Frankreich ziemlich rasch eine kontinental-europäische Rübenzuckerindustrie[5].

Der Zuckerrübenanbau ermöglichte gleichzeitig der Landwirtschaft von der Drei-Felder-Wirtschaft mit Brache zur Fruchtwechselwirtschaft überzugehen, wobei die für Rübenkulturen notwendige intensive Bodenbearbeitung die Erträge der nachgebauten Feldfrüchte zusätzlich steigert[6].

Außerdem dienen die Nebenprodukte der Rüben als Futtermittel in der Viehwirtschaft und finden Verwendung zur Herstellung von Hefe, Sprit und Spiritus[7].

Timoshenko / Swerling betonen diesen Modernisierungseffekt in der Agrarwirtschaft, ausgelöst vom Zuckerrübenanbau, der "a new system of farming and a new sort of business" wegen der zunehmenden technischen Rationalität der Anbauverfahren und Vermarktung herbeigeführt habe[8].

Das gilt heute besonders auch für die Entwicklungsländer, wie beispielhaft der Vorbehalt Chiles zum Internationalen Zuckerabkommen von 1968 zeigt: "The accession of the Republic of Chile to the Agreement is not to be deemed to imply any waiver of the right to continue the programme for increasing sugar-beet encultivation called for by Chilean agricultural and sugar-production policy, since the expansion of sugar-beet cultivation is intended not only to increase sugar production but also to promote greater yields in other types of farming which involve crop rotation[9]."

[4] Erste Versuche waren 1747 in Preußen von Andreas Sigismund Marggraf unternommen worden, die erste Rübenzuckerfabrik arbeitete 1802 in Schlesien unter Franz Karl Achard.

[5] Helmut Bujard, Der Interessenteneinfluß auf die Europäische Zuckerpolitik, Baden-Baden 1974, S. 15 ff.

[6] Richard Treiber, Die Probleme der deutschen Zuckerwirtschaft in der Gegenwart. Diss. Tübingen 1933, S. 13; s. a. Rudolf Freund, Strukturwandlungen der internationalen Zuckerwirtschaft, in: Weltwirtschaftliches Archiv Bd. 28 (1928 II), Chronik und Archivalien S. 6.

[7] Alexander Schweigert, Die neuere Entwicklung der Wettbewerbslage zwischen Rohrzucker und Rübenzucker auf dem Weltmarkt, Hannover 1958, S. 39 ff.

[8] Vladimir P. Timoshenko / Boris C. Swerling, The World's sugar, Progress and Policy, Stanford/Cal. 1957, S. 40 ff. s. auch: Gerhard B. Hagelberg, Zur Rolle der Rübenzuckerindustrie bei der Intensivierung der Landwirtschaft in Deutschland im 19. Jh., in: Jahrbuch für Wirtschaftsgeschichte 1972/IV S. 215 ff.

[9] Abgedr. in: United Nations, Multilateral Treaties in Respect of which the Secretary-General performs despositary functions, New York 1977, S. 467.

Die Modernisierung der Zuckerproduktion bewirkte auch einen Wandel in der fiskalischen Behandlung des Zuckers. Die zunächst noch als Finanzzölle ausgestalteten Einfuhrabgaben auf Rohrzucker wurden mit Anwachsen der inländischen Produktion zu Schutzzöllen für den Rübenzucker. Als Ersatz für die in der Folge ausfallenden Einfuhrzölle besteuerten die europäischen Staaten dann den Rübenzucker[10].

Auch für den Deutschen Zollverein war es deshalb schon frühzeitig nötig, Übereinkünfte zu treffen, die die Besteuerung und Verzollung des Zuckers betrafen. Seine Mitglieder schlossen deshalb „wegen Besteuerung des Rübenzuckers und wegen Verzollung des ausländischen Zuckers und Syrups" mehrere Abkommen, so der Vertrag zwischen Preußen, Bayern, Sachsen usw. von 1853[11]. Es waren dies die ersten mehrseitigen zwischenstaatlichen (deutschen) Verträge über den Zukkerhandel.

Wegen der technischen Schwierigkeiten, die Reinheit des Zuckers zu messen, knüpfte die Besteuerung nicht an das Endprodukt an, sondern die Staaten machten entweder die Rübe oder deren Saft oder die Leistungsfähigkeit der Produktionsanlagen zur Steuergrundlage, wobei ein bestimmtes Ausbeuteverhältnis zwischen Grundstoff bzw. Produktionsanlagen und Endprodukt als technisch und fiskalisch angemessen angenommen wurde[12].

Beide Verfahren eröffneten den Produzenten die Möglichkeit, die Steuerbelastung zu drücken, indem entweder der Zuckergehalt der Rübe gesteigert oder die Zuckerausbeute durch fabrikationstechnische Verbesserungen erhöht wurde. So waren die europäischen Rübenzuckererzeuger gegenüber der überseeischen Rohrzuckerkonkurrenz doppelt im Vorteil. Sie waren durch den Schutzzoll vor billigen Einfuhren geschützt, und konnten durch immer rationellere landwirtschaftliche Betriebsführung mit industrieller Produktionsweise die internen Steuergrundlagen unterlaufen.

Darüber hinaus konnten sie bei der Ausfuhr des Rübenzuckers einen zusätzlichen Gewinn erzielen, weil die europäischen Staaten die Steuer für Exportzucker erstatteten[13]; diese Steuerrückvergütung wurde näm-

---

[10] Zwischen 1837 und 1849 führten Frankreich, Preußen, Rußland, Österreich und die meisten kleineren europäischen Staaten eine Steuer auf Rübenzucker ein. Alle diese Länder erhoben natürlich auch einen (meist erheblich höheren) Einfuhrzoll auf Rohrzucker. Vgl. Schippel, S. 110 ff.

[11] Übereinkunft vom 4. 4. 1853, Gesetz-Sammlung für die Königlichen Preußischen Staaten, 1853, 427; wegen weiterer Verträge von 1858 und 1864 vgl. Gesetz-Sammlung, 1858, 276 und 1865, 527.

[12] Gustav Mikusch, Geschichte der internationalen Zuckerkonvention, Berlin 1932, S. 13.

[13] Vgl. hierzu die „Übereinkunft zwischen Preußen, Bayern, Sachsen" usw. „wegen Vergütung der Steuer für ausgeführten Rübenzucker", etc. v. 25. 4.

lich nach der im Steuersatz zugrunde gelegten Ausbeute errechnet, die wegen der technischen Fortentwicklung von der tatsächlichen Ausbeute im allgemeinen überschritten wurde[14].

In der Zeit des Colbertschen Merkantilismus diente ein ähnliches System der Gewerbeförderung: Seit 1665 hatten die Französischen Kolonien nur noch Rohzucker liefern dürfen; die Raffinierung wurde im Mutterlande vorgenommen. Der hohe Zuckereinfuhrzoll schloß die englische und niederländische Konkurrenz vom französischen Markt aus. Um aber weiter den Export der hochbelasteten französischen Raffinade zu fördern, gewährte Frankreich bei der Zuckerausfuhr eine Rückvergütung des Zuckerzolls, aber derart, daß der Erstattung eine größere (verzollte) Rohzuckermenge als zur Herstellung der Raffinade benötigt zugrunde gelegt wurde[15].

Die später von den europäischen Rübenzuckererzeugern angewandte neomerkantilistische Handelspraxis einer versteckten Ausfuhrprämierung war nun aber in einer Weltwirtschaft, die sich seit den 40er Jahren des 19. Jh. zunehmend dem Freihandelsideal zugewandt hatte, nicht zu rechtfertigen; denn der Wegfall von Schutzzöllen diente ja gerade auch der Beseitigung künstlicher Handelshemmnisse und verzerrter Handelsrelationen[16].

2. Die Zuckerkonvention von 1864

Der erste internationale Vertrag, der dem protektionistischen Zuckerhandel galt, versuchte die Auswüchse der Steuergesetzgebungen der Länder, die zu überhöhten Rückvergütungen (draw-backs) geführt hatten, zu beseitigen, um zwischen den Vertragsparteien gleiche Wettbewerbsbedingungen zu schaffen.

Die Pariser Zuckerkonvention vom 8. Nov. 1864[17] zwischen Belgien, Frankreich, Großbritannien und den Niederlanden legte in Art. 1 zunächst den Mindestertrag an Fertigzucker fest, der bei der zurückerstatteten Steuer zugrunde zu legen war. Das wirkliche Ertragsverhältnis wurde durch Versuche in einer Zuckerraffinerie in Köln, also in einem an der Konvention nicht beteiligten, „neutralen" Staat (Preußen) ermittelt[18], und später in den Vertrag eingearbeitet[19].

1861, Gesetz-Sammlung, 1861, 420 und die entspr. preußische Verordnung vom 2. 7. 1861, S.417.

14 Zu Einzelheiten vgl. Ulrich Teichmann, Die Politik der Agrarpreisstützung, Köln-Deutz 1955, S. 314 ff.

15 Mikusch, S. 11 ff.

16 Zu der Entwicklung des Freihandelsgedankens vgl. August Sartorius von Waltershausen, Die Entstehung der Weltwirtschaft, Jena 1931, S. 299 ff. und Andreas Predöhl, Außenwirtschaft, 2. Aufl. Göttingen 1971, S. 187 ff.

17 Text in: Archives Diplomatiques 1865. Tome 3ième, S. 311 ff.

Während der zehnjährigen Dauer dieser Konvention hatte sich die Zuckerausbeute aus den Rüben durch technische Verbesserungen weiter steigern lassen. Die anfangs in den Kölner Versuchen ermittelten Ertragsziffern, angewandt auf die zulässige Steuerrückvergütung, führten wiederum zu versteckten Ausfuhrprämien.

Die auf Konferenzen in Brüssel 1875, Paris 1877 und London 1888 unterzeichneten Konventionen, die Abhilfe schaffen sollten, traten jedoch mangels allgemeiner Ratifizierung nicht in Kraft[20]. Sie basierten z. T. auf der Regelung von 1864, sahen aber auch schon engeres internationales Zusammenwirken vor, z. B. bereits in einer internationalen Kommission zur Überwachung des Vertrags von 1888, wie es später dann in der Brüsseler Konvention von 1902 verwirklicht wurde.

Auf dem Kontinent beherrschten die inländischen Produzenten inzwischen wegen der Zollmauern die Inlandsmärkte[21]. Um trotz ansteigender Produktion die Preise hochzuhalten, schlossen sich die Zuckerindustriellen in Deutschland, Österreich, Ungarn, Frankreich und Belgien unter dem Zollschutz zu Kartellen zusammen[22]. Die inländischen Gewinne ermöglichten einen Export des Überschußzuckers zu niedrigen Preisen, teilweise unter den Gestehungskosten, und dennoch wurde — wegen des Kartellnutzens — ein Gewinn erzielt[23]. Auf diese Weise subventionierte der Inlandsverbraucher die ausländischen Abnehmer gleich doppelt: Durch die Kartellspanne für die verbilligte Ausfuhr und durch die Exportprämien aus dem Staatshaushalt für die überhöhte Steuerrückerstattung.

3. Die Brüsseler Konvention von 1902

Hauptabnehmer des kontinental-europäischen Rübenzuckers waren Großbritannien und in geringerem Umfang die USA geworden, die zusammen z. B. 80 % des deutschen Zuckerexports, aber auch große Teile des Exports der anderen europäischen Rübenzuckerproduzenten

[18] Art. 2 der Konvention; Text des (selbständigen) Vertrages zwischen den Konventionalstaaten auf der einen und der Kölner Raffinerie auf der anderen Seite bei: Hertslet, Commercial Treaties, Bd. XIII, London 1877, S. 128 ff.

[19] Protokoll vom 21. 8. 1868, bei Hertslet, S. 130 ff.

[20] Convention sur le régime des sucres vom 11. 8. 1875, bei De Clercq, Receuil des Traités de la France, Bd. XI, 1872 - 1876, S. 371 ff.; Londoner Zukkerkonvention vom 30. 8. 1888 bei De Martens, Nouveau Receuil Général de Traités, par Felix Stoerk, Deuxième Série, Tome XV, Gottingue 1890, S. 60 ff.; vgl. im übrigen Wilhelm Kaufmann, Weltzuckerindustrie und Internationales und Koloniales Recht, Berlin 1904, S. 135 ff.; Mikusch, S. 85 - 93.

[21] England hatte zwischenzeitlich alle Zölle und Steuern auf Zucker im Zuge seiner Handelsliberalisierung aufgegeben.

[22] Kaufmann, S. 96 - 109; Teichmann, S. 340 ff.

[23] So Hans Jacobs, Die internationale Zuckerkonvention, Berlin 1928, S. 5.

des Betriebsjahres 1900/01 aufnahmen[24]. Da beide Länder auch über eine eigene Rohrzuckerproduktion in Westindien und Kuba verfügten, waren sie durch die Subventionswirtschaft bei Rübenzucker besonders geschädigt. Englands Rohzuckereinfuhr bestand zu der Zeit zu 75 % aus Rübenprodukten, der Raffinadeanteil des Gesamtzuckerimports erreichte die 2/3 Grenze[25]. Die englischen Verbraucher, besonders die in Blüte stehende Verarbeitungsindustrie (Marmelade, Biskuits usw.) zogen daraus Vorteile, allerdings auf Kosten der englischen Raffinadeindustrie und vor allem der kolonialen Rohrzuckerlieferanten Englands[26], deren Handelsbilanzen sich rapide verschlechterten, weil Rohrzucker z. B. am Gesamtexport Westindiens mehr als 50 % ausmachte[27].

Die USA, deren Wirtschaftsinteressen in Kuba ebenfalls durch den „billigen" europäischen Rübenzucker bedroht waren, schöpften schließlich als erste durch Ausgleichszölle[28] auf prämierten Zucker, ab 1897 mit einer auf die Ausfuhrprämien bezogenen gleitenden Skala, die europäischen (auch versteckten) Subventionen ab[29].

England folgte 1899 für Indien mit einer ähnlichen Regelung, die den dort bereits vorgedrungenen Rübenzucker fast völlig vom indischen Markt verdrängte[30]. Das Londoner Kolonialamt wollte sich die Westindische Zuckerproduktion nicht durch die Wirkung feindlicher Prämien ruinieren lassen, wie es 1898 ausdrücklich hieß[31]. Diese Maßnahme gehörte zur Greater-Britain-Bewegung, mit der England seine imperialen und kolonialen Interessen im Zeichen der um die Jahrhundertwende allgemein einsetzenden Regionalisierung und Sektoralisierung der liberalen Weltwirtschaft zusammenfaßte[32].

---

[24] Denkschrift zur Brüsseler Zuckerkonvention 1902, Reichstagsdrucksache, 10. LP. 2. Session 1900/02, IX. Bd., Nr. 618, S. 7/8; zu den Diskussionen im Reichstag zu Zuckersteuer und Prämiensystem vgl. auch die Reden des Grafen Posadowski, in: Johannes Penzler, Hermann Ehrenberg, (Hrsg.), Graf Posadowski als Finanz-, Sozial- und Handelspolitiker. Leipzig Bd. I - IV, 1908 - 1911, Bd. I, S. 335 ff., 377 ff.

[25] Freund, S. 17.

[26] Jacobs, S. 6 ff.

[27] Schippel, S. 225.

[28] Mc Kinley-Tarif v. 1. 10. 1890, Wilson-Tarif v. 27. 8. 1894 u. schließlich der Dingley-Tarif v. 24. 7. 1897.

[29] Dazu: Eberhard Apel, Die Kontingentierung der deutschen Zuckerwirtschaft, Diss. Köln 1933, S. 31; Alfred Schander, Die völkerrechtliche Regelung der Zuckererzeugung, Diss. Halle 1937, S. 21.

[30] Freund, S. 19.

[31] Schippel, S. 327.

[32] Hartwig Bülck, Wirtschaftsverfassungs- und Wirtschaftsverwaltungsrecht in nationaler und übernationaler Sicht, in: Staat und Wirtschaft im nationalen und übernationalen Recht, Schriftenreihe der Hochschule Speyer, Bd. 22, Berlin 1964, S. 15 ff. (S. 20/21).

In der Brüsseler Konvention vom 5. März 1902 verpflichteten sich Deutschland, Österreich, Ungarn, Belgien, Frankreich, Holland, Italien, Schweden, England und einige kleinere Staaten alle direkten und indirekten Prämien für die Erzeugung oder die Ausfuhr von Zucker aufzuheben (Art. 1)[33], die Zuckerfabriken und Raffinerien dem Niederlageverfahren zu unterwerfen, d. h. der Bewachung und Kontrolle durch Fiskalbeamte (Art. 2), den Überzoll (die Differenz zwischen Zoll auf Importzucker und Steuern auf Inlandzucker) auf einen festgelegten Höchstbetrag zu beschränken (Art. 3), und Prämienzucker mit einem Strafzoll, mindestens in Höhe der Prämie, zu belegen, bzw. von der Einfuhr auszuschließen (Art. 4).

Zur Überwachung der Ausführung der Konvention wurde eine „ständige Kommission" eingesetzt (Art. 7 I), die aus Delegierten der Vertragsmächte bestand (Art. 7 II), mit Sitz in Brüssel. Sie konnte nicht nur überprüfen, ob in den Vertragsstaaten Zuckerprämien gewährt wurden (Art. 7 III a), sondern sollte z. B. auch feststellen, ob Italien, Spanien und Schweden — Mitgliedsländer, die von bestimmten Verpflichtungen der Konvention befreit waren — Zucker (vertragswidrig) ausführten (Art. 7 III b), und sie sollte die Höhe der Exportprämien von Nichtvertragsstaaten berechnen (Art. 7 III c). Die Feststellungen und Berechnungen, die für die Konventionsstaaten bindend waren, erfolgten durch Mehrheitsbeschluß, wobei jeder Staat über eine Stimme verfügte (Art. 7 X).

Die Kompetenzen dieses „Brüsseler Areopag"[34] als internationale „Autorité" wurden als epochemachend empfunden, weil die Kommission Entscheidungen von wirtschafts-politischem Gewicht, z. B. über die Höhe des Zuckerzolls der Vertragsstaaten, zu treffen hatte, während vergleichbare Entscheidungen in den anderen internationalen Unionen[35] durch eine Staatenkonferenz nach diplomatischen Regeln einstimmig — außer in technischen Fragen — getroffen wurden[36].

Die Brüsseler Zuckerkonvention zeigt ein doppeltes Gesicht. Auf der einen Seite bedeutete sie für die kontinental-europäischen Rübenzuckerproduzenten eine Liberalisierung des internationalen Zuckerhandels,

[33] RGBl. 1903, S. 7 - 25; dazu und den wirtschaftspolitischen Überlegungen der Reichsregierung zur Brüsseler Konvention vgl. die Reden des Grafen Posadowsky, Bd. III, S. 93 ff.

[34] Spöttische Bezeichnung im Reichstag 1902, zit. nach Jacobs, S. 122.

[35] Weltpostverein, Telegraphenunion, Internationales Büro für Maß und Gewicht, Berner Unionen für Eisenbahnfrachtverkehr und Schutz des gewerblichen Eigentums und zum Schutz von Werken der Kunst und Literatur, Union zur Veröffentlichung der Zolltarife.

[36] Nicolas Politis, L'organisation de l'Union Internationale des Sucres, in: Revue de Science et de Législation Financières, 2., (1904), S. 1 ff.; vgl. auch Paul S. Reinsch, Public International Unions, Boston, London 1911, S. 162.

indem freier Wettbewerb ermöglicht wurde, auf der anderen Seite bedeutete sie ein administratives Zusammenarbeiten der Staaten zur Wiederherstellung eines von künstlichen Wettbewerbsverfälschungen freien Marktes.

Es handelt sich also um ein gegenförmiges Zusammenwirken von Liberalismus und Interventionismus im Zeichen „bereinigter Wettbewerbswirtschaft", wie man heute sagt. Mit dieser Tendenz paßt sich die Brüsseler Zuckerkonvention von 1902 in die Schumpetersche Periodisierung der Wirtschaftsentwicklung ein. Mit dem „Symbolischen Jahr" 1897 läßt er die lange Wirtschaftswelle des „Neomerkantilistischen Kondratieff" beginnen[37]. Motor, Chemie und Elektrizität sind die wissenschaftlich-technischen Innovationen, neue Formen sozial-ökonomischen Regierens und Reagierens mit Schutzzöllen, Interventionen, Subventionen, administrativen Protektionismus sind die Neuerungen, die seit der Jahrhundertwende den Hochkapitalismus langsam umgebildet und „gebändigt" (Schumpeter) haben.

II. Staatlich-private Mischverwaltung seit dem Ersten Weltkrieg und ihre Ausprägung durch die Weltwirtschaftskrise

1. Internationale Marktbeeinflussungen bei verschiedenen Rohstoffen

Typisch für die neomerkantilistische Epoche ist die Verbindung von privater und öffentlicher Wirtschaftsmacht. Sind sicher auch schon die frühen Industriekartelle Vorläufer der Rohstoff-Regulierungs-Organisationen[38], so haben doch die kriegswirtschaftlichen Eingriffe des Staates in den freien Markt die späteren Versuche der Marktregulierung bei einzelnen Rohstoffen weit stärker und unmittelbarer beeinflußt. Denn obwohl die Erscheinungsformen und Probleme der Handelsstokkungen z. B. in der Konjunkturkrise der frühen 20er Jahre von den kriegsbedingten Handelshemmnissen (z. B. mangelnder Schiffsraum) verschieden waren, griffen die Betroffenen auf die nämlichen Methoden, z. B. auf Preisstützungen zurück. Diese Politik bewußter Marktlenkung auf bestimmten Rohstoffsektoren, sei sie von öffentlichen Verwaltungen oder privaten Kartellen betrieben, stand nicht isoliert in einem etwa sonst noch von Freihandelsprinzipien bestimmten Welthandel. Auch als kriegswirtschaftliche Planungen[39] keine Rolle mehr

---

[37] Joseph A. Schumpeter, Konjunkturzyklen, Bd. I, Göttingen 1961, S. 408 ff.

[38] So John Wilkinson F. Rowe, Primary Commodities in International Trade, Cambridge 1965, S. 129.

[39] Vgl. dazu etwa: Kurt Münch, Wirtschaftliche Selbstverwaltung, Hamburg 1936, S. 35 ff. Friedrich Facius, Wirtschaft und Staat, Boppard 1959,

spielten, gingen die Staaten in immer stärkerem Maße daran, ihre Handelsbeziehungen umzugestalten, indem sie Schutztarife, gleitende Zollskalen oder regionale Vorzugszölle einführten; aber auch sogenannte nichttarifäre Handelshemmnisse und eine „Kauf-heimische-Produkte"-Propaganda suchte unerwünschte Importe möglichst abzublocken. Die USA erließen z. B. 1921 den Notstands-(Fordney)-Tarif, 1922 den Mac-Lumber-Tarif zu solchen Restriktionszwecken[40].

Großbritannien durchbrach sein altes Freihandelssystem 1921/24 mit dem "Safe-guarding of Industry Act" und wandte sich mittels Zollpräferenzen bevorzugt dem Handelsaustausch mit seinen Kolonien zu. Frankreich, Belgien, die Niederlande, Spanien, Italien und Polen, später auch die südosteuropäischen Staaten, erhöhten ihre Zollschranken oder führten neue prohibitive Zollsysteme ein[41].

Die Nachkriegszeit bis zur großen Depression brachte immer mehr nationale und internationale Kartelle hervor; Korinthen in Griechenland, Perlmuscheln in Australien wurden Exportkontrollen unterworfen, in Spanien und Italien gab es ein gemeinsames Quecksilberkartell, in Deutschland und Frankreich ein Kali-Kartell[42], das unter erheblichem Druck der Regierungen zustandegekommen war, und sich später um spanische, polnische und andere Interessen erweiterte[43]. 1926 wurde ein europäisches Stahlkartell, die Internationale Rohstahlgemeinschaft zunächst mit französischer, belgisch-luxemburgischer und deutscher, später auch österreichischer, ungarischer und tschechischer Beteiligung ins Leben gerufen[44], gefolgt von einem europäischen Zinkkartell[45]. Die Zahl internationaler Kartelle ist für die Jahrhundertwende auf ca. 40, für 1912 auf ca. 100 und für die Nachkriegszeit (etwa 1932) auf ungefähr 320 (230 Industrie-Kartelle) geschätzt worden[46].

Ursachen und Anlässe solcher Art von Markteingriffen, seien es private, staatliche, nationale oder internationale, sind vorwiegend Not-

---

S. 81 ff. und neuerdings Walther Hubatsch, Entstehung und Entwicklung des Reichswirtschaftsministeriums 1880 - 1933, Berlin 1978, S. 17 ff.

40 Percy Wells Bidwell, Raw Materials, New York 1958, S. 29.

41 August Sartorius von Waltershausen, Die Umgestaltung der zwischenstaatlichen Wirtschaft, Jena 1935, S. 291 - 95; vgl. auch Ing Wen Liang, Versteckter Protektionismus in der Handelspolitik, Greifswald 1930, S. 4 - 11.

42 Robert Liefmann, Kartelle, Konzerne und Trusts, 8. Aufl. Stuttgart 1930, S. 189.

43 Ervin Hexner, International Cartels, London 1946, S. 267 ff.

44 Liefmann, S. 193 ff.

45 Raw Materials, Problems and Policies, hrsg. von der League of Nations, Geneva 1946, S. 44.

46 Gottfried Haberler, Der Internationale Handel, Berlin 1933, S. 245; zum Zusammenspiel von Zollschutz und Kartellierungen s. Theodor Willy Stadler, Kartelle und Schutzzoll, Berlin 1933.

situationen; so sind nationalen und internationalen Kartellen regelmäßig heftige Konkurrenzkämpfe vorausgegangen[47], die teilweise wiederum auf Überexpansionen in Kriegszeiten zurückgingen[48]. Aber auch Nachfrageausfall im Gefolge schlechter Konjunkturen[49] oder Transportmittelknappheit in Nachkriegszeiten (wie z. B. bei Gummi und Tee), die eine konjunkturelle Aufschwungphase störten, waren Anlaß zu kartellmäßigen oder ähnlichen Markteingriffen. Bei den staatlichen Maßnahmen ist der Hinweis auf eine Notstandssituation geradezu ein klassischer ökonomischer Grund für Interventionen[50].

Das Zusammenwirken privaten und öffentlichen Interventionismus' zeigte sich in der ersten Nachkriegszeit in vier Rohstoffsektoren, nämlich Kaffee, Tee, Zinn und Kautschuk, mit jeweils verschiedenen Mitteln.

a) Kaffeevalorisationen

Der Kaffeemarkt wurde zunächst in Brasilien schon bei der Ernte von 1901/02 mit Anbauverboten und Valorisationen gestützt. Brasilien erzeugte um die Jahrhundertwende mehr als 75 % der Weltkaffee-Ernte. Wegen einer ungewöhnlich guten Ernte gab es Absatzstockungen, die Preise erlebten einen Tiefstand. Eine 1902 einberufene Internationale Kaffeekonferenz brachte kein Ergebnis. In der Folge verbot der brasilianische Bundesstaat Sao Paulo für 10 Jahre sämtliche Neuanpflanzungen[51].

1906/07 kündigte sich eine neue Rekordernte an. Sao Paulo griff zu Valorisierungsmaßnahmen. Es wurde Überschußkaffee auf dem Weltmarkt zur Preisstützung aufgekauft, gleichzeitig verhütete man übermäßige Kaffeeexporte, indem den Pflanzern der Kaffee vom Staat abgekauft und auf Lager genommen wurde. Die Finanzierung erfolgte durch die brasilianische Staatsbank, verbunden mit der Aufnahme von Auslandskrediten. Der gelagerte Kaffee wurde in den folgenden Jahren nach und nach auf den Markt gebracht.

Der erste Weltkrieg ließ einen großen Teil der Nachfrage in Europa ausfallen, so daß ein zweites Valorisierungsprogramm die Preise stabilisieren mußte.

Der Konjunktureinbruch von 1920 erforderte ein drittes Valorisierungsprogramm, bei dem auch die brasilianische Bundesregierung in-

---

[47] So Liefmann, S. 196.

[48] So Bidwell, S. 29 bezüglich der USA.

[49] Liefmann, S. 186 f.

[50] Emil Küng, Der Interventionismus, Bern 1941, S. 343.

[51] Johann Schöllhorn, Internationale Rohstoffregulierungen, Berlin, München 1955, S. 72.

tervenierte. Der Kaffeeexport wurde kontrolliert, die Lagerkapazität ausgebaut, eine Staatsbank versorgte die Pflanzer mit Erntekrediten. Doch führten die dadurch hervorgerufenen Neuanpflanzungen zu strukturellen Überproduktionen, so daß die brasilianische Regierung schließlich daranging, regelmäßig einen Teil der Kaffeeernte zu verbrennen, zwischen 1931 und 1944 über 78 Millionen Sack[52]. Unbeabsichtigte Nutznießer der brasilianischen Kaffeepolitik waren dabei die Konkurrenten Brasiliens, die wegen des von Brasilien verteidigten hohen Weltmarktpreises ihre Erzeugung kräftig ausdehnten und Nachfrageverschiebungen bewirkten[53].

b) Teekontrollen

Im Laufe der Kriegsjahre 1914 - 18 hatten die damaligen Haupt-Tee-Anbauländer (nach heutiger Benennung Indien, Pakistan, Sri Lanka, Indonesien) wegen der günstigen Weltmarktpreise (Englands Teekonsum wuchs stark an) ihre Produktion ausgedehnt. Dennoch schnellten die Londoner Preise in die Höhe, weil die Frachtkosten sich kriegsbedingt erhöht hatten. Die englische Regierung führte daher 1917 eine Kontrolle über den Teehandel ein. Der Tee wurde standardisiert und zu festen Preisen als "National Control-Tea" verteilt. Importe nach England wurden dadurch eingeschränkt; das Angebot auf dem Weltmarkt überstieg die Nachfrage erheblich[54].

Die (britischen) Teepflanzerverbände von Indien und Ceylon beschlossen 1920 eine Beschränkung der Tee-Ernte auf 90 % der Durchschnittsernte von 1915 - 1919[55]. Feineres Pflücken ermöglicht beim Tee solche Restriktionen relativ einfach durchzuführen. Infolge einer schlechten Ernte und eines Nachfrageanstiegs in den folgenden Jahren wurde diese Restriktion 1923 wieder aufgegeben. Als 1929 die Preise erneut sanken, vereinbarten britische und diesmal auch niederländische Plantagenbesitzer ein neues Restriktionsprogramm der oben aufgeführten Art für das Jahr 1930. Ihm war wenig Erfolg beschieden, weil es den Markt nicht wirklich kontrollierte. Wegen eines Exportanstiegs 1931 wurde es nicht erneuert. Danach verließ man sich nicht mehr auf solche Verbands(privaten)-Kartelle: ab 1933 gelang es, die Unterstützung und Teilnahme der interessierten Regierungen zu gewinnen.

---

[52] Alton D. Law, International Commodity Agreements, Lexington, Toronto, London 1975, S. 41; vgl. Vernon D. Wickizer, The World Coffee Economy, Stanford, Cal. 1943, S. 136 ff.

[53] Willy Furrer, Internationale Produktions- und Absatz-Regelung von Kaffee, Tee und Kakao, Diss. Bern 1952, S. 16 f.

[54] Vernon D. Wickizer, Tea under International Regulation, Stanford/Cal. 1951, S. 58 f.

[55] Wickizer, Tea, S. 60.

c) Zinnregulierungen

Schon im Ersten Weltkrieg hatten Verschiffungsschwierigkeiten und der Ausfall einiger Zinnverbraucherländer[56] als Abnehmer der Zinn-Produzenten (hauptsächlich British-Malaya, Niederländisch-Indien, Bolivien und Nigeria: = 84 % der Welterzeugung)[57] zu Überschüssen an Zinn geführt. Während des Krieges hatte die malayische Regierung, die am Minen-Einkommen selbst beteiligt war, Zinn-Konzentrat zur Unterstützung der Produzenten aufgekauft[58]. Nach dem allgemeinen Preisrückgang infolge der "Unexpected Depression" (Fox) von 1920 scheiterte jedoch der Versuch, durch Aufkäufe den Preisverfall aufzuhalten. Das führte zur Gründung des "Bandoeng-Pool" durch die Regierungen der Malayischen Bundesstaaten und des ebenfalls betroffenen Niederländisch-Indien, deren Exporte fast 50 % der Weltproduktion an Zinn ausmachten[59]. Der Pool hielt die hohen Zinnüberschüsse vom Markt fern und brachte die Vorräte bis Ende 1924 wieder auf dem Weltmarkt unter[60].

Ein neuerlich angefallener Zinnüberschuß mit gleichzeitigem Preisverfall nach den Boom-Jahren von 1924 - 28 führte 1929 zur Gründung der Tin-Producers-Association (TPA), einem privaten Kartell. Bereits vor 1929 hatte die Anglo-Oriental Mining Corporation, gestützt auf englisches Bankenkapital, die praktisch die malayische und Teile der nigerianischen Produktion kontrollierte, mit der Regulierung der Zinnvorräte zur Preisstützung begonnen und auch die führende Rolle bei der Gründung des internationalen Zinn-Kartells gespielt[61]. Die Producers-Association beschloß zunächst Produktionsrestriktionen auf freiwilliger Basis; schließlich traten dem Kartell auch die mit niedrigeren Kosten arbeitenden Minen unter dem Druck ihrer Regierungen bei[62].

Dennoch gelang es nicht, den Markt im Sinne des Kartells zu „stabilisieren", weil noch freie Anbietergruppen durch Ausdehnung ihrer Zinn-Erzeugung das Restriktionsprogramm konterkarierten und auch TPA-Mitglieder ihre Verpflichtungen umgingen oder ignorierten[63]. Man

[56] William Fox, Tin, the Working of a Commodity Agreement, London 1974, S. 112, für Rußland und Deutschland.

[57] Schöllhorn, S. 49.

[58] Fox, S. 113, Beteiligung durch „Royalties" (Produktionsabgaben).

[59] Fox, S. 113.

[60] Schöllhorn, S. 47.

[61] Ders., S. 48; Klaus Otto Titze, Internationale Planungen auf den Weltrohstoffmärkten, Diss. Darmstadt 1958, S. 122 ff.

[62] Harold François Wilkinson, Etude des Initiatives Internationales en Vue de la Stabilisation des Marchés des Produits de Base, Genève, Paris 1959, S. 95.

[63] Klaus E. Knorr, Tin under Control, Stanford/Cal. 1945, S. 97 ff.

verlangte daher Regierungsunterstützung und staatliche Kontrollmaßnahmen[64]; das führte in der Folge zum ersten internationalen Zinnabkommen (1931).

d) *Kautschuk-Kartelle*

Mit dem Aufkommen des Automobils anfangs diesen Jahrhunderts, vor allem in Amerika, wuchs der Bedarf an Kautschuk besonders für die Gummibereifung; dies führte in den Jahren 1909/10 zu einem Rubber-Boom[65], der wiederum umfassende Neuanpflanzungen in Südostasien anregte. Als diese Pflanzungen 1917 (Gummibäume werden nach 6 - 8 Jahren ertragsreif) die Erzeugung stark ansteigen ließen, konnten die Vorräte trotz kriegsbedingter Nachfrage nicht exportiert werden, weil es an Schiffsraum fehlte[66]. In Malaya, einem der Hauptproduzentenländer, kürzten daher die Pflanzergesellschaften ihre Kautschukernte freiwillig auf ein Jahr um 25 %. Ein daraufhin von der Regierung vorbereitetes staatliches Restriktionsprogramm kam nicht mehr zum Tragen, weil inzwischen der Krieg in Europa beendet war und genügend Schiffsraum für den Export zu erwarten stand[67]. 1920 endete der "post war boom" mit einem allgemeinen Konjunkturrückgang.

Britische Plantagengesellschaften gründeten zusammen mit einigen niederländischen Plantagenbesitzern die Rubber-Growers Association als privates Kartell und kürzten ihre Produktion um ein Viertel zur Preisstützung; die Maßnahme zeigte keine Wirkung, weil der Hauptverbraucher USA noch reichlich bevorratet war und die von der Kartellabsprache nicht betroffenen Produzenten den Ausfall wettmachten, auch einige der Plantagen, die den Restriktionsplan unterstützten, den Vereinbarungen nicht voll nachkamen[68]. Nun trat die Rubber-Growers Association an die Britische Regierung heran, die an hohen Kautschukpreisen u. a. zur Abtragung ihrer Kriegsschulden gegenüber den USA interessiert war.

Ein Komitee, bestellt vom britischen Kolonialminister, unter dem Vorsitzenden Stevenson erarbeitete einen Plan zur Förderung der britischen Plantageninteressen[69]; vor allem zur Preisstützung wurde der

---

[64] Hexner, International Cartels, S. 241.

[65] Rowe, S. 123; einige Plantagen-Gesellschaften warfen Dividenden von über 200 % aus, s. Titze, S. 29, Fußnote 3.

[66] Schöllhorn, S. 38.

[67] Klaus E. Knorr, World Rubber and its Regulation, Stanford/Cal. 1945, S. 91.

[68] Andrew McFadyean, The History of Rubber Regulation 1934 - 1943, London 1944, S. 27 f.

[69] Report of the Stevenson Committee on the Rubber Situation in the British Dependencies, May 19 and October 2, 1922, bei: Benjamin Bruce

Export indirekt, durch progressiv besteuerte Ausfuhrerlaubnisse, beschränkt[70].

Der „Stevenson-Plan“ trat im November 1921 für Ceylon, die Malayischen Bundesstaaten und die Straits-Settlements in Kraft; er wurde 1928 wieder aufgegeben. Die Verbraucherländer, voran die USA, hatten sich mit Gegenmaßnahmen gewappnet: die Reifenhersteller in Amerika organisierten eine Art Käufer-Pool zur Preisstabilisierung[71], die Gummi-Industrie ging dazu über, immer mehr Regenerat-Gummi und Füllmittel zu verwenden[72] und ab Mitte der zwanziger Jahre erarbeiteten Chemiker in Deutschland und den USA die technischen Grundlagen zur Erzeugung von Synthese-Kautschuk[73].

Gleichzeitig entwickelten niederländische Pflanzer die Methode des “Bud grafting”, mit der durch Aufpfropfen hochwertiger Pflanzen der Reifeprozeß beschleunigt und der Hektarertrag gesteigert wurde, und die (amerikanische) Firestone Rubber Company begann mit der Anlage großer Kautschuk-Plantagen in Liberia[74].

Die Folgen, nämlich die Ausweitung der Produktionskapazitäten über die später zu erwartende Nachfrage hinaus, sollten sich dann bei der Zapfreife der Bäume zwischen 1930 und 1934 zeigen, dem Jahr, in dem das erste internationale Kautschuk-Abkommen zustande kam.

2. Gelenkter Rohstoffhandel seit der Weltwirtschaftskrise

Waren die unter 1. skizzierten Versuche von Rohstoffregulierungen auf den Weltmärkten noch entweder einzelstaatlicher Art oder von privaten Produzentengruppen (Kartellen) unternommen worden, so setzt mit der hereinbrechenden Weltwirtschaftskrise und in ihrer Folge eine erste Periode zwischenstaatlicher Regulierungen wichtiger Rohstoffsektoren ein.

Diese internationalen Marktregulierungen verbanden sich den nationalen Maßnahmen, mit denen die Staaten ihre Arbeitsmarkt- und Zahlungsbilanzschwierigkeiten in einem weltweiten Konjunkturabschwung gegen Ende der 20er Jahre in den Griff zu bekommen versuchten.

Wallace / Lynn Ramsay Edminister, International Control of Raw Materials, Washington, D. C., 1930, S. 401 ff.

70 Knorr, World Rubber, S. 96; McFadyean, S. 31.

71 Hexner, S. 285.

72 Titze, S. 32.

73 Schöllhorn, S. 42.

74 Ders., S. 42.

In Frankreich begann man ab 1929 mit Interventionen auf dem Weizenmarkt, ab 1936 wurde ein Weizenmonopol gebildet, für andere Getreide galten Einfuhrkontingentierungen; Zucker unterlag seit 1931 einer Binnenmarktregulierung[75].

In Italien entwickelten sich außer für Weizen und Zucker auch für Reis verschiedene Regulierungssysteme, die Einfuhr wurde jeweils einem besonderen Regime unterworfen. Agrarmarktregulierungen für Getreide, meist auch für Zucker, aber auch auf anderen Sektoren wurden in den Niederlanden, Schweden, der Schweiz, Österreich, Belgien und der CSR eingeführt. Aber auch Großbritannien ging, nicht nur auf den Sektoren von Zucker und Getreide, zunehmend seit 1926 (Empire-Marketing-Board) zu Binnenmarktstützungen über, später außenwirtschaftlich abgesichert durch den "Import-Duties-Act" von 1932. Die überseeischen Agrarexportländer kamen in den 30er Jahren zu staatlichen Regulierungsmaßnahmen, nachdem schon während des Ersten Weltkrieges Marktstützungsmaßnahmen den Produzenten Entlastung gebracht hatten.

Seit 1929 in den USA und Kanada, 1931 in Australien und ab 1933 in Argentinien griffen die Regierungen mit Mindestpreisen, Pools oder anderen Subventionierungen vor allem in die Getreidemärkte ein[76]. Die weltweite Wirtschaftskrise trieb schließlich die äußere Handelspolitik fast aller Staaten in ein Chaos von Abwehrmaßnahmen, die auch nach 1931 prinzipiell aufrechterhalten, später teilweise umgestaltet wurden. Bewegliche Zölle auf Getreideeinfuhren wurden in Deutschland 1930, ähnliche Maßnahmen auch in den anderen europäischen Staaten eingeführt; 1931 ging man allenthalben zu Devisenbewirtschaftung über, zu Einfuhrkontingentierungen, Importmonopolen und Lizenzsystemen[77].

In bilateralen Handelsabkommen mit kompensatorischen Zielen und zentralen Plan- und Verwaltungsstellen traten die Staaten in ein neues Bezugssystem zueinander[78], in eine neue Phase des Neomerkantilismus, die die Weltwirtschaft zusätzlich mit Währungsmanipulationen[79] irritierte. Neue Formen des administrativen Protektionismus

[75] Dazu und den folgenden Beispielen vgl. Karl Schiller, Marktregulierung und Marktordnung in der Weltagrarwirtschaft, Jena 1940, S. 21 ff.

[76] Vgl. Anneliese Binder, Internationale Regulierungen auf dem Weltweizenmarkt, Kiel 1952, S. 17 ff. jeweils mit Übersichten; Rowe, S. 130 f.

[77] Sartorius von Waltershausen, Umgestaltung, S. 302 ff.; Nachw. zum Zollprotektionismus bei Walter Greiff, Der Methodenwandel der europäischen Handelspolitik während des Krisenjahrs 1931, Berlin 1932, S. 62 ff.

[78] So Max Silberschmidt, Die Weltwirtschaftskrise 1929 - 1931, in: Festgabe Hans von Greyerz, hrsg. von Ernst Walder u. a. Bern 1967, S. 656.

[79] Ablösung von der Golddeckung und Abwertungen.

(nicht-tarifäre Handelshemmnisse) zur beweglicheren Handhabung im Verordnungswege eingeführt[80], machten die Risiken des internationalen Handels unberechenbar.

Auch die Jahre der wirtschaftlichen Erholung 1933 bis 1939 wurden nicht genutzt, um einen neuen internationalen Handelsaustausch, außer in regionalen low-tariff-clubs zu installieren[81]. Der "Trade Agreements Act" der USA von 1934 versuchte zwar eine Liberalisierung durch bilaterale Absprachen in Form der "Executive Agreements" zu erreichen[82], änderte aber das Gesamtbild eines „restriktiv administrierten" Welthandels kaum[83].

Bereits 1927 hatte sich eine Weltwirtschaftskonferenz mit Fragen der Liberalisierung nationaler Wirtschaftspolitiken befaßt; freier Handel, auch auf den Rohstoffsektoren, wurde als Grundbedingung für allgemeine Prosperität anerkannt[84], aber weittragende Erfolge waren ihr nicht beschieden. Langfristig wurde lediglich der Handel mit Knochen, Häuten und Fellen in Europa liberalisiert[85].

Der Völkerbund hat sich noch einige Male mit den Außenhandelsproblemen befaßt. 1929 empfahl er z. B. einen auf 3 Jahre befristeten Stillstand der Zolltarife. Ein entsprechendes Abkommen zur Stabilisierung der europäischen Handelshemmnisse bis zum 31. 3. 1931, von 17 Staaten unterzeichnet, wurde nicht ratifiziert, so daß der Völkerbund schließlich verlauten ließ, daß keine Hoffnung bestünde, die Wünsche der Konferenz von 1927 zu verwirklichen[86].

---

[80] Dazu Greiff, Methodenwandel, S. 45 ff. und ders., Die neuen Methoden der Handelspolitik, Berlin 1934, mit einer Aufschlüsselung der einzelnen Handelsrestriktionen. Für die Entwicklung des deutschen Agrarprotektionismus vgl. Dieter Gessner, Agrardepression und Präsidialregierungen in Deutschland 1930 - 1933, Düsseldorf 1977, S. 31 ff.

[81] Hans Möller, Internationale Wirtschaftsorganisationen, Wiesbaden 1960, S. 24.

[82] Georg Erler, Grundprobleme des internationalen Wirtschaftsrechts, Göttingen 1956, S. 97 ff.; Bidwell, S. 30; zu der Herausbildung der „Verwaltungsabkommen" im deutschen Staatsrecht vgl. Wolfram Kesseler, Geschichtliche Entwicklung internationaler Verwaltungsabkommen im deutschen Recht, Köln 1960, S. 57 ff. und Fritz Steffen, Die Auswärtige Gewalt und der Reichspräsident, Berlin 1933, S. 88 ff.

[83] Raw-Material, Problems and Policies, S. 55.

[84] Vgl. die „International Convention for the Abolition of Import- and Export-Prohibitions and Restrictions" v. 8. 11. 1927, Text bei Wallace / Edminster, S. 421 ff.; die zwar zwischen sieben Staaten in Kraft trat, bis 1934 aber auch von diesen wieder aufgehoben war, s. Raw-Material, S. 47; Proceedings der Genfer Konferenzen in: League of Nations Publications 1928 II 7 und 1929 II 9 (Economic and Financial).

[85] Text in: Verträge der Bundesrepublik Deutschland, hrsg. vom Auswärtigen Amt, Serie A, Bd. 30, 1969, Nr. 410 u. 411, S. 409 ff. u. 431 ff.

[86] Sartorius von Waltershausen, Umgestaltung, S. 299.

Widerstand gegen allgemeinen Zollabbau oder auch nur vertraglichen Zollstillstand kam vor allem von den weniger entwickelten Ländern[87], die ihre im Aufbau befindlichen Industrien schützen wollten (Industrieprotektionismus) vor der Konkurrenz der entwickelten europäischen Industrien[88]. Das Prinzip des „Alle oder Keiner" im Hinblick auf eine Liberalisierung des Welthandels war fehlgeschlagen, man brachte bilateralen Absprachen oder Präferenz-Abkommen größeres Vertrauen entgegen.

Der Briandsche Vorschlag einer Europäischen Union (1929), die "primarily economic, without affecting the sovereignty of any Nation" sein sollte[89], verkehrte sich in der Wirklichkeit zu einem eng begrenzten Regionalismus, der sich in Zollunions- und Wirtschaftsbündnisplänen (deutsch-österreichischer Zollunionsplan, belgisch-niederländischen und belgisch-französischen Wirtschaftsverbindungsplänen) oder Föderations- und Unionsprojekten (Donau-Föderation, Baltische Union, Balkan-Union) ausdrückte, und seinen Niederschlag fand in der Osloer Konvention (1930) und dem Pakt von Ouchy (1932) und Präferenzabkommen mit iberischen, skandinavischen, baltischen und Balkan-Klauseln[90].

Mit der Ottawa-Konferenz und dem Commonwealth-Präferenzsystem veränderte und befestigte Großbritannien sein politisches Empire, in dem es sich als eine Wirtschafts- und Handelsregion zusammenfand[91], dabei einer bilateral zersplitterten Weltwirtschaft multilateral (und vergleichsweise liberal) ausweichend[92].

Die Londoner "Monetary and Economic Conference" von 1933, die noch einmal versuchte, die Desintegration der Weltwirtschaft aufzuhalten, scheiterte, weil keiner der dort vertretenen Staaten seine Handelsbarrieren senken wollte, so lange auch nur ein anderer diese aufrecht erhielt, und weil zusätzlich destabilisierte Währungen liberale Handelspolitik erschwerten[93].

---

87 Räumlich einer mit der europäischen Wirtschaft zwar verbunden, aber peripheren Zone, nämlich Australien, Kanada, Indien, Neuseeland, Persien, Südafrika, aber auch Polen.

88 Karl W. Kapp, The League of Nations and Raw Materials, Geneva 1941, S. 47.

89 Kapp, S. 45 f.

90 Zu Einzelheiten vgl. Greiff, Methodenwandel, S. 15 ff. und Wolfgang Sonthofen, Völkerrechtliche Grundlagen des internationalen Warenhandels, Diss. Freiburg/Br. 1936, S. 73 ff.

91 Übersicht zu Handelsbeziehungen zwischen Großbritannien und den Dominien und den Präferenzbeziehungen nach 1932 bei Sartorius von Waltershausen, Umgestaltung, S. 309 ff.

92 Andreas Predöhl, Das Ende der Weltwirtschaftskrise, Reinbek 1962, S. 65 f.

93 Kapp, S. 48 ff.

Rohstoffversorgungsprobleme spielten bei diesen allgemeinen Handelsrestriktionen zunächst keine große Rolle; eine Knappheit an Rohstoffen auf der Angebotsseite gab es nicht, wohl aber Devisen- und neue kriegswirtschaftliche Autarkieprobleme[94]. Vielmehr schürten hohe Überschußproduktion und Vorräte in den Agrar- und Rohstoffländern die Angst vor zusammenbrechenden Exportpreisen — das Gegenstück der Angst vor Arbeitslosigkeit in den Industrieländern — und regten zu neuen Formen staatlich und zwischenstaatlich stabilisierter Preise und Märkte an[95].

a) Zuckerabkommen

Durch die Auswirkungen des Krieges in Europa war die Rübenzuckerproduktion von 1913 - 1919/20 von 8 auf 2,6 Millionen tons. gesunken; der Ausfall auf dem Weltmarkt wurde durch die Anbauexpansion der von hohen Kriegspreisen angeregten Rohrzuckerproduzenten in Java und Westindien indes mehr als wettgemacht. Nach 1920 erholte sich die europäische Zuckererzeugung schneller als erwartet; Zoll- und Subventionspolitiken in den USA, einigen britischen Kolonien und den kontinental-europäischen Ländern, teilweise ausgelöst durch vom Krieg stimmulierte Autarkiebemühungen, ließen die Produktionskapazitäten weiter ansteigen. Hinzu traten neue Anbaumethoden beim Zuckerrohr mit höheren Ernteausbeuten, so daß die Zuckererzeugung den Konsum bald weit übertraf[96].

Die kubanische Regierung begann 1926 mit Regulierungsmaßnahmen. Zunächst brachte sie die kubanische Zuckerproduktion unter staatliche Kontrolle[97], dann nahm sie mit Vertretern der deutschen, polnischen

[94] Vgl. dazu: Roland Schönfeld, Deutsche Rohstoffsicherungspolitik in Jugoslawien 1934 - 1945, in: Vierteljahreshefte für Zeitgeschichte, 1976, S. 315 ff. (216 - 220); zu den have-nots Deutschland, Italien und Japan, Raw-Material, S. 56 f.; Autarkiepolitik (Großraumwirtschaft) sollte einen Ausweg bieten aus der nicht länger möglichen Ausdehnung der Weltwirtschaft in räumlicher Hinsicht, die bisher auch Ventilfunktionen in zyklischen Krisen und Stockungen geboten hatte, welche jetzt neomerkantilistisch in monopolistischen Gebilden und/oder staatlichen Interventionen und „Ordnungen" gesucht wurden, vgl. Predöhl, S. 92; Schiller, S. 16; zur räumlichen Ausdehnung der Weltwirtschaft: William Woodruff, Die Entstehung einer Internationalen Wirtschaft 1700 - 1914, in: Europäische Wirtschaftsgeschichte, hrsg. v. Carlo M. Cipolla, Bd. 4, Stuttgart - New York 1977, S. 435 ff. (471 f.); s. auch die Erwägungen bei Corrado Gini, Die Probleme der internationalen Bevölkerungs- und Rohstoffverteilung, Jena 1937, S. 7 ff.

[95] Schließlich waren es die Agrar- und Rohstoffländer gewesen, die 1930 zuerst die große Preisverfallsbewegung spüren mußten, Sartorius von Waltershausen, Umgestaltung, S. 301 f.

[96] Raw-Material, Problems and Policies, S. 43; Alton D. Law, S. 46/47; s. a. Ludwig Debus, Voraussetzungen für die Wirksamkeit internationaler Rohstoffabkommen, abgeleitet aus den Erfahrungen mit den Weltzuckerabkommen, Hannover 1976, S. 76 ff.

und tschechischen Zuckerindustrien Fühlung auf und verpflichtete diese auf eine gemeinsame Zuckerpolitik[98]; dies führte 1928 zur Vereinbarung konkreter Exportbeschränkungen für ein Jahr, mit absoluten Höchstzahlen und Quoten für die einzelnen Industrien[99]. Ohne die javanischen Zuckeranbauer, die der Vereinbarung fern geblieben waren, konnten die beteiligten Verbände, die nur knapp 30 % der Weltzuckererzeugung repräsentierten, keine zureichende Regulierung oder anhaltende Preisstützung erreichen; der Regulierungsversuch war gescheitert.

Erst 1931, nachdem Kuba zuvor wiederum seine Zuckerausfuhr staatlicher Regulierung unterworfen hatte, kam es zu dem „Internationalen Abkommen" von 1931 (Chadbourne-Agreement) zwischen den Vertretern der Zuckerindustrien Deutschlands, Kubas, Javas, der CSR, Polens, Ungarns und Belgiens, da inzwischen die Überproduktion für alle Hauptproduzenten und Exportindustrien unerträglich geworden war[100], und jetzt vor allem die nordamerikanischen Banken, die in Kubas Zuckerproduktion investiert hatten, ihre weltweiten Verbindungen einsetzten[101].

Der Weltwirtschaftsausschuß des Völkerbundes, der 1929 die Zuckerfrage aufgegriffen hatte, hielt eine internationale Regelung ähnlich der Konvention von 1902 zur Behebung der Handelsprobleme für nicht erforderlich; er empfahl Abmachungen der Industrien und Fabrikanten untereinander, die nationale Schutzmaßnahmen zu Gunsten der jeweils eigenen Zuckererzeugung überflüssig machen sollten[102]. Die Vertreter der nationalen Zuckererzeugerverbände hielten indes, um den Zweck des Chadbourne-Plans zu erreichen, nämlich eine Angebotsverringerung auf dem freien Weltmarkt, gesetzliche Maßnahmen zur Beschränkung der Ausfuhren für unerläßlich. Entsprechend vereinbarten die Vertragspartner, bei ihren jeweiligen Regierungen um solche Unterstützungen nachzusuchen[103].

Die „Wirtschaftliche Vereinigung der Deutschen Zuckerindustrie" und das kubanische Zuckerstabilisierungsinstitut, beide durch Staatsakt gebildete Körperschaften[104], sowie die Visoco, eine nach niederländi-

[97] Ernst Rievel, Die deutsche und die internationale Zuckerkontingentierung, Diss. Köln 1934,S. 50 f.

[98] Vgl. die Beschlüsse der Berliner Konferenz vom 30. 11. 1927 bei: Mikusch, S. 105.

[99] Rievel, S. 51; Vertragstext bei Mikusch, S. 106.

[100] Rievel, S. 55/56.

[101] Mikusch, S. 52/53.

[102] Vgl. die S. 50 mitgeteilten „Schlußfolgerungen".

[103] Vgl. Text des Abkommens bei Mikusch, S. 106 - 126 (107).

[104] Vgl. die Verordnung über den Zusammenschluß der Zuckerindustrie vom 27. 3. 1931, RGBl. I, 1931, S. 86 ff. gestützt auf das mittels Notverordnung

schem Recht gebildete juristische Person[105], waren bereits vor Vertragsschluß der entsprechenden staatlichen Stützung der zu treffenden Restriktionsmaßnahmen gewiß[106]. Die tschechischen, ungarischen und polnischen Vertragsparteien, private Vereinigungen der jeweiligen Zukkerindustrien[107], erreichten, daß in ihren Ländern entweder prohibitive Ausfuhrsteuer-[108] oder Ausfuhrerlaubnissysteme[109] errichtet wurden.

Für Belgien wurden solche staatlichen Maßnahmen deswegen nicht für erforderlich gehalten, weil die belgischen Zuckerfabriken einzeln dem internationalen Abkommen beitraten[110]. Das Chadbourne Agreement war also kein Wirtschaftsvertrag zwischen Regierungen, aber auch nicht nur ein privates Kartell privater Zuckerproduzenten; die mindestens implizite Zustimmung der Regierungen, ausgedrückt in den Zuckerexportregulierungen, vermittelte ihm in allen Staaten außer Belgien eine (wenn auch teilweise nachträgliche) hoheitliche (staatliche) Legitimation.

Den organisatorischen Zusammenhalt zu diesem Versuch einer internationalen Marktregulierung vermittelte der nun eingerichtete internationale Zuckerrat (Art. IV)[111], der aus Delegierten der Industrien bzw. Verbände und des kubanischen Zuckerinstituts bestand, mit Sitz und Büro im Haag. Dieser erste internationale Zuckerrat entschied bei seinen Beratungen, außer in spezifischen, festgelegten Fällen, nach dem Mehrheitsprinzip, mit im einzelnen bestimmten Quoten nach Art und Bedeutung der Frage gestaffelt (vgl. Art. IV (f)). Dabei wurden die Stimmen jedes Vertragspartners in Anlehnung an seine wirtschaftliche Bedeutung (Exportquote) gewogen, d. h. die kubanische Delegation konnte im Rat 35 Stimmen abgeben, die belgischen Fabrikanten zusammen aber nur 2 Stimmen[112]. Die Angebotsverringerung auf dem Weltmarkt sollte mit den schon bekannten Techniken internationaler Marktinterventionen erreicht werden: Art. I des Chadbourne-Abkom-

erlassene „Handelsklassengesetz", RGBl. I 1930, 602 - 603; vgl. dazu auch Teichmann, S. 370; und die Verordnung des kubanischen Präsidenten v. 6. 5. 1931, Nr. 607 sowie das Gesetz v. 14. 5. 1931 bei Mikusch, S. 135 ff.

105 Vereeniging van Java Suiker Onderneemers ter Quoteering der Uitvoeren bij International Contrakt, Satzung v. 25. 4. 1931, S. 152 f.

106 Vgl. Abkommenstext, S. 107 im Vorspruch.

107 Vgl. die ‚Beschreibung der vertragsschließenden Teile' im Abkommenstext, S. 107 - 109.

108 Polen, Gesetz v. 5. 11. 1931, S. 163 f.

109 CSR, Erlaß des Finanzministeriums v. 23. 6. 1931, S. 160 f., Ungarn, Gesetzesauszug, S. 165 f.

110 Boris C. Swerling, International Control of Sugar 1918 - 41, Stanford/ Cal. 1949, S. 46.

111 Abkommenstext bei Mikusch, S. 106 ff.

112 Vgl. im einzelnen Art. IV (e); entsprechend wurden die Ratskosten nach Stimmenanteilen verteilt, so Art IV (1).

mens bestimmte für die Jahre 1931 - 1935 die jährlich jedem Vertragspartner zugestandene Zuckerausfuhrmenge. Außerdem vereinbarten die Vertragspartner, ihre festgestellten Vorräte verteilt über die Laufzeit des Vertrages abzubauen; dazu sollte die Zuckererzeugung so eingeschränkt werden, daß sie den Inlandsverbrauch plus Exportkontingent inklusive Vorratsabbauanteil nicht überschritt (Art. II). Das bedeutete ein Pooling der Vorräte nach gemeinsam vereinbarten Regeln, ohne daß jedoch der Überschußzucker konkret zusammengefaßt oder bewirtschaftet wurde[113].

Das Chadbourne-Abkommen blieb bis 1935 in Kraft. Es scheiterte wohl daran, daß die Zuckereinfuhrländer darin nicht einbezogen waren; aus wirtschafts-politischen Gründen, zur Bekämpfung der Depression und im Rahmen allgemeiner Autarkiebestrebungen förderten sie die heimische Zuckerproduktion oder betrieben den Ausbau präferenzieller Handelsbeziehungen hinter Zollschutzmauern, so daß der freie Weltmarkt für Zucker schrumpfte und die Bemühungen der Vertragsländer leer liefen[114].

Auf der 11. Tagung des Internationalen Zuckerrats im August 1935 konnte man sich zu einer Verlängerung des Abkommens deshalb nicht entschließen; der deutsche Vorschlag, die Organisation des Zuckerrats aufrecht zu erhalten, als Informations- und Vermittlungsstelle und zur Vorbereitung eines neuen Abkommens, griff man dagegen auf[115].

Nachdem der Versuch der Haupterzeuger von Zucker, mit dem Chadbourne-Plan den Zuckerweltmarkt zu ordnen, fehlgeschlagen war, bemühten sich die am Zuckerhandel interessierten Staaten um eine weiträumigere Regulierung. Die bedeutenden Importländer sollten darin einbezogen werden, um zu verhindern, daß die Politik der Selbstversorgung und der Erweiterung von Präferenzabkommen den freien Weltzuckermarkt immer mehr einschränkte[116].

Die Zuckerhandelsvereinbarung zwischen den Philippinen und den USA[117], die neuen Marktregulierungen in den USA[118] und England[119],

[113] Also eine Art nationales Pooling im internationalen Rahmen; der Gedanke eines international organisierten Puffer-Pools auf dem Zuckersektor, nämlich statt nationaler Exportrestriktionen den Weltüberschuß einer internationalen Gesellschaft zu gemeinsamer Verwaltung anzuvertrauen, wie auf der Pariser Zuckerkonferenz von 1927 erwähnt (vgl. Text bei Mikusch, S. 104), wurde nicht aufgegriffen.

[114] Wilkinson, S. 72; vgl. auch Swerling, Sugar Control, S. 50; Hexner, S. 193 und Titze, S. 88; Debus, S. 125 ff.

[115] Schander, S. 49.

[116] Ernst Schneider, Die Weltzuckerindustrien in der Nachkriegszeit, Diss. Köln 1938, S. 125.

[117] Im Philippines Independence Act v. 24. 3. 1934.

[118] Jones-Costigan Act v. 9. 5. 1934.

verbunden mit erzeugungsbeschränkenden Quotenregelungen, wie sie ähnlich in Südafrika seit 1936 und schon seit 1930 in Australien praktiziert wurden, erleichterten neue Verhandlungen[120]. Auf der 1937 vom Völkerbund einberufenen Internationalen Zuckerkonferenz kam es zum Abschluß des "Agreement concerning the Regulation of Production and Marketing of Sugar"[121], dessen Regulierungsverfahren sich daher auf die von inzwischen fast allen Staaten eingeführten Kontrollinstrumente stützen konnte.

Hauptverwaltungsorgan des Internationalen Zuckerabkommens von 1937 (ISA 1937) war die Generalversammlung (General Council), die als Internationaler Zuckerrat firmierte und aus Delegierten der beteiligten Regierungen bestand (Art. 29 (a)). Der Rat bestellte den 'Secretary' (höchster Verwaltungsbeamter) und ‚ermöglichte' die Errichtung eines Sekretariats, das völlig unabhängig von anderen nationalen oder internationalen Organisationen oder Institutionen arbeiten sollte (Art. 34).

Ein Verwaltungsausschuß (Executive-Committee) mit 9 Mitgliedern arbeitete dem Rat zu (Art. 29 (b)). Drei seiner Mitglieder wurden von Importstaaten gestellt, davon je einer ständig von den USA und dem UK. Je drei weitere waren Delegierte von Rohrzuckerproduzentenländern und Rübenzuckerproduzentenländern, die im festgelegten Turnus wechselten; nur Kuba und die Niederlande (für Java) stellten permanente Delegierte in dem Kontingent der Rohrzuckerländer (Art. 39 (a) und (b)).

Die Regulierungstechnik des ISA 1937 bestand hauptsächlich aus regionalen Handelsvereinbarungen zwischen bestimmten Export- und Importländern[122] und einem Quotensystem zur Aufteilung des Exportvolumens für den verbleibenden freien Weltmarkt (Art. 19).

Zur Vermeidung unerwünscht großer Vorratsansammlungen, wie sie etwa Java während des Chadbourne-Plans ohne Vertragsverletzung hatte anlegen können[123], wurden allgemeine Produktionskontrollen

[119] British Sugar Industry (Reorganization) Act von 1936; Timoshenko / Swerling sprechen von einer „Quasi-Nationalization", The World's Sugar, S. 200 ff.

[120] Swerling, International Control of Sugar, S. 54; die „Wirtschaftliche Vereinigung der Deutschen Zuckerindustrie" (o. Fn. 104), hatte übrigens ausdrücklich auch die Aufgabe, „die Regelung des Zuckerangebots auf dem Weltmarkt durch Vereinbarungen mit anderen zuckererzeugenden Ländern" zu ermöglichen: § 1 II Nr. 3 der Satzung, Text bei Mikusch, S. 155; s. auch Kurt Münch, Wirtschaftliche Selbstverwaltung, Hamburg 1936, S. 50 ff. (52).

[121] Vom 6. 5. 1937, Text in: ILO (International Labour Office), Intergovernmental Commodity Control Agreements, Montreal 1943, S. 26 ff.

[122] Darin gingen bereits bestehende oder präferenzielle Handelsbeziehungen auf, vgl. Art. 9 ff. des Abkommens.

[123] Swerling, International Control of Sugar, S. 59 f.

vereinbart; danach sollten die Vorräte zu einem festen Jahrestermin 25 % der Jahresproduktion nicht überschreiten (Art. 26 (b)). Andererseits sollten die Rohrzuckerländer eine Reserve von 10 % ihrer Jahresquote an einem jeweils mit dem Rat abgestimmten Termin auf Vorrat halten (Art. 27). Darin zeigt sich ansatzweise der Versuch, auch mit Hilfe von Ausgleichsmengen ggf. den Markt zu stabilisieren. Die Erfahrungen mit dem Chadbourne Plan veranlaßten die Abkommensparteien, dem ISA 1937 flexiblere Verfahrensweisen zuzuweisen[124]. Ein Drittel der Vertragsstaaten bildeten im Rat das notwendige Quorum (Art. 36 (b)), und soweit es nicht anders bestimmt war, reichte für Beschlüsse des Zuckerrats die einfache Mehrheit der Stimmen der anwesenden Regierungsvertreter aus (Art. 38). Das Stimmgewicht der einzelnen Delegationen war wiederum ungefähr entsprechend dem Interesse der Staaten am Zuckerhandel gewogen, so daß etwa Kuba und die Niederlande 10 bzw. 9 Stimmen innehatten, Ungarn und Portugal z. B. aber nur je eine (vgl. Art. 37 (a)).

Insgesamt standen den Export-Staaten 55 Stimmen, den Import-Ländern 45 Stimmen zur Verfügung, eine Relation, die auch bei einer evtl. veränderten Mitgliederzusammensetzung beibehalten werden sollte (Art. 37 (a) und (c))[125]. Ein volles Stimmengleichgewicht mit den Exportstaaten hatte man den Verbraucherländern also (noch) nicht zugestanden.

Die ursprüngliche Planung für das ISA 1937 sah seine Geltung für 5 Jahre ohne Kündigungsmöglichkeit (aber mit Sicherheitsklausel, Art. 50) vor; es wurde, in veränderter Zusammensetzung, 1942 um 2 Jahre[126], später bis zum 31. 8. 1953 jeweils um ein Jahr verlängert[127].

Auf dem Zuckersektor war damit erstmals seit dem Brüsseler Abkommen von 1902 wieder ein Regierungsabkommen zustandegekommen, diesmal mit einer nahezu gleichberechtigten Beteiligung der wichtigen Importstaaten (Verbraucher).

b) Teeabkommen

Der im Zuge der Weltwirtschaftsdepression einsetzende Preisverfall für Tee, verbunden mit dem Anwachsen der Tee-Vorräte in den Er-

---

[124] Ders., S. 59 f.

[125] Exportländer waren: Süd-Afrika, Australien, Belgien, Brasilien, Cuba, CSR, Dominikanische Republik, Frankreich, Deutschland, Haiti, Ungarn, die Niederlande, Peru, Philippinen, Polen, Portugal, UdSSR, Jugoslawien; Importländer: China, Indien, Vereinigtes Königreich, USA.

[126] Text in: ILO, S. 45 f.

[127] Texte in: Treaties and other International Agreements of the USA 1776 - 1949 (TIAS), Vol. III, Washington, D. C., 1969, S. 722, 899, 1248, 1654; zuletzt: TIAS 2862 UST 3: 2056 v. 30. 8. 1952.

zeuger- und Verbraucherländern, veranlaßte 1933 indische, ceylonesische und niederländisch-indische Teepflanzerverbände dazu, mit Unterstützung ihrer jeweiligen Regierungen, eine internationale Vereinbarung zur Regulierung des Weltteemarktes abzuschließen[128]. Als Verwaltungsorgan des Tee-Abkommens wurde ein "International Committee" eingerichtet, das die Interessen der Pflanzer der einzelnen Länder wahrnehmen sollte (ITA 1933 clauses 4 u. 8 (b)), und nach dem zum Vertrag gehörenden "Memorandum of Recommendations" auch mit "representatives of the producing countries" (a.a.O., Clause 8 (a)) besetzt werden sollte.

Die Durchführung des Abkommens wurde von der Zustimmung der einzelnen Regierungen und dem Erlaß der notwendigen staatlichen Vorschriften abhängig gemacht (cl. 8 (a)). Entsprechend wurde dann im zweiten Tee-Abkommen 1938 die Besetzung des International Tea Committee (ITC) so geregelt, daß seine Mitglieder von den nationalen Regierungen bestellt, je eines ohne und die restlichen nach Abstimmung mit den betroffenen Teepflanzern[129]; darüber hinaus bedurften wesentliche Veränderungen des Abkommens der Zustimmung aller beteiligten Regierungen[130]. Diese Regierungsbeteiligung der von London bzw. Den Haag abhängigen Kolonialregierungen sollte nach Ansicht des ITC eine Beteiligung der Verbraucher erübrigen[131].

Zur Angebotssteuerung auf dem Weltmarkt diente eine allgemeine Exportregulierung nach einem Quotensystem. Für die einzelnen Staaten wurden Standard-Export-Quoten (nach den Jahren 1929, 1930 oder 1931) festgelegt[132], nach denen die zugeteilten Teeexporte prozentual berechnet wurden[133]. Dabei hatten die Regierungen Tee-Exporte über die vereinbarten Mengen hinaus zu verhindern (clause 2); zu diesem Zweck sollten alle Exporte einer Lizenz bedürfen (Memorandum cl. 1). Zur internen Zuteilung der Exportmengen und Vergabe der Ausfuhr-

---

[128] Teilnehmer waren: The Indian Tea Association, The South Indian Association, The Ceylon Association in London und die Nederlandsch-Indische Vereeniging voor de theecultuur, Batavia und die Vereeniging voor de thee-cultuur in Nederlandsch Indie, Amsterdam; vgl. Text in: ILO, S. 47 bis 51. 1934 stießen vier britisch-ostafrikanische Produktionsregionen (Nyassaland, Kenya, Uganda und Tanganyika) und Malaya dazu; die britischen Kolonien wurden 1938 Vollmitglieder des Abk., s. Hexner, International Cartels, S. 197; s. a. UNCTAD, Consideration of International Measures on Tea, TD/B/IPC/Tea/4 v. 9. 12. 1977.

[129] Jedes Land konnte 2 - 5 Vertreter entsenden, Annex A 1. (b) des ITA 1938, Text in ILO, S. 52 - 58 und bei Wickizer, Tea, S. 153 - 162.

[130] ITA 1938, Annex A cl 13.

[131] Nach Hexner, International Cartels, S. 199 f.

[132] ITA 1933, cl 3.

[133] Für das erste Regulierungsjahr waren z. B. 85 % der Standard-Quote zum Export freigegeben, ITA 1933, cl 4.

lizenzen wurden daher in allen beteiligten Ländern spezielle Verwaltungseinrichtungen geschaffen[134]. Das ITC erörterte auch die Einrichtung eines Buffer-Pools; eine Entscheidung dazu wurde nicht getroffen[135]. Es ist anzunehmen, daß die mangelnde Lagerfähigkeit von Tee[136] eine positive Entscheidung nicht erlaubte[137].

Das Verwaltungs- und Entscheidungsverfahren der Teeabkommen war noch weitgehend auf das Prinzip einvernehmlicher Entscheidungsfindung ausgerichtet. Zwar wurden die Stimmen im Rat (Committee) entsprechend der Standard-Export-Quote gewogen[138], die 'figure of regulation', d. h. die Festlegung der Export-Quoten und evtl. Vertragsänderungen bedurften einstimmigen Beschlusses[139].

Obwohl die Abkommen selbst zwischen privaten Interessenverbänden abgeschlossen worden sind und nicht etwa von den betroffenen Staaten ‚ratifiziert' wurden[140], kann man sie nicht mehr nur als private Kartell-Verträge einordnen. Ihre Durchführung war formell[141] und materiell[142] von der Mitwirkung der Regierungen abhängig gemacht; deren Intervention und Beteiligung manifestierte sich schließlich auch in der Praxis der Bestellung der Ratsmitglieder[143] und der abgestimmten begleitenden Gesetzgebung der Staaten[144]. Die Bedeutung der Regierungsbeteiligung zeigte sich auch darin, daß die British-Ostafrikanischen Territorien im ITC nicht vertreten waren, solange deren Regierungen die Export-Lizensierung nicht eingeführt hatten[145]; daher klassifizierte das Internationale Arbeitsamt die Teeabkommen als "in substance an intergovernmental agreement"[146].

---

[134] Wickizer, Tea, S. 107; in Indien, dessen Gesetzgebung mit Ceylon und NEI abgestimmt wurde, z. B. ein "Indian Tea Licensing Committee" nach dem Indian-Tea-Control Act 1938, Präambel und cl 3; Text bei Wickizer, S. 163 bis 179.

[135] Hexner, International Cartels, S. 199.

[136] Georg Wojtkowiak, Strukturprobleme der Welt-Teewirtschaft, Hamburg 1973, S. 61.

[137] Vgl. dazu Wickizer, S. 142 f.

[138] Indien 38, Ceylon 25, NEI 17 Stimmen; s. ITA 1933, Memorandum cl. 8 (e), ITA 1938 Annex A cl. 5.

[139] Ausgenommen in unwesentlichen Punkten; ITA 1933 Memorandum cl. 3 und 9 (a), ITA 1938 Annex A cl. 8 (a) und 13.

[140] Wie Furrer, S. 36, anscheinend meint.

[141] ITA 1933 cl. 8.

[142] Memorandum cl. 1 z. B.

[143] ITC, vgl. ITA 1938, Annex A cl. 1 (b).

[144] Vgl. Indian Tea Control Act, s. o. Fn. 134.

[145] Hexner, Int. Cartels, S. 197 Fn. 6, nach Wickizer, Tea, S. 144 Fn. 21.

[146] ILO, S. Xiii; die Frage der Umwandlung in ein 'Intergovernmental Agreement' wurde ab 1939 diskutiert, blieb zwischen der britischen Regierung und den "planters associations" aber wohl kontrovers, vgl. Wickizer, Tea, S. 141 f.

Ihrem Inhalt nach im wesentlichen kaum verändert, wurde die Geltung der Teehandelsvereinbarungen, obwohl ursprünglich nur als Übergangsmaßnahme für wenige Jahre vorgesehen[147], bis 1955 verlängert[148].

Zusammen mit dem Chadbourne-Agreement, das auch eine Mischform kartell-privater und regierungs-amtlicher Beteiligung aufwies, bezeichnen die Teeabkommen die Übergangsphase von privaten-internationalen oder staatlich-nationalen Rohstoffregulierungen zu den internationalen staatlichen Rohstoffabkommen nach der Weltwirtschaftskrise anfangs der 30er Jahre.

c) Zinnabkommen

Die unzureichende Kontrolle und der Mangel an Disziplin bei den privaten internationalen Regulierungsversuchen der Tin-Producers'-Association (TPA) legte den Gedanken nahe, an die Regierungen heranzutreten, um gemeinsame staatliche Marktregulierungen zu erreichen.

So kamen 1931 bis 1942 mehrere internationale Abkommen über Zinnvermarktung zustande, die in ihrer Entwicklung und Ausformung charakteristische Züge internationaler Zusammenarbeit auf dem Sektor Rohstoffe aufzeigten. Die Regierungen von British-Malaya, Niederländisch-Indien, Bolivien und Nigeria, die aus finanz- und innenpolitischen Gründen an florierenden Zinnminen interessiert waren[149], schlossen 1931 das erste mehrseitige zwischenstaatliche Zinnabkommen, dem noch im gleichen Jahr auch Siam beitrat[150]. Das Abkommen sah eine direkte Kontrolle von Erzeugung und Ausfuhr des Zinns vor, indem jeweils nur bestimmte Prozentsätze eines festgelegten Grundkontingents zur Ausfuhr freigegeben wurden[151]; zu seiner internationalen Verwaltung wurde ein "International Committee" eingerichtet, das die Regierungen repräsentierte[152]. Die Kontrollgesetzgebung selbst und die Verwaltungskontrolle verblieben, wie auch in den nachfolgenden Abkommen, bei den jeweiligen nationalen Regierungen[153]. Im folgenden ITCS von 1933[154] benannte man das Verwaltungsorgan offiziell als das "Inter-

---

[147] Wickizer, Tea, S. 109.

[148] Wojtkowiak, S. 25.

[149] William Fox, TIN, the Working of a Commodity Agreement, London 1974, S. 126 f.; George W. Stocking / Myron W. Watkins, Cartels or Competition?, New York 1948, S. 164.

[150] Agreement of the International TIN Control Scheme v. 28. 2. 1931 (ITCS), Text in: ILO, S. 73 - 75.

[151] ITCS, cl. 8 - 11.

[152] ITCS, cl. 3.

[153] Klaus E. Knorr, Tin under Control, Stanford/Cal. 1945, S. 110.

national Tin Committee" (ITC)[155], das nun auch die Befugnis bekam, ein Sekretariat einzurichten[156].

Zur Ablösung eines privaten, 1931 von britischen und holländischen Produzenten im Rahmen der TPA geschaffenen 'Tin Pool'[157], der aber in enger Zusammenarbeit mit dem ITC betrieben worden[158] und wegen seiner privaten Natur inzwischen auf Kritik gestoßen war[159], vereinbarten die Vertragspartner des ITCS die Errichtung eines Ausgleichslagers (Buffer Stock)[160]. Diesem Ausgleichslager stellten die Teilnehmer ihren Kontingenten entsprechend Zinn zur Verfügung, das zentral eingelagert wurde[161]; es wurde von einem Buffer Stock Committee verwaltet[162], das je nach der Marktlage durch Käufe oder Verkäufe den Zinnpreis auf dem Weltmarkt stabilisieren sollte[163]. Das ITCS 1933 wurde durch ein entsprechendes Abkommen 1937 verlängert[164]. Eine wichtige Veränderung neben der Einführung einer Stimmenwägung im ITC erfuhr das Abkommen durch die Einrichtung einer "Consumers' Representation"[165] aus jedem der zwei größten Zinnverbraucherländer (USA, UK). Diese Vertreter der Verbraucherinteressen konnten den Sitzungen des ITC (ohne Stimmrecht) beiwohnen und sollten das ITC hinsichtlich der Weltvorräte und des Zinnverbrauchs beraten. Der Grund für diese Beteiligung der Verbraucher dürfte vor allem in dem Mißtrauen der ‚Marktwirtschaftler' vor Produzenten-Kartellen — auch unter regierungsamtlicher Leitung — und einem gezielten Druck der US-Administration zu suchen sein[166]. Auch dem ITCS 1937 folgte ein erneuertes Tin Buffer Stock Scheme, das gleichzeitig neu organisiert war[167]. An die Stelle des Buffer Stock Committee traten ein ‚Manager' mit Assistenten und anderem Personal[168]. Manager und Assistent Manager durften

[154] ITCS v. 27. 10. 1933, Text in: ILO, S. 75 - 79.

[155] Cl. 3.

[156] Cl. 9.

[157] Hexner, Int. Cartels, S. 242.

[158] Knorr, Tin, S. 119; Fox, S. 130.

[159] Hexner, S. 242.

[160] Agreement for the Tin Buffer Stock Scheme (TBSS) v. 10. Juli 1934 zwischen Bolivien, den Malayischen Staaten, Niederländisch-Indien und Nigeria, Text in: ILO, S. 80 f.

[161] TBSS 1934, cl. 6 und 7.

[162] Besetzt mit je einem Delegierten aus jedem Mitgliedsland, TBSS, cl. 1 und 2.

[163] TBSS, cl. 11.

[164] ITCS v. 5. 1. 1937, Text in: ILO, S. 81 - 87, dem jetzt auch Belgisch Kongo und das franz. Indo-China angehörten.

[165] ITCS 1937, clause 6.

[166] Vgl. Fox, S. 132 und Mieczyslaw Epstein, La réglementation internationale d'un marché de matière première, Fribourg 1943, S. 89 f.

[167] TBSS 1938 v. 20. Juni 1938, Text in: ILO, S. 90 - 94.

[168] TBSS 1938, cl. 13 (a).

in keiner Weise irgendwo an Zinn-Geschäften beteiligt sein[169] und außer dem Vorsitzenden (Chairman) des ITC niemandem anderen andere als besonders gestattete Informationen vermitteln[170]. Möglicherweise war diese Regelung u. a. eine Reaktion auf einige in den Jahren 1934 und 1935 neben dem offiziellen Buffer Stock operierende private buffer pools, die teilweise von Mitgliedern des ITC kontrolliert worden waren[171].

1938 wurde erstmals die Forschung zu Zinnproblemen in einem Abkommen zusammengefaßt[172], das von einem General Council of Control, in dem alle Mitgliedsländer vertreten waren, verwaltet wurde[173].

Während des Krieges wurde im Anschluß an das ITCS 1937 ein "Agreement for the international control of the production and export of tin" zwischen Belgien, Großbritannien und den Niederlanden, jeweils für ihre Kolonien, und Bolivien, geschlossen[174]. Buffer Stock und spezielle Zinnforschungseinrichtungen fehlten in diesem Abkommen; der Krieg und die zu militärischen Zwecken benötigten großen Zinnmengen ließen ein Ausgleichslager und absatzfördernde Forschungen wohl überflüssig erscheinen. Dafür wurde die Consumers' Representation auf das besondere strategische Interesse der USA ausgerichtet; von den drei Vertretern der Zinnverbraucher stammten zwei Delegierte aus den USA, einer davon direkt bestellt von der US-Regierung[175].

Die Entscheidungs- und Verwaltungsverfahren der Zinn-Abkommen zeigen sehr deutlich den formalen Ausgangsort zwischenstaatlicher internationaler Zusammenarbeit (nämlich die „souveräne Gleichheit der Staaten") in der Betonung formaler Gleichheit durch das Einstimmigkeitsprinzip und die gestaltende Kraft wirtschaftlicher Prinzipien, die zu entsprechend dem Wirtschaftsinteresse abgewogener Machtbalance im Mehrheitsprinzip mit Stimmenwägung führt[176].

---

[169] Cl. 13 (b).

[170] Cl. 18 i. V. m. cl. 17.

[171] Vgl. Knorr, Tin, S. 148.

[172] Agreement on a Tin Research Scheme v. 25. 1. 1938 (TRS) Text in: ILO, S. 87 - 89.

[173] TRS 1938 cl. 4; Ressort-Manager für Forschung, Entwicklung und Statistik leiteten die Arbeit, TRS, cl. 5, 8 und 9.

[174] ICPET 1942, v. 9. Sept. 1942, Text in ILO, S. 95 - 103; Belgien handelte dabei für Belgisch-Kongo, das UK für die Malayischen Staaten, die Straits Settlements (Malakka) und Nigeria, die Niederlande für Niederländisch-Indien, ICPET 1942, Art. 1.

[175] ICPET 1942, Art. 13.

[176] Vgl. dazu Hermann Hillger, Stimmenwägung in Internationalen Wirtschaftsorganisationen, Diss. Kiel 1957, S. 129 ff.

Das ITCS 1931 befand für Entscheidungen über seine Regulierungstechnik (Quoten usw.) die beteiligten Regierungen gemeinsam für zuständig, die nur einstimmig verbindlich handeln konnten[177].

Das Committee hatte nur beratende und initiierende Funktionen aufgrund seiner Marktbeobachtungen und Analysen, während Vorschläge einer Regierung bez. einer Quotenänderung, die nicht gemeinsam einstimmig akzeptiert wurde, binnen 6 Monaten das betreffende Land zum Verlassen der Vertragsorganisation ermächtigte.

Das zweite Zinnabkommen variierte diese Spannung zwischen staatlicher Souveränität und internationaler Verwaltung, indem das ITC den Signatar-Regierungen die Höhe der Export-Quote empfehlen sollte, diese ‚Empfehlung' aber die einstimmige Entscheidung der Regierungsdelegationen im ITC darstellen mußte[178]. Entsprechend hatte das Buffer Stock Committee des diesem Abkommen zugeordneten TBSS 1934 seine Entscheidungen in Übereinstimmung aller seiner vier Mitglieder zu treffen[179].

Erstmals im dritten internationalen Zinnabkommen wird für das Decision-making im Committee, dem ausdrücklich die Quotenfestlegung zugeschrieben war, eine Mehrheitsentscheidung vorgesehen (if unanimity is not reached)[180]. Insgesamt 20 Stimmen wurden nur ungefähr entsprechend der jeweiligen Standard-Tonnage auf die Delegationen verteilt, und 11 Stimmen als ausreichende Mehrheit für einen Vorschlag definiert. Allerdings durften bei einer so zu treffenden Quotenfixierung nur die Delegationen abstimmen, deren Export dadurch berührt wurde[181], eine Klausel, die eine mehrheitlicher Umverteilung der Quoten zu Lasten einzelner verhinderte. Dieses System abgestuften Stimmrechts sollte die Unruhe unter den malayischen Produzenten besänftigen, die, als damals größte Zinnexporteure, ihre Interessen im ITC bisher nicht ausreichend gewahrt sahen[182].

Das Zinnabkommen von 1942 (ICPET 1942) führte das Stimmwägungsprinzip weiter; jetzt waren von 17 Stimmen 10 für eine Mehrheit erforderlich, neben einem Quorum von mindestens 3 Delegationen. Das Stimmgewicht der größten Zinnexporteure Malaya (5 Stimmen), Bolivien (4 Stimmen) und NEI (4 Stimmen) war dabei so ausbalanciert, daß die Stimmen je zweier von Ihnen zu einem Beschluß nicht ausreich-

177 ITCS 1931, cl. 7 und 18.
178 ITCS 1933, cl. 10 (f).
179 TBSS 1934, cl. 4.
180 TCS 1937, cl. 12 resp. 13.
181 TCS 1937, cl. 13 letzter Satz.
182 Fox, Tin, S. 134.

ten[183]. Die Geltung des Abkommens endete 1946. Widerstand der USA gegen neue Handelsregulierungen und deren strategisches Stock-piling Programm verhinderte zunächst den Abschluß eines neuen Zinnabkommens[184], so daß ab 1947 zunächst nur eine "Tin Study Group" mit Sitz in Den Haag vorbereitende Arbeiten aufnehmen konnte[185].

d) Kautschukabkommen

Während und nach dem anhaltenden Preissturz für Kautschuk 1929 bis 32, verursacht nicht nur durch den verringerten Weltverbrauch in der Depression, sondern auch durch strukturelle Übererzeugung wegen der umfangreichen Neupflanzungen in der Zeit des Stevenson-Plans[186], verbunden mit höheren Erträgen auf Grund biologischer Forschungen[187], waren es auch auf diesem Rohstoffsektor die Pflanzerverbände, die ihre Regierungen zu internationalem Zusammenwirken drängten und die Ausarbeitung eines Kontrollschemas vorantrieben[188]. Die Beratungen von Pflanzerverbänden und Regierungen aller wichtigen Kautschukländer wurden im Frühjahr 1934 abgeschlossen; die internationale Marktregulierung trat am 1. 7. 1934 in Kraft[189].

An dem Abkommen beteiligt waren Großbritannien (für die Erzeugungsgebiete Ceylon, Malaya und Borneo), Frankreich (für Französisch-Indochina), die Niederlande (für Niederländisch-Indien), Indien und Siam[190]. Wie in den Tee- und Zinnorganisationen konstituierte sich als Hauptverwaltungsorgan ein Komitee (Rat), das "International Rubber Regulation Committee" (IRRC)[191] mit festgelegter Mitgliederzahl abgestuft für die einzelnen Delegationen (1 bis 4 Delegierte), ungefähr der jeweiligen Produktionsbedeutung entsprechend[192].

Um von vorneherein zu vermeiden, daß die Kautschukverbraucher sich in eine Gegenposition zu der internationalen Marktregulierung begaben[193], wurde eine Verbraucher-Repräsentation als Beratender Ausschuß eingerichtet, zunächst aus 3 Personen, ab 1938 aus 4 Perso-

[183] ICPET 1942, Art. 14; (NEI = Niederländisch Ost-Indien).

[184] Rowe, S. 169 f.

[185] Fox, S. 207 ff.

[186] Außerhalb der betroffenen britischen Kolonien.

[187] Vgl. Heinz George, Kautschuk, Leipzig 1938, S. 146 ff.

[188] McFadyean, S. 42 ff.

[189] Agreement for the Regulation of Production and Export of Rubber v. 7. 5. 1934 (RPER 1934), Text in: ILO, S. 104 - 114, der revidierte Text v. 6. 10. 1938 (RPER 1938): S. 115 - 131 und bei McFadyean, S. 158 - 176.

[190] Vgl. jeweils Art. 1 RPER 1934 und 1938.

[191] Art. 15 (a) der Abkommen.

[192] Art. 15 (b).

[193] George, S. 167.

nen bestehend[194]; seine Mitglieder vertraten die Kautschukwarenindustrien Englands, Amerikas und Deutschlands, das vierte Mitglied sollte ab 1938 von der US-Regierung bestellt werden[195].

Der Einfluß dieses "Advisory Panel" der Verbraucher auf die Politik des IRRC wurde recht hoch eingeschätzt[196]; von ihm wurde auch die intensive Diskussion über die Einrichtung eines Buffer Stock ausgelöst, der dem Zinnvorratslager entsprechen sollte. Dieser Buffer Stock sollte u. a. die Zeitspanne zwischen der Festsetzung der Exportquoten und dem Erscheinen des entsprechenden Kautschuks auf dem Markt (time lags) überbrücken[197]. Die zu erwartenden technischen Probleme der Lagerhaltung (Belüftung, Temperatur des zu lagernden Kautschuks)[198] und Finanzierung ließen diese Bemühungen scheitern.

Wie bei den Tee- und Zinnabkommen bestanden die Regulierungstechniken hauptsächlich in Exportrestriktionen. Die Abkommen legten Basis-Quoten in Gewichtseinheiten fest; das IRRC befand dann von Zeit zu Zeit darüber, welcher Prozentsatz dieser Basis-Quoten als erlaubte Ausfuhrmenge bestimmt wurde[199]. Übermäßige Lagerhaltung war ebenso verboten wie die Neuanlage von Kautschukpflanzungen oder der Export von Samen oder Pflanzen[200].

Dem Entscheidungsverfahren des IRRC lag das gewichtete Mehrheitsprinzip zugrunde, wobei für Veränderungen der Ausfuhrquoten oder von Verfahrensregeln eine Dreiviertelmehrheit aller Stimmen erforderlich war; darüber hinaus mußten bei Abstimmungen wenigstens 4 (von 5) Delegationen anwesend sein[201]. Das Stimmgewicht jeder Delegation richtete sich nach der Basis-Quote: pro 1000 tons der Quote gab es eine Stimme[202], d. h. das Stimmrecht war ähnlich den Tee- und Zinnabkommen nach dem wirtschaftlichen Interesse gewogen.

Die Ähnlichkeiten in den Grundzügen der Verwaltungsorganisation und Regulierungspraxis der Tee-, Zinn- und Gummiabkommen sind nicht nur zufällig; zwar mögen die im Rahmen allgemeiner Beobachtungen der Rohstoffmärkte gesammelten Erfahrungen dazu beigetragen haben; wie sich aber auch aus der Zusammensetzung des "International Rubber Regulation Committee" ablesen läßt, gab es Überschnei-

---

[194] Art. 18 RPER 1934 und 1938.

[195] Hexner, S. 288 f.

[196] Vgl. Knorr, Rubber, S. 173 f.

[197] McFadyean, S. 90 f.

[198] Dazu Knorr, Rubber, S. 81.

[199] RPER 1934 Art. 4 (b) und (c); RPER 1938 Art. 4 (c) und (d).

[200] RPER 1934/38 Art. 11, 12 und 13.

[201] RPER 1934/38 Art. 15 (m) und (n).

[202] RPER 1934/38 Art. 15 (l).

dungen im personellen Bereich mit dem "International Tin Committee" und dem "Tea Committee"[203], wie auch z. B. einige Tee-Gesellschaften in Indien und Ceylon gleichzeitig Kautschuk-Plantagen betrieben[204]. Großbritannien kam bei diesen Regulierungen wohl die Schlüsselstellung zu, finanziell über Kapitalbeteiligungen und politisch durch das Kolonialamt übte es großen Einfluß aus; folgerichtig waren die Verwaltungszentralen, die Sitze der Räte (Committees) und Büros in London angesiedelt, und an die britische Regierung wandte sich z. B. die US-Administration, um wegen zu hoher Kautschukpreise zu intervenieren[205].

Das Kautschuk-Regulierungsabkommen endete 1944; die Bedürfnisse des Krieges und die Entwicklung leistungsfähiger Synthese-Kautschuk Fabriken, deren Ausbreitung durch hohe Natur-Kautschuk-Preise nur gefördert worden wäre[206], verhinderten die Fortsetzung des Regulierungsschemas.

Seitdem arbeitet in London die International Rubber Study Group, die im wesentlichen den Kautschukweltmarkt beobachtet und Empfehlungen zur Behebung gelegentlicher Schwierigkeiten ausarbeitet[207].

e) Weizenabkommen

Ein erster Ansatz zu einem globalen Rohstoffabkommen auf internationaler staatlicher Ebene unter Beteiligung von Erzeuger- und Verbraucherländern findet sich in dem Internationalen Weizenabkommen von 1933 (IWA 1933)[208]. Es geht zurück auf Überlegungen der südosteuropäischen Agrarländer und inter-amerikanischer Konferenzen der Jahre ab 1930, die in Beratungen des Völkerbundes und im Zusammenhang mit den Weltwirtschaftskonferenzen weiter verfolgt wurden[209].

---

[203] Vgl. Hexner, Int. Cartels, S. 286; McFadyean, S. 177 - 186.

[204] Wickizer, S. 61.

[205] Hexner, Int. Cartels, S. 287; dort auch Nachweis der direkten Beteiligung des Colonial Office an den Gummi-Regulierungen.

[206] Zur Entwicklung der Synthese-Gummi-Industrien in den USA zwischen 1940 - 43 vgl. Percy W. Bidwell, Raw Materials, New York 1958, S. 246 ff.; zu der schon eher erfolgten Entwicklung der deutschen Synthese-Industrie vgl.: Klaus Möbius, Natur- und Synthese-Kautschuk in der Weltwirtschaft, Tübingen 1969, S. 13 f. (Fn. 2).

[207] Vgl. z. B. die Proceedings of the Twenty-Fifth Assembly of the International Rubber Study Group in Washington 1978, hrsg. von der IRSG, London 1979; s. auch schon: Article "Rubber Study Group" in International Organisation, vol. III (1949), S. 747.

[208] Text in: ILO, S. 1 ff. und bei Martens / Triepel, 3. Serie, Bd. 29, 1934, Nr. 76, S. 362 ff.; Teilnehmer waren: Deutschland, Österreich, Belgien, Bulgarien, Frankreich, Großbritannien, Griechenland, Ungarn, Irland, Italien, Polen, Rumänien, Spanien, Schweden, die CSR, Schweiz, die UdSSR, Jugoslawien und die Hauptexportländer Argentinien, Australien, Canada und die USA.

Der Grund für diese Bemühungen um eine internationale Verständigung über den Weizenhandel liegt auch hier in einem bedrückenden Überangebot, verbunden mit einem nachhaltigen Preisverfall; die allgemein-wirtschaftlichen und wirtschaftspolitischen Folgen der Weltwirtschaftskrise (Zoll- und Handelspolitik) verschärften die Absatzsituation für die Weizenerzeuger so, daß eine Lösung nur in einem internationalen Rahmen erreichbar schien[210].

Ein "Wheat Advisory Committee" (WAC) sollte Funktion und Anwendung des IWA 1933 überwachen und dazu ein Sekretariat einrichten[211]. Die Beteiligung der Importländer sollte zunächst nur aus 2 oder 3 Mitgliedern bestehen, die vom Wirtschaftsrat des Völkerbunds benannt werden würden. Das Sub-Committee zur Errichtung des WAC entschloß sich dann aber, das Advisory Committee aus einer gleichen Anzahl von Vertretern von Import- und Export-Staaten zusammenzusetzen, die alle Regierungsvertreter sein sollten[212]. Das WAC war nicht auf Dauer angelegt, sondern sollte nur für die Zeit des zur Behebung der Absatzkrise auf 2 Jahre abgeschlossenen Abkommens beratende Funktion haben und den Regierungen die Möglichkeit geben, unterstützt durch die zu sammelnden Daten, die Abwicklung des Abkommens zu verfolgen[213].

Verwaltungsvollmachten wurden dem WAC nicht übertragen, Stimmrechte ebenfalls nicht festgestellt, so daß dem Committee keine praktische Verwaltungsfunktion zukam. Um den Preisverfall aufgrund des Überangebots aufzuhalten, vereinbarten die überseeischen Exportländer für das Erntejahr 1933/34 Exporthöchstmengen (Kontingente), die für 1934/35 durch zusätzliche Anbaubeschränkungen unterstützt werden sollten[214].

Die Weizenimportländer stimmten zu, die Bemühungen der Exportländer nicht zu konterkarieren; deswegen verpflichteten sie sich, die eigene Produktion nicht zu vergrößern, die mengenmäßigen Einfuhrbeschränkungen für Weizen zu überprüfen und Zollsenkungen für den

---

209 Vgl. Luise Passow, Zwischenstaatliche Regulierung des Weizenangebots auf dem Weltmarkt, in: Weltwirtschaftliches Archiv (WWA), 45. Bd., Jena 1937, S. 171 - 199, (174 ff.).

210 Vgl. Peter H. Otzen, Möglichkeiten und Grenzen der internationalen Zusammenarbeit auf dem Weltmarkt für Getreide, Diss. Kiel 1970, S. 53 f.; Titze, S. 51 f.; Rowe, S. 151 f.

211 IWA 1933, Art. 7 und Appendix A 2.

212 IWA 1933, Appendix B.

213 Appendix B.

214 IWA 1933, Art. 1 und 2; für Bulgarien, Ungarn, Rumänien und Jugoslawien wurde eine gemeinsame maximale Exportmenge festgesetzt, daneben ein Anbauausdehnungsverbot ausgesprochen, IWA 1933, Art. 3 und 4.

Fall ins Auge zu fassen, daß der Weizenpreis auf dem Weltmarkt anziehe[215].

Die Schätzung und Planung von Ernte- und Exportmengen nahmen die Überseeländer unter sich vor[216]; das Abkommen „platzte" aber bereits im ersten Jahr, weil das Welthandelsvolumen überschätzt worden war und man die Rekord-Ernten in Europa und Argentinien nicht hatte vorhersehen können, und weil Argentinien wegen unzureichender Lagermöglichkeiten seine Exportquote überschritt[217]. Mangels eines für solche Fälle vorgesehenen Entscheidungsverfahrens im WAC (auch eine Stimmverteilung hatte ja nicht stattgefunden), konnte diese mißliche Lage nicht aufgefangen werden. Es wäre aber vordergründig, das Scheitern des Abkommens einer mangelnden Kooperationswilligkeit der 4 Hauptexportländer anzulasten[218]. Obwohl in diesen Ländern Regulierungsversuche von seiten der Regierungen unternommen wurden[219], verblieben Schwierigkeiten der Mengen-Planung in den innerstaatlichen Regulierungstechniken[220]; abgesehen davon, daß die Elastizität der Nachfrage in Bezug auf den Preis nur gering ist (Hauptnahrungsmittel), verhalten sich auch die Produzenten bei Preissenkungen kurzfristig marktwidrig, weil sie die eintretenden Einkommensverluste durch noch höhere Produktion bei gleichzeitiger Einschränkung ihrer Lebenshaltungskosten auszugleichen suchen[221].

Vor allem aber lassen sich Ertragsschwankungen, die auf das Wetter zurückzuführen sind, nicht voraussehen und durch eine Anbauflächenplanung kurzfristig auch nicht ausgleichen[222]. Daran wohl vor allem ist das Weizenabkommen 1933 gescheitert.

---

215 IWA 1933, Art. 6 I, III und IV.

216 Vgl. "Note of Agreement between the Oversea Wheat Exporting Countries" v. 30. 6. 1933 mit späterer Anpassung (ohne Datum), in: ILO, S. 7 ff.

217 Anneliese Binder, Internationale Regulierungen auf dem Weltweizenmarkt, Kiel 1952, S. 56.

218 So anscheinend Passow, S. 180.

219 Vgl. Binder, für die USA S. 8 ff., Kanada S. 19 f., Australien S. 28 f. und Argentinien S. 39; Schiller schätzt allgemein den Regulierungsgrad des Weltweizenhandels für 1934 auf 66 %, s. Schiller, S. 18.

220 Vgl. Passow, S. 180 ff.

221 Nachw. bei Binder, S. 4 f.

222 Vgl. Übersichten bei Binder, S. 5.

B. Zwischenstaatliche Verwaltung in der gelenkten Weltwirtschaft

Noch während des II. Weltkrieges entstanden Pläne und Vereinbarungen über die Gestaltung künftiger Welthandelsgrundsätze. Die Atlantic Charter ließ bereits amerikanisch-freihändlerische Ziele anklingen, indem gleichberechtigter Zugang zum Handel und den Rohstoffen der Welt für alle Staaten angestrebt werden sollte[1]. Das Lend-Lease-Agreement konkretisierte die amerikanischen Vorstellungen dahin, daß Produktion und Handel aller Staaten aktiv zu fördern und alle Formen diskriminierender Behandlung im internationalen Verkehr zu beseitigen seien[2].

Schließlich führten die "Proposals for Expansion of World Trade and Employment" des US-State Department dazu, daß der Wirtschafts- und Sozialrat der Vereinten Nationen die Konferenz über Handel und Beschäftigung von Havanna einberief[3]. Eine "Havanna Charter for the International Trade Organization"[4] wurde schließlich von 53 Staaten unterzeichnet, aber mangels Ratifizierung nicht in Geltung gebracht. In den USA selbst war das Konferenz-Ergebnis so umstritten, daß der Präsident die Charter gar nicht erst dem Kongreß vorlegte, weil mit dessen Zustimmung ohnehin nicht zu rechnen war[5].

---

[1] Noch während die kriegswirtschaftlichen Lenkungsinstrumentarien aufgebaut wurden, vgl. dazu Joel Hurstfield, The Control of Raw Materials, London 1953, S. 137 ff.; Text der Atlantic Charter in: Frederick H. Hartmann, Basic Documents of International Relations, New York, Toronto, London 1951, S. 139 ff. und in AJIL, Suppl., Vol. 35 (1941), S. 191 f.

[2] Es sollte nicht nur die durch den Krieg angeregte hohe Rohstoffproduktion absorbiert werden, um gleichzeitig die Versorgungssicherheit mit Rohstoffen zu gewährleisten, die USA brauchten mit ihrem entwickelten Industriepotential und großen Binnenmarkt Handelskonkurrenz und internationalen Wettbewerb nicht zu fürchten; Text des Lend-Lease-Agreement bei Hartmann, S. 145 ff.

[3] Georg Dahm, Völkerrecht, Bd. II, Stuttgart 1961, S. 598; s. auch Rolf Stödter, Völkerrecht und Weltwirtschaft, in: ZaöRV, Bd. XIII (1950), S. 67 ff. (83 ff.); das Kapital V der Proposals (Intergovernmental Commodity Arrangements) bei: Edward S. Mason, Controlling World Trade, New York, London 1946 (Reprint New York 1972), S. 266 ff.

[4] ICITO/1/4; E/Conf. 2/78; unterzeichnet am 24. 3. 1948.

[5] Zu den Gründen, die eine Ratifizierung der Havanna Charter verhindert haben und zu dem Streit um Freihandel, Protektion und Präferenzen vgl.: Jen-Huong Wang, Die Konferenz der VN über Handel und Entwicklung (UNCTAD) als neuer Faktor in der internationalen Organisation des Welthandels, Heidelberg 1970, S. 29 ff.; Günter Heiduk, Die weltwirtschaftlichen

In der Zwischenzeit wurde als "stop-gap-arrangement"[6] das General Agreement on Tariffs and Trade (GATT) vereinbart, das traditionelle Meistbegünstigungsklauseln nunmehr multilateral einer interventionistischen Kontingents- und Quotenpolitik entgegensetzt, und Handelsförderung nicht nur in Zollsenkungen sieht, sondern auch als Zolltransparenz begreift[7]; konsequenterweise beschäftigen inzwischen verstärkt die nicht-tarifären Handelshemmnisse die GATT-Verhandlungen[8]. Das GATT ist aber nicht die einzige effektive internationale Handelsvereinbarung, die übrig geblieben wäre von diesen Versuchen, eine umfassende internationale Handelsorganisation zu schaffen: das Kapitel VI der Havanna Charter, das sich über internationale Rohstoffabkommen verhält, wurde sowohl in Resolutionen des Wirtschafts- und Sozialrats der Vereinten Nationen (ESOSOC) zur Beachtung empfohlen wie im GATT wegen dieser Resolutionen für VN-Mitglieder für verbindlich gehalten[9]. Der völkerrechtlichen Frage der Verbindlichkeit (und möglicher Modifizierungen durch spätere Unctad-Resolutionen) soll hier nicht rechtstheoretisch nachgegangen werden, festzuhalten ist aber, daß die später abgeschlossenen internationalen Rohstoffabkommen[10] den Regeln des Kap. VI der Charter gefolgt sind[11].

Die Grundsätze über Rohstoffabkommen, die eine generelle Ausnahme von den ursprünglich von den USA verfolgten Freihandelsideen bilden, verarbeiten die Erfahrungen der Zwischenkriegszeit, z. B. was die notwendige breite Basis der beteiligten Produzenten und die Ko-

Ordnungsprinzipien von GATT und UNCTAD, Baden-Baden 1973, S. 81 ff.; Franz Krappel, Die Havanna Charta und die Entwicklung des Weltrohstoffhandels, Berlin 1975, S. 18 ff.; der zwischen Freihandel und Autarkiepolitik oszillierende Charakter der Havanna Charter wird schon kontrastiert bei Herbert Gross, Welthandel von Morgen, Düsseldorf 1950, S. 36 ff. (42 ff.), in der internationalen Kritik S. 270 ff.; und Heinrich Rittershausen, Internationale Handels- und Devisenpolitik, 2. Aufl., Frankfurt/M. 1955, S. 338 ff.

[6] Harald Jürgensen, GATT, in: HdSW, Bd. 4, 1965, S. 346 ff.

[7] Zum GATT und seinen Prinzipien s. Ulrich Frantz, 25 Jahre Welthandelspolitik, Berlin 1975, S.57 ff.

[8] So in den Verhandlungen der Tokio-Runde, vgl. dazu Wedige von Dewitz, Die multinationalen GATT-Verhandlungen, in: Wirtschaftsdienst, 1979, 346 und Bull EG 4-1979, S. 9 ff. (13/14); GATT, Activities in 1978, Geneva 1979, S. 29 ff.; Agnes Hubert, Tokyo Round: Les Habits Neufs du Commerce International, in: Révue du Marché Commun, 1979, S. 537 - 541; vgl. auch das Übereinkommen über technische Handelshemmnisse (GATT) in: BTDrS 8/3589, S. 138 ff. (Anl. II) und in DHA H. 4-1980 und Denkschrift zum Genfer Protokoll von 1979, BRDrS 190/80, S. 21.

[9] Nachweis und Diskussion bei Krappel, S. 29 ff. dort auch Text des Kap. VI, S. 109 ff., eine dt. Übersetzung der Havanna Charta findet sich bei Herbert Gross, S. 299 ff.

[10] Soweit sie unter der Ägide der VN oder deren Sonderorganisationen verhandelt worden sind — die OPEC/OAPEC gehören nicht dazu.

[11] Jürgen Knote, Internationale Rohstoffabkommen aus der Nachkriegszeit, Bonn 1965, S. 89.

operation mit den Konsumenten angeht, in einem Kompromiß, der bei aller grundsätzlich anerkannten Notwendigkeit einzelner Handelsregulierungen eine marktnachahmende, machtgewichtende Beteiligung aller Interessierten, d. h. Handelnden, vorschreibt, dabei in den Verhandlungen vermittelt durch die einzelstaatlichen Wirtschaftslenker, die Regierungen.

Die grundlegenden Ziele solcher Rohstoffabkommen wurden eingegrenzt dahin, Tendenzen zu beständigen Mißverhältnissen von Erzeugung und Verbrauch und der Ansammlung drückender Überschüsse entgegenzuwirken, sowie Preisschwankungen zu mildern[12]. Aus den allgemeinen Grundsätzen über zwischenstaatliche Rohstoffabkommen ist hervorzuheben, daß sie allen Mitgliedstaaten[13] offenstehen, eine gleichberechtigte Teilnahme von Produzenten- und Verbraucherländern vorsehen und die Texte der Abkommen, Verhandlungen und Grundlagen veröffentlicht werden sollten[14]. Für den Abschluß von Rohstoffkontrollabkommen[15] sollten besondere Voraussetzungen gelten und weitere Organisationsleitlinien eingehalten werden: nur bei besonders erheblichen Marktstörungen (strukturelle Überschüsse z. B.) oder drängenden Beschäftigungsproblemen (verbreitete Arbeitslosigkeit) sollte ihr Einsatz zulässig sein[16]; hinreichende Versorgung durfte nicht gefährdet werden; bei Entscheidungen über grundsätzliche Fragen sollten die an der Einfuhr interessierten Staaten die gleiche Anzahl Stimmen haben wie die an der Ausfuhr des betreffenden Rohstoffs interessierten Länder; neben der Förderung der produktiveren Quellen sollten gegebenenfalls Umstellungs- und Anpassungsprogramme erstellt werden[17].

Für die Verwaltung von Kontrollabkommen wurde die Bildung eines Leitungsorgans, nämlich eines Rats, vorgesehen, in dem jedes teilnehmende Land Stimmrecht nach dem oben erwähnten Art. 63 besitzen sollte; Auswahl eines Vorsitzenden, Bestellung eines Sekreta-

---

[12] Art. 55 Havanna Charter.

[13] Der International Trade Organization (ITO), die nach der Charter errichtet werden sollte, vgl. Kap. VII, Art. 71 ff.

[14] Art. 60 a), d) und e) der Charter.

[15] Art. 61, 2. der Charter; definiert als Abkommen, die die Erzeugung regulieren oder eine Mengenkontrolle von Aus- oder Einfuhr enthalten und zur Verringerung oder künstlicher Stagnation des Handelsvolumen führen können oder Abkommen, die Preisregulierungen enthalten; danach sind die Nachkriegsabkommen mit Ausnahme des Olivenölabkommens alle Rohstoffkontrollabkommen; das Olivenölabkommen wie die Übereinkünfte über Rindfleisch und Milcherzeugnisse (im Rahmen des GATT) sind dagegen lediglich Konsultationsorganisationen, die die Vermarktung der Produkte erleichtern sollen; zu dem letzteren Texte in BTDrS 8/3589, S. 79 ff. bzw. 84 ff.

[16] Art. 62 a) und b).

[17] Art. 63.

riats und Festlegung von Geschäftsordnung und Arbeitsmethoden sollten zu seinen Aufgaben gehören[18].

Die Geltungsdauer der Abkommen wurde auf 5 Jahre, eine Revision nach 3 Jahren eingeschlossen, begrenzt; Verlängerungen sollten ebenfalls nur höchstens für jeweils 5 Jahre vereinbart werden[19]. Diese Bestimmung unterstreicht den Ausnahme- und Überbrückungscharakter, der den Kontrollabkommen zugedacht war[20].

Die grundsätzliche Präferenz für Marktmechanismus und Freihandel scheint hier durch, aber eben nur grundsätzlich manifestiert sich der Ausnahmecharakter von Rohstoffkontrollabkommen; die eigentlich handels-liberale Handschrift ist in den Verwaltungsvorschriften enthalten, die eben keine umfassende "organisation of production" (Keynes) postulieren[21].

Von der universalen Welthandel-Charta hat sich allein die Verbindung liberaler Handelsgrundsätze mit den als notwendig erkannten Lenkungsmaßnahmen in internationalen Marktordnungen der "Commodity Agreements", neben dem auf Zollabbau in sukzessiven Verhandlungsrunden spezialisierten GATT, durchsetzen können[22].

Anstelle der in der Havanna-Charter vorgesehenen Internationalen Handelsorganisation (ITO)[23] befaßten sich die Organe der Vereinten Nationen, speziell der Wirtschafts- und Sozialrat, mit Rohstoffhandelsproblemen, der die engere Diskussion und Koordination weiter delegierte an das ICCICA[24] und die CICT[25]. Seit 1964 nach einer Initiative

[18] Art. 64.

[19] Art. 65.

[20] Vgl. Art. 57 b) der Charter; zweiseitige Abkommen waren übrigens von den Bestimmungen des Kap. VI ausgenommen, vgl. Art. 70 b).

[21] Vgl. demgegenüber ein Memorandum John Maynard Keynes' vom 14. 4. 1942, jetzt zugänglich in JIE 4 (1974), S. 299 - 315, in dem ein Allgemeiner Rohstoffkontrollrat (General Council for Commodity Controls) möglicherweise angebunden an eine "Super-national Policing Authority", über "Commod Control" — Behörden den Weltrohstoffhandel mit Hilfe von Buffer-Stocks mit Preisrahmenvorgaben und anderen Eingriffsmöglichkeiten stabilisieren sollte. Zum Ausgleich von Finanzschwankungen sollten die Rohstoff-Behörden und Buffer-Stocks verbunden werden können, die Lagerhaltung generell von einer International Clearing Union finanziert (burden pooling) werden; dazu auch Rowe, S. 155 ff.

[22] s. dazu Andreas Predöhl, Weltwirtschaftskonferenzen, in: HdSW, Bd. 11, 1961, S. 614 ff. (617).

[23] Vgl. Art. 71 ff. der Havanna Charter.

[24] Interim Co-ordinating Committee for International Commodity Agreements, geschaffen 1947 durch Res. 30 (IV) des WSA; GATT und FAO beteiligen sich an seiner Arbeit; vgl. Krappel, S. 29 ff.

[25] Commission on International Commodity Trade, Res. 557 F (XVIII) des WSA, auf Anregung einer Reihe von Entwicklungsländern; vgl. Knote, S. 77 f.

der Ostblockländer und nach drängenden Bemühungen von Seiten der Entwicklungsländer die erste Unctad[26] abgehalten wurde, verlagerte sich auch die Diskussion über den internationalen Rohstoffhandel immer mehr in dieses Forum, das vor allem die Entwicklungsländer nutzen, um ihre Vorstellungen von einer Neuordnung der internationalen Wirtschaftsbeziehungen vorzubringen[27].

I. Die Weizenabkommen

1. Kriegsplanungen

Noch während des Zweiten Weltkriegs veranlaßte die für nach Beendigung des Krieges erwartete Weizenknappheit in Europa erste Verhandlungen über ein neues internationales Weizenabkommen[28]; außerdem befürchteten die Hauptproduzentenländer Absatzschwierigkeiten, weil durch den Krieg traditionelle Abnehmerländer ausfielen[29]. Argentinien, Australien, Canada und die USA als Exportstaaten verständigten sich daher mit dem Vereinigten Königreich auf eine 'Draft Convention', deren volles Inkrafttreten einem späteren Zeitpunkt vorbehalten bleiben sollte[30].

Zur Verwaltung des Abkommens wurde ein International Wheat Council (IWC) eingerichtet, das aus Delegierten aller Teilnehmer-Staaten bestand und dem ein Sekretariat angegliedert wurde[31]. Ein Executive Committee sollte spezielle Aufgaben neben der allgemeinen

---

[26] United Nations Conference on Trade and Development, vgl. Res. 917 (XXXIV) des WSA (v. 3. 8. 1962) und Res. 1995 (XIX) der Generalversammlung der VN (v. 20. 12. 1964).

[27] Vgl. dazu: Johannes Fleischer, Internationale Rohstoffabkommen als weltwirtschaftliches Ordnungsproblem, Duisburg 1976, S. 84 ff. und Heiduk, S. 141 ff.; zur Unctad IV (Nairobi 1976) s. UN, Proceedings of The United Nations Conference on Trade and Development, Fourth Session, Vol. III, Basic documents, New York 1978; zur Unctad V (Manila 1979) s. Reiner Morbach, Unctad V — Rückblick und Ausblick, in: Wirtschaftsdienst, 1979, 351.

Zu dem von Anfang an bestehenden Gegensatz zwischen (westl.) Industrieländern und Entwicklungsländern vgl.: Evan Luard, International Agencies: The Emerging Framework of Interdependence, London 1977, S. 201 f.; s. auch Autar Krishan Koul, The Legal Framework of Unctad in World Trade, Leyden, Bombay 1977, S. 31 ff.

[28] So Rowe, S. 163 f.

[29] Vgl. Memorandum of Agreement concerning Draft Wheat Convention v. 22. 4. 1942 unter 4.; Text in ILO, S. 10 ff. und Draft Wheat Convention (DWC 1942), Preamble; Text S. 12 ff.

[30] s. Article 11 der DWC.

[31] Vgl. Art. 7 DWC 1942; dieser neue Weizenrat sollte gleichzeitig Rechtsnachfolger des Wheat Advisory Committee (WAC) von 1933 werden, vgl. Art. 7 Nr. 18 und Art. 17 Nr. 25 der DWC.

Überwachung der Durchführung des Abkommens übernehmen, und dem Rat (IWC) berichten[32].

Die Regierungen der Exportstaaten sollten sicherstellen, daß die Produktion bestimmte definierte Mengen nicht überschritt (Produktionskontrolle)[33], die Ausfuhr den erlaubten Kontingenten entsprach[34], und die Vorratslager (reserve stocks) jeweils zum Ende der Erntejahre festgelegte Mindestmengen nicht unter- und Höchstmengen nicht überschritten.

Gemeinsam sollten die Regierungen der Abkommensländer einen Unterstützungsvorrat (relief pool) anlegen, der zwischenstaatliche Hilfe für vom Krieg betroffene Länder und andere Notgebiete ermöglichen sollte, wobei evtl. Hilfslieferungen die Nachfrage nach Handelsweizen möglichst nicht verringern sollten[35].

Für Handelsweizen sollte der Rat jedes Jahr Mindest- und Höchstpreise festsetzen, die von den Exportländern nicht unter- oder überschritten werden durften[36].

Eine definitive Stimmenverteilung für Entscheidungen des Rates wurde noch nicht vorgenommen[37]; für die grundlegenden Beschlüsse der Konferenz (nach dem 'Memorandum of Agreement') und die vorgesehenen Markteingriffe wurde jedem Staat eine Stimme zugeteilt und eine Zweidrittel-Mehrheit vorgeschrieben[38]. Andererseits war eine differenzierte Stimmenverteilung im Rat und im Executive-Committee (Verwaltungsausschuß) durchaus vorgesehen[39].

Die US-amerikanische Nachkriegsplanung für den zukünftigen Welthandel, wie sie in die Atlantic-Charter und die Lend-Lease Abkommen hineingeschrieben war, wird auch in der Draft Wheat Convention deutlich, wenn etwa die Präambel von der 'interdependence of all nations'[40] spricht und Produzenten-Wettbewerb durch einen Abbau der Handelshemmnisse im Welthandel fordert[41].

---

[32] Art. 8.

[33] Art. 2; der heimische Bedarf + Export Quote + Reservelager bildeten die Produktionshöchstmenge.

[34] Art. 4: die "basic export quotas" waren ausgedrückt in Prozent der Weizenwelthandelsmenge.

[35] Art. 6; ein Problem, das bei Hilfslieferungen von Nahrungsmitteln immer auftaucht, s. u. S. 65 und zur Internationalen Nahrungsmittelhilfe im Rahmen der Getreide-Abkommen und durch die EWG, s. Carl-Werner Sanne, in: Bulletin d. B. Reg. Nr. 62 v. 16. 5. 79, S. 579 (580/81).

[36] Art. 5.

[37] Vgl. z. B. Art. 7 Nr. 7.

[38] Memorandum, Nr. 7.

[39] Vgl. z. B. Art. 10 (Finance) Nr. 1 und Art. 8 Nr. 6.

[40] DWC, Preamble, Nr. 1.

Die notwendigen statistischen Daten sollten vom Rat regelmäßig veröffentlicht werden[42], die Mitgliedstaaten verpflichteten sich, ihre entsprechenden Informationen zu liefern[43]. Die Laufzeit des Abkommens war auf 4 Jahre geplant (Art. 12).

Der Sitz des Weizenrats sollte in London sein, zunächst jedoch, solange das Abkommen selbst nicht angewandt wurde, in Washington eingerichtet[44] werden.

Gegenüber dem Weizenabkommen von 1933 zeigt die Draft Wheat Convention bemerkenswerte Veränderungen: die Quotenverteilung ist sehr detailliert, die Vorratshaltung reguliert, und zum erstenmal werden Preisrahmen für den Weizenhandel auf dem Weltmarkt vorgesehen. Es fällt auf, daß dem Weizenrat (IWC) mehr und in einem Beschlußverfahren auch durchsetzbare Kompetenzen eingeräumt werden; dabei dürften die Erfahrungen mit dem Wheat Advisory Committee (WAC) von 1933/34 und dessen unzulängliche Befugnisse berücksichtigt worden sein[45].

Die Regulierung selbst wurde nicht in Kraft gesetzt, der Internationale Weizenrat wurde jedoch später in die Ausarbeitung des ersten Nachkriegsabkommens eingeschaltet, seine Akten, Vermögen und Verbindlichkeiten vom neugeschaffenen Internationalen Weizenrat von 1949 übernommen[46].

2. Die Weizenabkommen der Nachkriegszeit

Die ersten Nachkriegsjahre waren, anders als 1942 erwartet, von einer allgemeinen Weizenknappheit in den traditionellen Zuschußländern gekennzeichnet. Die Weizenexportländer waren daher zunächst an

[41] Preamble, Nrn. 4 u. 5; die zugrunde liegenden Überlegungen für die US-amerikanischen Handelsinteressen kommen in Nr. 6 der Präambel zum Ausdruck: Producers of an international commodity such as wheat are directly affected by standards of living throughout the world, by international purchasing power and by prevailing policies and practices affecting international trade generally. There can be no basic solution of the problem of export surpluses without a general reduction of import barriers and no measure should be taken or maintained which has the effect of retarding such reduction or of preventing in any way the fullest possible development of international trade; vgl. auch Art. 1 der DWC, "Expansion of Trade".

[42] z. B. Jahresüberschüsse, Welthandelsvolumen in Weizen und Vorausschätzungen, vgl. Art. 7 Nrn. 13, 15 und 16.

[43] Art. 9.

[44] s. Minutes of the Final Session of the Washington Wheat Meeting v. 22. 4. 1942, in: ILO, S. 24 f. Dem Weizenrat traten bis 1947 noch Belgien, Brasilien, China, Dänemark, Frankreich, Indien, Italien und die Niederlande bei.

[45] Schöllhorn, S. 65; Titze, S. 58.

[46] Internationales Weizenabkommen v. 23. März 1949, Text in: BGBl. 1950, Nr. 28, S. 231 ff. (Art. XIII B) (9)).

einer Marktregulierung nicht interessiert. Erst als die Preise wegen des zunehmenden Angebots zu sinken begannen, unternahmen die Exportländer, voran die USA, die 1948 etwa die Hälfte des Weltweizenexports stellte, neue Versuche, eine weltweite Weizenmarktregulierung zu errichten[47].

Nach mehreren Konferenzen in den Jahren 1947, 48 und 1949 kam es zum Internationalen Weizenabkommen von 1949 (IWA 1949), an dem ursprünglich 37 Importländer und außer Argentinien und die UdSSR die wichtigsten Weizenexportstaaten teilnahmen[48].

Die Organisationsstruktur kann in den Grundzügen als exemplarisch für die Internationalen Rohstoffabkommen der Nachkriegszeit gelten.

Rat, Verwaltungsausschuß, Beratungsausschüsse und Sekretariat bilden das organisatorische Gerüst dieser Abkommen. Jedes teilnehmende Export- und Importland ist stimmberechtigtes Mitglied des Internationalen Weizenrats[49]; unter den Importländern wie unter den Exportländern werden je 1000 Stimmen so aufgeteilt, daß sie dem Verhältnis ihrer Handelsverpflichtungen untereinander entsprechen; auf die USA und Kanada entfielen so mehr als die Hälfte der Stimmen der Exportländer, innerhalb der Gruppe der Importländer verfügte Großbritannien über die größte Anzahl Stimmen[50].

Der Verwaltungsausschuß (Executive Committee) wird vom Rat eingesetzt; nach dem IWA 1949 gehörten ihm 3 Exportländer und höchstens 7 Importländer an, die jeweils jährlich von der entsprechenden Exportländer- bzw. Importländergruppe gewählt wurden. Sein Vorsitzender wurde vom Rat ernannt, die Gesamtzahl der Stimmen beider Ländergruppen war gegeneinander aufgewogen.

Der Ausschuß war dem Rat gegenüber verantwortlich, ihm konnten neben den ihm im Abkommen übertragenen Aufgaben (z. B. Definition von Weizensorten und Preis-Äquivalenten, Art. VI (4)) weitere Befugnisse vom Rat delegiert werden[51].

---

[47] Schöllhorn, S. 125 f.; s. auch Leopold Baranyai / Joseph C. Mills, International Commodity Agreements, Mexico 1963, S. 90; biologisch-technische und mechanisch-technische Fortschritte im Getreideanbau hatten seit Beginn der vierziger Jahre einen starken und kontinuierlichen Anstieg der Produktivität verursacht, vgl. Bernd Meinunger, Zur Problematik der Stabilisierung des Weltweizenmarktes mit Hilfe nationaler Markt- und Preispolitik und internationaler Abkommen, München 1975, S. 55 ff. und Peter H. Otzen, Möglichkeiten und Grenzen der Internationalen Zusammenarbeit auf dem Weltmarkt für Getreide, Kiel 1970, S. 14 f.

[48] Text BGBl. 1950, 231 ff.

[49] IWA 1949 Art. XIII, A), (2).

[50] Art. XIII, C), (12) und Anlage A und B zu Art. III.

[51] Art. XIV, (1) - (3).

Der Beratungsausschuß für Preis-Äquivalente, bestehend aus je 3 Vertretern der Ländergruppen, eingesetzt vom Rat, hatte dem Rat und dem Exekutivausschuß gegenüber Beratungsfunktion, besonders bezüglich Qualitäts- und Preisfestsetzungen und im Falle von Streitigkeiten hierüber[52].

Zum Sekretariat wurde lapidar bestimmt, daß es aus einem Sekretär und solchem Personal bestehen sollte, wie es für die Arbeit des Rates und seiner Ausschüsse notwendig sei, wobei dem Rat die Ernennung des Sekretärs und die Beschreibung seiner Aufgaben vorbehalten blieb[53].

Die Regulierung läßt sich als ein System bedingter multilateraler Weizenkauf- und Verkaufsverpflichtungen beschreiben[54]. Für die Export- und Importländer waren Ausfuhr- und Einfuhrkontingente festgesetzt, die sich insgesamt summenmäßig entsprachen[55]. Gleichzeitig wurden Mindest- und Höchstpreise für Handelsweizen vereinbart; erreichte der Weltmarktpreis den Höchstpreis, waren die Importländer nach Einschaltung des Rats berechtigt, Lieferungen bis zum Erreichen ihres Kontingents zum festgelegten Höchstpreis von denjenigen Exportstaaten zu verlangen, deren Lieferkontingente noch nicht erschöpft waren[56]. Umgekehrt konnte der Weizenrat die Importstaaten auffordern, wenn die Weltweizenpreise auf die untere zulässige Grenze (den Mindestpreis) gefallen waren, Weizen von denjenigen Exportstaaten zu kaufen, deren Kontingente noch nicht ausgenutzt waren, solange sie ihrer Abnahmeverpflichtung (in Höhe ihres Importkontingents) noch nicht nachgekommen waren[57].

Innerhalb der Preismargen bestanden keine Liefer- oder Abnahmeverpflichtungen, und nach Erschöpfung der Kontingente wurde der Markt ebenfalls „sich selbst überlassen". So bot das Abkommen den Produzenten die Garantie, wenigstens bestimmte Mengen zu einem Mindestpreis absetzen zu können und den Verbrauchern die Gewißheit, ihre Weizenkontingente jedenfalls zum festgelegten Maximumpreis zu bekommen. Da im übrigen nur 50 % der gesamten Weizenexporte vom IWA 1949 erfaßt wurden, erschien das Abkommen elastisch genug, über den unregulierten Teilmarkt, den Preisbewegungen innerhalb des Preisrahmens und ggf. nach Erschöpfung der Kontingente, den den Preisgrenzen nicht unterliegenden zusätzlichen Trans-

[52] Art. XV und Art. VI Nrn. (4), (5) und (6).

[53] Art. XVI.

[54] Baranyai / Mills, S. 90: "a multilateral purchase and sales contract".

[55] Vgl. Art. III Anl. A und B.

[56] Art. III, (3), b).

[57] Art. III, (3), a).

aktionen, Produktionsmengenänderungen zu veranlassen oder Verschiebungen im Länderanteil am Gesamtexport möglich zu erhalten.

Die grundlegenden Mindest- und Höchstpreise wurden im voraus für die Dauer des Abkommens (4 Erntejahre ab 1949/50) festgelegt[58], trafen aber anscheinend nicht den längerfristigen Preistrend: der ‚freie' Weltmarktpreis für Weizen lag oberhalb des Höchstpreises, so daß die Einfuhrländer sich (in Höhe ihrer Kontingente) begünstigt vorkommen konnten[59]. Andererseits konnte der Internationale Weizenrat die Binnenmärkte, die z. B. bei den großen Exportstaaten gestützt waren[60], nicht beeinflussen; selbst bei beträchtlichen Lagerbeständen konnten die Exportstaaten mit ihrer konzentrierten Anbieter-Macht[61] die Weltmarktpreise oberhalb der Abkommenshöchstgrenze halten.

Auch die Verfahrensregeln zur Verwaltung des Weizenabkommens können grundsätzlich als exemplarisch für die Nachkriegsrohstoffabkommen gelten, wenngleich sie in Einzelheiten (Quoren, gewogene Mehrheiten usw.) und je nach Regulierungssystem unterschiedliche Ausprägungen gefunden haben: Beschlüsse des Rates werden mit Stimmenmehrheit gefaßt[62] und sie wurden von allen Export- und Importstaaten als bindend betrachtet[63]; für die Beschlußfähigkeit genügte die Anwesenheit von Vertretern mit der Stimmenmehrheit beider Ländergruppen[64]. Allerdings war für bestimmte Ratsbeschlüsse (z. B. Berichtigung der garantierten Mengen nach Anlagen A und B oder zur Genehmigung zusätzlicher Käufe bei Notlagen) die beiderseitige Zweidrittelmehrheit vorgeschrieben[65]. Dem System multilateraler nur mengenmäßig festgelegter bedingter Einkaufs- und Verkaufspflichten entsprechend, wurde ein Ratsverfahren zur ‚Wahrung der Rechte' (Art. V) aus dem Abkommen den Teilnehmerländern zur Verfügung gestellt: Jedes Importland, das auf Schwierigkeiten stieß, seine unerfüllte garantierte Menge (Kontingent) zum Höchstpreis zu kaufen,

---

[58] Art. VI.

[59] So Otzen, S. 61; Argentinien war dem Abkommen 1949 übrigens nicht beigetreten, weil es sich als ‚Außenseiter' bessere Marktchancen versprach, vgl. Baranyai / Mills, S. 92.

[60] In den USA mit Hilfe der Commodity Credit Corporation (CCC), in Canada und Australien durch die Canadian bzw. Australian Wheat Boards, vgl. Binder, S. 11, 21, 31.

[61] Vor allem die USA und Canada, dazu: Meinunger, S. 204; die USA ‚subventionierten' die Weizenverkäufe im Rahmen ihres IWA-Kontingents durch Zahlungen an die jew. Exportfirma, s. Binder, S. 12; s. auch Otzen, S. 65 ff.; s. dagegen Art. VI (8).

[62] Art. XIII (15).

[63] Art. XIII (22).

[64] Art. XIII (19).

[65] Zweidrittelmehrheit der Stimmen der Exportstaaten und Zweidrittelmehrheit der Stimmen der Importstaaten, vgl. Art. IX (2) und Art. XII.

konnte die Hilfe des Rats verlangen. Dieser hatte dann ein Verfahren einzuleiten, in dem die Exportländer zunächst aufgefordert wurden, Angebote abzugeben, ggf. zwischen Rat und den betroffenen Abkommensparteien Konsultationen stattfanden und schließlich bei andauernden Meinungsverschiedenheiten der Rat die Entscheidung über Kaufvertrag und seine Modalitäten zu treffen hatte[66]. Entsprechend sollte das Verfahren ablaufen, wenn Exportländer keine Abnehmer ihrer Kontingente zum Mindestpreis fanden[67].

Für Durchführung, Kontrolle und Mengenplanung hatte der Rat umfassende Listen über alle Weizentransaktionen zu führen, die als Teile der „garantierten Mengen" gehandelt wurden[68]. Die Teilnehmerländer hatten darüber hinaus alle Informationen zu liefern, die der Rat für die Verwaltung des Abkommens als notwendig erachtete[69].

Die Mengenplanung umfaßte neben der Pflicht der Exportländer, ausreichende Vorräte über das Ende der Erntejahre hinaus zu halten auch die Empfehlung, die Transaktionen möglichst gleichmäßig über das Jahr zu verteilen, um akute Liefer- und Abnahmeschwierigkeiten zu vermeiden und die angestrebte Preisstabilisierung nicht zu erschweren[70].

Kooperation wurde angestrebt mit der FAO, der geplanten Internationalen Handelsorganisation (ITO) und dem vorläufigen Koordinierungsausschuß für internationale Warenabkommen (ICCICA), die Vertreter zu den Ratstagungen senden konnten[71].

Das Abkommen lief bis zum 31. Juli 1953[72].

Es wurde 1953 um 3 Jahre verlängert[73].

Wichtigste Veränderung war die Erhöhung der Mindest- und Höchstpreise, auf die die Exportländer bestanden hatten. Großbritannien, ein Hauptimporteur von Weizen, schied aus der Weizenorganisation deswegen aus[74].

---

[66] Art. V (1).

[67] Art. V (2); tatsächlich mußte der Weizenrat aber nur eingreifen, um mehreren Importländern, denen kein Exporteur von sich aus im Rahmen der Kontingente Weizen zum Höchstpreis angeboten hatte, zu Weizenlieferungen entsprechend dem Abkommen zu verhelfen, vgl. Otzen, S. 64 f.; allgemein zur Funktion des Rates als Streitentscheidungsorgan, s. Art. XIX.

[68] Art. IV.

[69] Art. VIII.

[70] Art. VII (1) und (3).

[71] Art. XIII (4) und XVIII (1).

[72] Art. XXII.

[73] Abkommen zur Revision und Erneuerung der Internationalen Weizenabkommen v. 13. 4. 1953, in: BGBl 1953 II S. 189 und in: Verträge der BRD, Bd. 3 (1956), A 23 S. 3 ff.; Die Abkehr von der 4 Jahres-Geltung mag sich daraus erklären, daß man sich vom Turnus der US-Wahlen lösen wollte.

1956 wurde das Weizenabkommen noch einmal im wesentlichen unverändert verlängert[75]. Die Mindest- und Höchstpreise wurden leicht gesenkt[76], die garantierten Mengen (Kontingente) der einzelnen Export- und Importländer angepaßt[77], u. a. weil Argentinien[78] und Schweden dem IWA 1956 erstmalig als Exportländer angehörten und die französische Exportquote erheblich erhöht wurde. Die Erweiterung des Kreises der Exportstaaten im Abkommen brachte einigen Importländern, u. a. der BRD[79], handelspolitische Erleichterungen.

Störungen im Mechanismus der Weizenabkommen drohten nämlich durch Zahlungsbilanzschwierigkeiten einzelner Länder und ungleichgewichtigen Warenbezug im EZU[80]-Raum und von bilateralen Verrechnungsstaaten zu entstehen[81].

Dazu brachten die Devisenschwierigkeiten (wegen des „knappen" Dollars) die Importstaaten dazu, zunächst bei „Weichwährungsländern" einzukaufen[82] (gezielte Einkaufs- und Absatzpolitik zur Lenkung der Handelsströme und Devisen).

Darum setzten die Importstaaten insgesamt ihre Kontingentsverpflichtungen erheblich herab[83], so daß der Stabilisierungseffekt abnehmen mußte, und der Einfluß von Außenseitern auf das Marktgeschehen zunahm[84].

Das System garantierter Kontingente wurde von einigen Importländern auch deshalb als zu starr empfunden, weil es nicht zuließ, die

---

[74] Vgl. Baranyai / Mills, S. 92; das mag teils Spekulation auf niedrigere Weltmarktpreise, teils eine politische Demonstration der 1951 gewählten konservativen Regierung für Handelsliberalisierungen gewesen sein.

[75] Internationale Weizen-Übereinkommen 1956 v. 25. 4. 1956, Text in: BGBl 1956 II 1013 ff. und in: Verträge der BRD, Bd. 10 (1958) A 104, S. 359 ff.

[76] Art. VI (1) IWA 1956.

[77] Art. III Anhang A und B.

[78] Argentinien fürchtete anscheinend, die Weizenpreise könnten jetzt auf dem freien Markt unter den Minimum-Preis des Abkommens sinken, vgl. Baranyai / Mills, S. 92.

[79] Vgl. dazu die Denkschrift zu dem Internationalen Weizen-Übereinkommen 1956, in: BTDrS 2. WP. Nr. 2788 S. 58 f.

[80] E Z U = Europäische Zahlungsunion, dazu: Strupp-Schlochauer, WVR Bd. I (1960), S. 484 ff.

[81] Dazu Schöllhorn, S. 138; Otzen, S. 68 ff.

[82] Binder, S. 73 f.

[83] Auf insgesamt nur noch ca. 25 % des Weltweizenhandels in 1956/57, vgl. Otzen, S. 70.

[84] Otzen, S. 71, führt die Tatsache, daß die Weizenpreise während der gesamten Laufzeit des Abkommens sich innerhalb der vorgesehenen Preisspanne bewegten, auf die straffe Lagerhaltungspolitik vor allem der USA zurück, die einer Herabsetzung der Notierungen keine neuen Nachfragereserven zu erschließen zutrauten und darin deshalb auch kein Mittel sahen, die Überhangbestände abzubauen.

Importe entsprechend der eigenen Weizenernte auszurichten[85]. Deshalb wurden die festen Abnahmemengen durch ein System flexibler, relativer Quoten ersetzt[86]: Die Importländer verpflichteten sich, mindestens einen bestimmten Prozentsatz ihrer jeweiligen gesamten kommerziellen Einfuhren von den Mitglieder-Exportländern zu beziehen, und zwar zu Preisen innerhalb des festgelegten Preisrahmens. Die Ausfuhrländer übernahmen dazu die Verpflichtung, jeden kommerziellen Einfuhrbedarf der Importländer zu decken[87].

Bei Erreichen des Höchstpreises (und nach einer „Höchstpreiserklärung" namens des Rates) traten die Abnahmeverpflichtungen außer Kraft, die Exportländer mußten aber zu diesem Höchstpreis Weizenmengen bis zum Umfang der tatsächlichen kommerziellen Einfuhren einer Referenzperiode liefern[88].

Für den Fall des Absinkens des Weizenpreises unter den Mindestpreis war keine konkrete besondere Regelung vorgesehen, vielmehr sollte der Rat dann die zu treffenden Maßnahmen beschließen[89].

So behielten die Zuschußländer auch nach dem neuen System die Sicherheit, wenigstens einen Teil ihres Bedarfs zum Höchstpreis decken zu können. Die Überschußländer erhielten die Zusicherung, daß die Weizenimportländer einen erheblichen Teil ihres Bedarfs bei den IWA-Exportstaaten einkauften; die Gefahr, daß ein Nicht-Mitglieds-Land, z. B. die UdSSR, in den westlichen Weizenweltmarkt eindringen könnte, war so verringert worden. Dennoch konnte eine Exportkonkurrenz der Überschußländer zustandekommen, weil unter ihnen eine Aufteilung nach Quoten solange nicht vorgesehen war, als der Preis sich im Preisrahmen bewegte[90].

Die planerischen Funktionen des Rates wurden erweitert, indem er nun jährlich einen Bericht zur Weltweizenlage erstellen sollte, von dem man sich eine Harmonisierung der Weizenpolitik der verschiedenen Produzentenländer versprach[91], obwohl allerdings die Mitgliedsländer

---

[85] Knote, S. 61 f.

[86] Otzen, S. 73.

[87] Art. 4 des IWA 1959, Text in: Verträge der BRD, Bd. 15 (1962) A 178, S. 519 ff.; BGBl II S. 2011.

[88] Art. 5 IWA 1959 i. V. m. Art. 14 und Art. 2; für die Höchstpreiserklärung wurde ein besonderes Verfahren der Notifizierung an den Rat und der Erklärung durch den Exekutivsekretär, vgl. Art. 13 IWA 1959, eingeführt.

[89] Art. 7 IWA 1959; genaue Sorten/Preisäquivalente waren in Art. 6 festgelegt.

[90] Vgl. dazu Denkschrift zum 3. IWA, BTDrS III. WP, Nr. 1833, S. 68 f.; dazu auch die Stellungnahme der UK-Delegation in: UN Wheat Conference 1958-59, Summary of Proceedings, E/Conf. 30/8, S. 23.

[91] So in der Stellungnahme der britischen Delegation zu dem neuen Abkommen von 1959 in: UN Wheat Conference, 1958-59, Summary of Proceedings, E/Conf. 30/8, S. 24; vgl. im übrigen Art. 21 IWA 1959.

ausdrücklich die volle Handlungsfreiheit in ihrer inländischen Agrar- und Preispolitik behielten (Art. 21 (4)). Als Störfaktor machten sich inzwischen die sog. Sondergeschäfte, definiert im IWA 1959 und als nicht-kommerziell betrachtet[92], bemerkbar, die zwar statistisch erfaßt wurden, aber nicht den Abkommensregeln unterfielen.

Als Hilfslieferungen deklariert, dienten sie außerdem dem Abbau drückender Überschüsse, vor allem den USA, so daß Argentinien und Canada Absatzmärkte gefährdet sahen, und zusammen mit Australien, Frankreich und den USA selbst eine Studienkommission zu ihrer Überwachung gründeten[93], außerhalb des IWA.

Insgesamt waren am Internationalen Weizenabkommen durch die zusätzliche Aufnahme Italiens, Mexikos und Spaniens als Exporteure, und des Vereinigten Königreichs als Importland, nahezu alle am internationalen Handel mit Weizen beteiligte Staaten vertraglich gebunden, außer der Sowjetunion[94]. Dieses Abkommen wurde, im wesentlichen unverändert, 1962 erneuert; diesmal gehörte ihm auch die UdSSR als Ausfuhrland an, was dazu führte, das mehrere Einfuhrstaaten ihre prozentualen Verpflichtungen erhöhten[95].

Diesmal enthielt das Weizenabkommen eine Klausel, die als Ausnahmeregelung den Bedürfnissen des Handels zwischen den Mitgliedstaaten einer Wirtschaftsunion, gemeint war die EWG, Rechnung tragen sollte; danach können Transaktionen von Weizen zwischen Mitgliedstaaten auch zu einem höheren als dem Höchstpreis durchgeführt werden, wenn die Staaten eine entsprechende Vereinbarung treffen[96].

Wegen der Verhandlungen im Rahmen der Kennedy-Runde des GATT, die eine Neuformulierung des Weizenabkommens erwarten ließen, wurde das IWA zweimal protokollarisch verlängert[97], so daß es insgesamt fünf Jahre in Geltung blieb.

---

[92] Art. 3 (2) IWA 1959, u. a. Verkäufe gegen langfristige Kredite aufgrund staatlicher Einflußnahme, im Rahmen zweckgebundener Staatsdarlehen, gegen nicht konvertierbare Zahlungsmittel und Tauschgeschäfte, zweiseitige Handelsabkommen und Geschenke oder Zuwendungen.

[93] Gottlieb Böck, Der Devisenbeitrag internationaler Rohstoffabkommen, Freiburg 1973, S. 176; die amerikanischen Sonderlieferungen unter dem PL 480 (Public Law 480: Agriculturel Trade Development and Assistance Act v. 1954) erreichten 1961/62 etwa 35 % der totalen Weltweizenexporte, vgl. Baranyai / Mills, S. 107.

[94] Zum erstenmal wurde beim IWA 1959 auch die EWG ins Spiel gebracht; die Vereinbarkeit des Abkommens mit dem EWG-Vertrag wurde zwischen den Mitgliedstaaten, dem Ministerrat und der Kommission abgeklärt, vgl. Denkschrift zum IWA 1959, S. 69.

[95] Vgl. Denkschrift zum IWA 1962, BTDrS IV/1169 S. 75; Text in: Verträge der BRD, Bd. 19 (1965), A 217, S. 3 ff., BGBl 1963 II S. 799.

[96] Art. 16 (4) IWA 1962.

Wie schon bei den Vorgängern von 1953 und 1956 trat auch während der Abkommensdauer der Weizenabkommen 1959/62 die für Höchst- und Mindestpreissituationen vorgesehene Regelung nicht in Anwendung; die Hauptexportstaaten hatten durch ihre Lagerhaltungspolitik den Weizenpreis innerhalb der Margen gehalten[98].

Nachdem sich die westlichen Industrieländer bei den GATT-Verhandlungen der Kennedy-Runde auf eine Liberalisierung der Agrarsektoren nicht hatten einigen können[99], setzten die USA ein Verhandlungskonzept[100] für das zu erneuernde Weizenabkommen durch, das ihr den Absatz überschüssigen Weizens als Nahrungsmittelhilfe erlaubte, und gleichzeitig die Finanzierung dieser Hilfslieferungen auf andere Länder, auch Netto-Importländer, überwälzte[101].

Das neue Abkommen von 1967 bestand aus zwei Teilen, die durch Präambel und für bestimmte Länder, hauptsächlich die westlichen Industrieländer, durch eine Junktim-Klausel miteinander verbunden waren[102], die die Zugehörigkeit zum Weizenhandels-Übereinkommen an die Zustimmung und Verpflichtungen der Nahrungsmittelhilfe band.

Das Weizenhandels-Übereinkommen erfuhr gegenüber dem IWA 1962 einige Ergänzungen: dem Sekretariat wurde ein Preisüberprüfungsausschuß (prices review committee) zur Seite gestellt, der zur Preisbeobachtung und ggf. Preisbeeinflussung im Rahmen obligatorischer Konsultationen zur Verfügung stehen sollte[103], und auch Entscheidungen zu treffen hatte nach der neuen Basissorten-Preisfestlegung[104]. Die WTC enthielt nun auch die Verpflichtung, daß alle Mit-

---

[97] Texte der Verlängerungsprotokolle in BGBl II, 1966, 573 ff. und BGBl II, 1967, S. 1609 ff.

[98] Otzen, S. 75 f.

[99] Die USA hatte, nicht zuletzt für ihre Weizenüberschüsse, einen gesicherten Zugang zum Gemeinsamen Markt gefordert; die EWG war nicht bereit gewesen, den Agrarprotektionismus einzuschränken; zu den Verhandlungen vgl. Maurice Schwarzmann, Discussion: Kennedy Round Agricultural Negotiations and the World Grains Agreement, in: Journal of Farm Economics, 1967, S. 1341 ff.

[100] GATT, Memorandum of Agreement on Basic Elements for the Negotiation of a World Grains Agreement, (Paper L/2814), Geneva 1967, Text in: DHA 1967, S. 1865 - 67.

[101] Zu den politischen Implikationen solcher Hilfeleistungen vgl. Böck, S. 182 und: Weizen als Waffe, hrsg. vom North American Congress on Latin America (NACLA), Reinbek 1976, S. 35 ff.

[102] Vgl. Präambel und Art. 36 (a) und 39 der Wheat Trade Convention (WTC) von 1967, Text in: Verträge der BRD, Bd. 24 (1970), A 466, S. 377 ff., BGBl 1969, II S. 619 und Art. VIII und X der Food Aid Convention (FAC) von 1967, Text in: Verträge der BRD, Bd. 34 (1970), A 467, S. 485 ff., BGBl 1969, II S. 721.

[103] Art. 8 WTC 1967.

[104] Vgl. Art. 6 (13) - (17), (20) u. (21); statt einer Basissorte waren in Art. 6 (1) nun 13 Basissorten mit festgelegten Mindest- und Höchstpreisen bestimmt.

gliedsländer Weizen auch aus Nichtmitgliedsländern nur zu Preisen einführen durften, die innerhalb des Preisrahmens der WTC lagen[105].

Wie schon zuvor, galt das Höchstpreissystem nicht für Zollunionen (d. h. die EWG)[106]; der EWG wurde neben den EWG-Mitgliedsländern eine besondere Stellung eingeräumt als gleichzeitig Ausfuhr- und Einfuhrland; die beiderseitigen Rechte und Pflichten übernahm sie jedoch mit der Maßgabe, daß sie im Falle der Höchstpreissituation als Ausfuhrland nur für die zweckmäßige Anwendung ihrer Marktordnungsinstrumente Sorge tragen werde, um die Bedürfnisse der Einfuhrländer angemessen zu befriedigen[107], ohne konkrete Mengenverpflichtung.

Ein neues Verfahren der Repräsentation einer internationalen Organisation im Rat einer anderen internationalen Organisation (dem WTC) verdient hier Beachtung: Die EWG und ihre Mitgliedstaaten nahmen jeweils mit einer eigenen Delegation an der Konferenz teil. Die Delegation der EWG setzte sich aus Vertretern der Mitgliedstaaten und der Kommission zusammen; die Kommission trat als Sprecher der Gemeinschaftsdelegation auf. Außerdem konnte die Delegation des Mitgliedstaats, der den Vorsitz im Rat innehatte, in Fragen gemeinsamen Interesses, die nicht sowieso bereits in die Kompetenzen der EWG als solche fielen, als gemeinsamer Sprecher auftreten[108].

Auf solche Weise wurden Gemeinschaftszuständigkeiten, gemeinsames Interesse und bei den Mitgliedstaaten verbliebene Kompetenzen koordiniert und auch in deren Repräsentation zum Ausdruck gebracht[109].

In dem Nahrungsmittelhilfe-Übereinkommen (FAC 1967), administriert von einem Nahrungsmittelhilfe-Ausschuß, in dem alle Mitgliedsländer formal gleichberechtigt vertreten waren[110], verpflichteten sich die Vertragsländer, jährlich 4,5 Millionen Tonnen Weizen oder anderes Getreide oder deren Gegenwert in Geld für Entwicklungslän-

---

[105] Art. 4 (5).

[106] Art. 16 (6) WTC 1967.

[107] Art. 10 WTC und Erklärung zu Art. 10 in dem Konferenzdokument ‚Auslegungen und Absprachen zur Internationalen Getreide-Übereinkunft von 1967', Text in: Verträge der BRD, A 466/467, S. 499 und BGBl 1969 II, 735.

[108] Vgl. Georg Rosenbach, Status und Vertretung der Europäischen Gemeinschaften in internationalen Organisationen, München 1979, S. 125 ff.; auch die Antworten von Kommission und Rat der EWG auf Anfragen Vredelings im EP in: ABl EG Nr. 262 v. 28. 10. 1967 S. 3 f. und Nr. 289 v. 29. 11. 1967 S. 1; Verfahren als „Rom-Formel" bezeichnet (Konferenz fand in Rom statt), dazu Bernhard Schloh, Die Stellung der Europäischen Gemeinschaft und ihrer Organe in internationalen Organisationen, in: Die Außenbeziehungen der Europäischen Gemeinschaft, KSE Bd. 25, Köln u. a., 1974, S. 83 ff. (95 f.).

[109] Dazu: Denkschrift zur Internationalen Getreide-Übereinkunft von 1967, BTDrS V/3533 S. 132.

[110] Vgl. Art. III der FAC 1967.

der zur Verfügung zu stellen, entweder schenkweise oder durch Verkauf gegen nicht konvertierbare Zahlungsmittel des Einfuhrlandes[111].

Schon bald nach Inkrafttreten beider Abkommen (WTC und FAC 1967) kam es als Folge wachsender Erzeugung und sinkender Welthandelsumsätze zu Unterbietungen der Mindestpreise durch einige Exportländer, die schließlich auch offiziell ihre Preise auf ein Niveau unterhalb der vereinbarten Basispreise festsetzten[112].

Bei den Neuverhandlungen der Weizenhandels-Übereinkunft 1971 konnte man sich wegen der immer noch drückenden Bestände auf einen neuen Kontrollmechanismus, d. h. auf Preisvereinbarungen und/oder Liefer- und Abnahmeverpflichtungen nicht einigen[113]. Die WTC 1971[114] bestand daher im wesentlichen nur noch aus Verwaltungsbestimmungen, die den IWC und seine Organe betrafen (Aufrechterhaltung der Institutionen), materiell mit der Hauptaufgabe der Marktbeobachtung, Registrierung der Transaktionen und periodischen Berichterstattung beauftragt[115], gegebenenfalls befugt, im Rahmen der Unctad eine neue Verhandlungskonferenz einzuberufen (Art. 21).

Bei dem zu der Weizenhandels-Übereinkunft gehörenden Nahrungsmittelhilfe-Übereinkommen von 1971[116] verringerte sich der Umfang der zugesagten Hilfslieferungen durch den Austritt Großbritanniens, Dänemarks und Norwegens und die Herabsetzung des schwedischen Beitrags[117]. Der Begriff der Nahrungsmittelhilfe wurde auf Druck der USA, die sonst ihren Beitrag um $^1/_3$ zu kürzen drohten, so neu definiert, daß nun auch kommerzielle Lieferungen gegen langfristige Kredite von 20 und mehr Jahren Laufzeit zu den Hilfslieferungen gezählt wurden[118].

Die Abkommen (Weizenhandels- und Nahrungsmittelhilfe-Übereinkommen von 1971) wurden 1974[119], 1975[120], 1976[121], 1978[122] und 1979[123]

---

[111] Art. II FAC 1967.

[112] Meinunger, S. 209 f.; dazu auch Otzen, S. 83 f.; weil die Importländer an höheren Preisen nicht interessiert waren, die Exportstaaten, zusätzlich unter Druck einiger Abkommensaußenseiter geraten (UdSSR z. B.), miteinander um Absatzmärkte konkurrierten, kam es zu keiner Preisanpassung bzw. anderen gemeinsamen Abhilfemaßnahmen.

[113] Zur Marktsituation vgl. Friedrich Uhlmann, Gegenwärtige und zukünftige Tendenzen der Weltgetreidewirtschaft, Völkenrode 1974, S. 17 f.

[114] Text in: Verträge der BRD, Bd. 43 (1975) und BGBl 1973 II, 178.

[115] Vgl. Art. 4, 5, 6, 8 WTC 1971.

[116] Text in: Verträge der BRD, Bd. 43 (1975) A 594, S. 87 ff. und BGBl 1973 II S. 196 (FAC 1971).

[117] Vgl. die entspr. Art. II FAC 1967 und FAC 1971.

[118] Art. II (5), c) und Böck, S. 83.

[119] Protokolle zur Verlängerung des Weizenhandels- und des Nahrungsmittelhilfe-Übereinkommens von 1971, BGBl II, 1975, 219 ff.

protokollarisch verlängert, ohne daß die EWG 1974 und 1975 sich zu Mindestmengen der Nahrungsmittelhilfe verpflichtet hätte[124]; sie übernahm aber ab 1976 wieder einen erheblichen Hilfsbeitrag[125].

1978 hatte der Internationale Weizenrat auf einer Sondertagung beschlossen, die Einberufung einer Konferenz zur Aushandlung eines neuen internationalen Weizenabkommens unter der Schirmherrschaft der Unctad zu ersuchen (nach Art. 21 WTC, wenn Aussicht auf die Einführung einer neuen Preis-Mengen-Regulierung besteht). Die Verhandlungen endeten jedoch mit einem Fehlschlag. Preise und der Umfang der angestrebten Weizenreserven blieben anscheinend vor allem kontrovers[126].

So wurden die Getreide-Übereinkünfte von 1971 (zum 5. Mal) erneut um 2 Jahre protokollarisch verlängert[127]. Die Bedeutung dieser Abkommen beschränkt sich daher seit 1971 auf Marktbeobachtung und Information (WTC), und gleichzeitig gemeinsam vereinbarten Nahrungsmittelhilfslieferungen an Entwicklungsländer (FAC)[128].

II. Zuckerabkommen

Europäische Rübenzuckeranbaugebiete und asiatische Rohrzuckerplantagen wurden im II. Weltkrieg weitgehend verwüstet. In der ersten Nachkriegszeit gab es daher keine Zuckerüberschüsse auf den Märkten, und deswegen auch keinen Anlaß, über ein Zuckerabkommen zu verhandeln[129].

---

[120] Protokolle zur weiteren Verlängerung des Weizenhandels- und des Nahrungsmittelhilfe-Übereinkommens von 1971, BGBl 1976, II, 337 ff.

[121] Protokolle zur dritten Verlängerung, BGBl 1976, II, 1912 ff.

[122] Protokolle zur vierten Verlängerung, BGBl. II 1979, 276 ff. und ABl EG Nr. L 236 v. 26. 8. 78.

[123] Protokolle 1979 zur fünften Verlängerung (vorläufige Anwendung) im ABl EG Nr. L 152/8 v. 20. 6. 1979.

[124] Vgl. die entspr. Art. III der FAC's.

[125] Art. III der FAC ab der 3. Verlängerung v. 1976; die EWG hatte aber auch in den Jahren zuvor ihre Hilfslieferungen beibehalten bzw. noch erhöht, vgl. EP Dok. 121/79 v. 25. 4. 79, S. 9.

[126] Vgl. den EP-Bericht (Broeksz) v. 25. 4. 1979, Dok. 121/79 (PE 57 998/endg.) S. 9.

[127] ABl EG Nr. L 152 v. 20. 6. 1979, S. 8 - 15.

[128] Die allerdings auch unter dem Gesichtspunkt der Entwicklungshilfe nicht unproblematisch ist, dazu Meinunger, S. 218 f. und Carl Werner Sanne im Bulletin der Bundesregierung Nr. 62 v. 16. 5. 1979, 579 (580 f.).

[129] Vgl. das Protocol Prolonging the International Agreement of May 6, 1937 (ISA 1937) v. 31. 8. 1948, Text in TIAS No. 1997, Art. 3, wo der opportune Zeitpunkt für Neuverhandlungen implizit von einer Weltmarkt-Überschuß-Situation bestimmt wird, indem das inoperative Quoten-Abkommen von 1937 für eine Revision als Anknüpfungspunkt bezeichnet ist.

Indes erholten sich diese Produktionsgebiete rascher als erwartet; da inzwischen die Rohrzuckerproduzenten in Mittel- und Südamerika ihren Anbau erheblich erweitert hatten, übertraf die Zuckererzeugung 1948/49 bereits den Vorkriegsstand; dennoch blieben Preisrückgänge zunächst aus, weil strategische Reservekäufe während der Koreakrise die Nachfrage stimulierten. Mit dem Abklingen des Korea-Booms machten sich die Überschüsse bemerkbar und drückten den Preis. Erschwerend kam hinzu, daß die Importländer ihren Bedarf überwiegend im Dollarraum (Kuba allein bestritt 50 % der Angebote auf den Weltmärkten) decken mußten, und Devisenmangel (Dollarknappheit) deshalb auch einer Ausdehnung des Verbrauchs im Wege stand[130], trotz sinkender Preise[131]. In dieser Situation beriefen 1953 die VN eine Internationale Zuckerkonferenz ein, die das Internationale Zuckerabkommen von 1953[132] (ISA 1953) auf der Basis eines Entwurfs des Zuckerrats (des Abkommens von 1937) erarbeitete. Es trat zum 1. Januar 1954 in Kraft[133].

Die Verwaltungsstruktur dieses und der folgenden Zuckerabkommen entspricht dem inzwischen üblichen Aufbau internationaler zwischenstaatlicher Behörden: ein Internationaler Zuckerrat als Hauptorgan verwaltet das Abkommen[134], und bestellt sich zur Durchführung seiner Arbeit das erforderliche Personal, geleitet von einem geschäftsführenden Direktor[135]. Einem Exekutiv-Ausschuß als Vertretungsorgan des Rates[136] werden allgemeine Verwaltungsaufgaben delegiert, für spezielle Aufgaben können zeitweilige oder ständige andere Ausschüsse eingesetzt werden[137]. Die Stimmenverteilung im Rat entspricht den Grundsätzen der Havanna-Charter, indem Importländern wie Export-

---

130 Schöllhorn, S. 139 ff.; Debus, S.172 ff.

131 In Europa hatten außer der Schweiz alle wichtigen Importstaaten ein Zucker-Import-Kontroll-System und geregelte Inlandsmärkte, vgl. Alexander Schweigert, Die neuere Entwicklung der Wettbewerbslage zwischen Rohrzucker und Rübenzucker auf dem Weltmarkt, Hannover 1958, S. 47 ff., was die Mengensteuerung nach außenwirtschaftlichen Bedürfnissen erleichterte. Die Devisenpolitik dürfte neben den Belangen der Landwirtschaft die Förderung des Zuckerrübenanbaus beeinflußt haben, vgl. Harold François Wilkinson, Etude des Initiatives Internationales en Vue de la Stabilisation des Marchés des Produits de Base, Genève, Paris, 1959, S. 74.

132 Text in: Verträge der BRD, Bd. 4, 1956, A 29, S. 3 ff. und BGBl 1954 II, S. 578 ff.

133 Art. 42 ISA 1953.

134 Art. 27.

135 Art. 29; dem Personal war jede finanzielle Beteiligung an Zuckerindustrie und Zuckerhandel untersagt und mußte unabhängig von Regierungen oder anderen Behörden arbeiten (internationale Beamte).

136 Art. 37.

137 Art. 28 (5); im übrigen war der Rat auch befugt, Akten, Vermögen und Verbindlichkeiten des Internationalen Zuckerrats nach dem Abkommen von 1937 (ISA 1937) zu übernehmen, Art. 27 (5).

ländern insgesamt je 1000 Stimmen zugeteilt wurden, innerhalb der Gruppen verteilt etwa entsprechend dem Anteil der jeweiligen Staaten am internationalen Zuckerhandel[138]. Beschlüsse kamen zustande mit beiderseitigen Mehrheiten, d. h. mit der Mehrheit der von den Exportländern und der Mehrheit der von den Importländern abgegebenen Stimmen, bei Sonderabstimmungen mit einer $^2/_3$ Mehrheit aller Stimmen, wobei die Mehrheitsstimmen beider Gruppen darin enthalten sein mußten, und zusätzliche Quoren erfüllt sein mußten[139]. Für Streitigkeiten und Beschwerden war ein besonderes Ratsverfahren vorgesehen[140]. Der Regulierungsmechanismus des Zuckerabkommens schloß sich an die Methoden des ISA 1937 an; es nahm das System der Exportquoten wieder auf, diesmal jedoch ergänzt um einen Preisrahmen, innerhalb dessen die Weltmarktpreise stabilisiert werden sollten. Den Zuckerexportstaaten wurden Export-Grundmengen für den freien Markt zugeteilt[141]; nach einem Voranschlag über den Netto-Importbedarf während des anstehenden Jahres verteilte der Rat vorläufig für die Exportländer die Export-Ausgangsquoten anteilmäßig zu ihren Grundquoten[142]. Die Regierungen der Exportstaaten übernahmen die Verpflichtung, Exporte über die zugeteilte Effektivquote hinaus nicht zuzulassen[143], und die Zuckererzeugung so zu regulieren (ggf. Begrenzung der Anbauflächen oder Pflanzungen), daß Inlandsverbrauch plus zulässige Ausfuhren plus zulässige Bestände nicht überschritten wurden.

Der Bestimmung eines Preisrahmens, innerhalb dessen der Zuckerpreis sowohl für Erzeuger wie Verbraucher als angemessen galt[144], kam nun für den Quotenmechanismus Indikatorfunktion für die „Feinsteuerung" zu: überstieg der Preis eine bestimmte obere Grenze, so wurden die Exportquoten erhöht, damit eine größere Zuckermenge auf dem Markt angeboten und so eine Preissenkung herbeigeführt werden sollte; unterschritt der Preis dagegen eine bestimmte untere Grenze, so wurde eine Angebotsverknappung durch eine Quotenkürzung herbeigeführt, um so einen Preisanstieg zu bewirken; Erhöhung oder Kürzung der Quoten sollten durch den Rat erfolgen, bei Nichteinigung im Rat auch automatisch[145] eintreten.

---

[138] Vgl. Art. 33.
[139] Art. 36 (1) und (2) und Art. 31.
[140] Art. 40.
[141] Vgl. Art. 14.
[142] Art. 18 (1) und (2).
[143] Art. 8 (1).
[144] Art. 20.
[145] Art. 21 und 22.

Importkontingente waren dagegen nicht vorgesehen; die Einfuhrländer waren lediglich verpflichtet, aus Nichtmitgliedsländern nicht mehr Zucker einzuführen, als in einem der vorangegangenen Jahre (1950 - 52) insgesamt von diesen Ländern bezogen wurde[146].

Die Exportstaaten gaben dazu die Erklärung ab, alle durchführbaren Maßnahmen treffen zu wollen, um die Nachfrage der Importländer nach Zucker jederzeit befriedigen zu können, sie ggf. gegenüber Nichtmitgliedern bevorzugt zu beliefern[147].

Im Planungsbereich waren dem Rat die üblichen Berichtspflichten neben Forschungsaufgaben übertragen worden[148]. Bei der Mengenplanung und für evtl. Quotenumverteilungen hatten die Exportländer Ausfuhrschätz- und Meldepflichten, deren Verletzung u. U. Sanktionen zur Folge hatten (Quotenkürzung)[149]. Die Ausfuhrländer waren darüber hinaus einer Vorratsplanung unterworfen: sie hatten Reserven in Höhe von 10 % ihrer Kontingente zu halten, die im Fall steigender Nachfrage sofort lieferbar waren, andererseits durften die Gesamtvorräte eines Erzeugerlandes zu einem bestimmten, mit dem Rat abgestimmten Zeitpunkt vor Beginn der neuen Ernte 20 % der Jahreserzeugung nicht überschreiten[150]. Eine spezielle kubanische Stabilisierungsreserve war in diese Bestimmungen nicht mit einbezogen; „die kubanische Regierung erklärt sich jedoch einverstanden, auf Ersuchen des Rates die Freigabe dieser Reserve für den freien Markt zu erwägen, wenn dieser der Auffassung ist, daß die Marktverhältnisse eine derartige Maßnahme ratsam erscheinen lassen"[151]. Die Regulierung der Welthandelsbeziehungen auf dem Zuckersektor stieß jedoch auf besondere Schwierigkeiten, die sich aus dem Bestehen spezifischer Zukkerregionen (Märkte) ergab: dem US-Zuckermarkt, reguliert als geschlossener Präferenzmarkt durch den US-Sugar-Act von 1948 (ASA) ohne direkte Beziehungen zum freien Weltmarkt und dem ISA; dem Markt des Commonwealth Sugar Agreement (CSA), ein Präferenzmarkt innerhalb des freien Weltmarktes, auf dem teilweise die Bestimmungen des ISA Anwendung fanden; und dem freien Weltmarkt als Restmarkt, von dessen Regulierung wiederum spezielle intraregionale Transaktionen ausgenommen wurden[152], z. B. der Zuckerhandel zwi-

---

[146] Art. 7.

[147] Art. 9.

[148] Art. 28 (2) - (4) und Art. 26; einschließlich der Überprüfung und möglichen Einbeziehung von Zuckerersatzstoffen, Art. 24.

[149] Vgl. Art. 11, 12 mit Art. 14 (7) und (8).

[150] Art. 13 (3) und (1).

[151] Art. 13 (6).

[152] Vgl. Art. 17 und 16 ISA 1953; zu Einzelheiten vgl. E. F. Tacke, Der Welthandel in Zucker und seine Regulierung, in: Berichte über Landwirt-

schen den Ländern der geplanten Europäischen Agrarunion (Benelux, Frankreich, BRD)[153], zwischen der UdSSR, der CSSR und Polen und zwischen Frankreich, seinen Kolonien und Indochina[154]. Für den ‚freien' Zuckermarkt, der der Regulierung des ISA 1953 unterlag, blieben so nur noch etwa 40 % des gesamten internationalen Zuckerhandels übrig. Dieser Markt war also wiederum nur ein Rest-Markt (residual market), auf den die Erzeuger auswichen, wenn der Bedarf der zwei großen Nachfrager (USA und UK) gesättigt war, eine Konstellation, die eine Stabilisierung von vornherein besonders erschwert, wenn häufig natürliche Angebotsschwankungen (Wetter) auftreten, ohne daß die Nachfrage wesentlich von niedrigen Preisen stimuliert würde[155]. Die Einbeziehung der Beteiligten an den Präferenzmärkten im Zuckerrat und die Stimmenverteilung dort, die nicht nach dem Marktanteil des ‚freien' Zuckerhandels fragte, verkannte die Interessendifferenzierung innerhalb der Stimmengruppen: obwohl die USA sich zusammen mit dem UK 49 % der Stimmen der Importländer teilten, importierten die USA keinen Zucker vom freien Markt; das UK hatte feste Abnahmeverpflichtungen im CSA und Sonderabkommen mit Kuba; wegen der festgelegten hohen Binnenmarktpreise waren die Regierungen beider Staaten wenig an niedrigen Weltmarktpreisen interessiert, konnten also durchaus eine für Verbraucherländer wenig typische Haltung im Zuckerrat einnehmen[156]. Allerdings hatte Kuba als Überschußland mit garantiertem Absatz in den USA ein durchaus ebenso verkehrtes Interesse an niedrigen Preisen; sein großes Produktionspotential, das zu

---

schaft, NF Bd. 40 (1962), S. 432 - 459, S. 435 ff.; J. E. S. Fawcett, The function of law in international commodity agreements, in: BYBIL 44 (1970), S. 151 ff., vergleicht das CSA mit dem Weizenabkommen als "long-term multilateral contract", mit festen Mengen und Preisen und einem Hilfe-Zuschlag (1.5 £ p. ton) für die beteiligten Entwicklungsländer, vgl. S. 171; das CSA hatte sich wohl ursprünglich aus Kriegslieferbeziehungen entwickelt, Timoshenko / Swerling, S. 327 f.

[153] Art. 15.

[154] Art. 14 (2) und (3).

[155] Rowe, S. 174 f.; Timoshenko / Swerling, S. 340, betonen, daß Importländer auf billige Weltzuckerpreise nicht durch mehr Importe, sondern durch Verstärkung der Schutzmaßnahmen für die heimischen Produzenten reagieren, andererseits die Überschußländer-Produzenten auf niedrige Preise eher mit Mehrproduktion als mit Kürzung ihrer Erzeugung antworten; teilweise konnten die Produzenten, die Zugang zu den Präferenzmärkten mit garantierten höheren Preisen (USA, UK) hatten, auf dem freien Markt "Dumping" betreiben zu Preisen, die gerade ihre variablen Kosten deckten, weil der Fixkostenanteil bereits in die Präferenzlieferungen einkalkuliert war, S. 342.

[156] z. B. wenn die öffentliche Meinung in den betreffenden Staaten (Verbraucherorganisationen) mit Blick auf die Weltmarktpreise eine Senkung der Binnenmarktpreise verlangen sollten, konnten die Regierungen mit Rücksicht auf ihre eingespielten, machtpolitisch wirksamen Präferenzbeziehungen und die heimischen Zuckerproduzenten, eher geneigt sein, höhere Weltmarktpreise anzustreben, weil sie von niedrigen nicht profitieren; dazu: Wilkinson, S. 76 ff.; Timoshenko / Swerling, S. 333 ff.

niedrigen Preisen arbeitete, suchte einen möglichst offenen Markt mit Preiswettbewerb, um ggf. doch den Verbrauch anzuregen.

Das Zuckerabkommen wurde 1956 entsprechend seinem Art. 42 (2) vom Rat überprüft; daraus resultiert eine Anpassung der Stimmenverteilung (Ungarn und Panama waren Mitglieder des Zuckerabkommens geworden) und eine Veränderung des Quotenmechanismus der Art. 21 und 22: die Ermächtigung an den Rat, die Kontingente zu kürzen oder zu erhöhen wird in festgelegte Preisbänder eingebettet[157]. Eine wesentliche Entwicklung bedeutet die Bildung einer neuen Zukkerzone in Asien; sie manifestiert sich in der Anlegung einer Sonderreserve, die unabhängig von den Exportgrundquoten den Produzenten des asiatischen Raums zur Verfügung stand, etwa in der Größenordnung der westeuropäischen Sonderregelung[158]. Damit gab es neben dem freien Zuckerweltmarkt nun 5 besondere Zuckerhandelsregionen: den US-Markt, das CSA, die Intra-Sowjet-Block Beziehungen, den westeuropäischen EWG-Markt und die asiatische Zucker-Handelsregion. Bei den Verhandlungen zur Erneuerung des Zuckerabkommens im Jahre 1958 rückten die Importländer ein Problem in den Vordergrund, dem bisher in Zuckerhandelsvereinbarungen wenig Beachtung geschenkt worden war. Das ISA 1953/56 hatte nämlich nichts ausrichten können gegen Knappheitserscheinungen und Preishausse im Gefolge der Suez-Krise[159]. Daher erörterte man ein besonderes Optionsverfahren, wonach die Importländer auch nach Überschreiten des Höchstpreises für einen gewissen Zeitraum einen Teil ihres Zuckerbedarfs zum Höchstpreis decken können sollten, im umgekehrten Fall entsprechend verpflichtet werden, zum Mindestpreis zu kaufen[160]. Dieses, an die Weizenabkommen erinnernde Verfahren[160] wurde als zur Erprobung auf freiwilliger Basis und zur Überprüfung durch den Rat in das neue Abkommen aufgenommen[161]. Es ist indes nicht zur Anwendung gelangt.

Zu einem Kompromiß gelangte man jedoch hinsichtlich der von den Exportstaaten zu haltenden Vorratsmengen, die um 2½ % auf 12½ %

[157] Revidierter Text in: Anlage zum Protokoll zur Änderung des am 1. Okt. 1953 in London zur Unterzeichnung aufgelegten Internationalen Zuckerabkommens, BGBl 1958, II S. 181 ff. (Gesetz zu dem Protokoll und Protokoll a.a.O., S. 172, 173 ff.; UN Treaty Series 1959, 314 ff., Nr. 3677 und in: UN Sugar Conference, 1956, Summery of Proceedings, (E/Conf. 22/7), S. 53 ff.

[158] Änderung zu Art. 14 A 6 (b); dazu: Karl Rogge, Die Überprüfung des Internationalen Zuckerabkommens und die Lage auf dem Weltzuckermarkt, in: Zucker Jahrbuch (Hamburg) 1957, S. 378; (für China (Taiwan), Indien, Indonesien und die Philippinen).

[159] Gerhard Schmerbach / Siegfried Friedrich, Das Internationale Zucker-Übereinkommen von 1958 (Kommentar), Ratzeburg 1959, S. 16.

[160] Hermann-Ernst Günther, Die Zuckerwirtschaft in EWG und EFTA, Baden-Baden, Bonn 1962, S. 174; Schmerbach / Friedrich, S. 26.

[161] Art. 22 ISA 1958; Text in: Verträge der BRD, Bd. 15 (1962) A 172, S. 3 ff.; BGBl 1960, II, S. 1258.

der Ausfuhrgrundmengen erhöht wurden; zusätzlich wurden die CSA-Länder verpflichtet, 50 000 to Zucker als Reservebestand zu halten und auf Verlangen des Zuckerrats dem Markt zuzuführen[162].

Ein neues Exportmengen-Melde-System sollte dazu führen, daß Fehlmengen (nicht ausgenutzte Exportquoten) noch während des jeweiligen Erntejahres weiterverteilt werden konnten; bisher waren solche Fehlmengen von der Quote des nächsten Jahres einfach abgezogen worden; weil die Meldungen darüber oft zu spät oder gar nicht einliefen, war eine Weiterverteilung häufig nicht mehr möglich gewesen. Daher wurden jetzt 2 Meldetermine (15. 5. und 30. 9.) eingeführt. Bei Verzichtmeldungen zum ersten Termin konnte das meldende Land 50 % der Verzichtmenge auf sein neues Kontingent im folgenden Jahr zusätzlich exportieren; bei Meldung zum zweiten Termin wurden ihm 50 % dieser Menge vom nächsten Jahreskontingent abgezogen; lief keine Verzichterklärung ein, wurde die nicht ausgenutzte Exportmenge voll zur Kürzung angerechnet[163]. Dieses Bonus-Malus-Verfahren sollte nicht nur die Planung in der Internationalen Zuckerorganisation erleichtern, sondern auch die nationalen Überwachungs-, Kontroll- und Steuerungsmaßnahmen in Übereinstimmung bringen mit den internationalen Lenkungsverfahren.

Gegenüber dem ISA 1953 war das neue Abkommen auch insofern verstärkt worden, als die bisherigen Außenseiter, darunter Brasilien, Indonesien und Peru, fast alle beigetreten waren, so daß jetzt etwa 97 % der gesamten Exporte auf den freien Weltzuckermarkt erfaßt wurden[164].

Der neuen Europäischen Wirtschaftsgemeinschaft trug man dadurch Rechnung, daß nach dem Beitritt Italiens zum Zuckerabkommen die 6 EWG-Staaten von den Verpflichtungen des Abkommens befreit waren, soweit der Zuckerhandel eine bestimmte Jahresmenge nicht überschritt[165], eine Regelung, die wegen dieser mengenmäßigen Beschränkung mit dem Freihandels-Ziel der EWG letztlich nicht übereinstimmte, während der Übergangszeit unter gegenseitiger laufender Konsultation in den Verhandlungen (Art. 116 II EWGV) aber für zuträglich gehalten wurde[166]. Primär-politische Ereignisse ließen das

[162] Art. 13 (3); Art. 16 (1); s. a. Schmerbach / Friedrich, S. 26; Günther, S. 175.

[163] Art. 12 ISA 1958; zu Einzelheiten Schmerbach / Friedrich, S. 22 f.

[164] s. Begründung zu dem Entwurf eines Gesetzes zum Internationalen Zucker-Übereinkommen 1958, in: BTDrS 3. WP Nr. 1331 S. 2 f.

[165] 150 000 to pro Jahr; Art. 15 IWA 1958.

[166] u. a. weil die schon in Art. 15 des ISA zugelassenen freien Zuckerbewegungen bisher nie ausgenutzt worden waren, vgl. Schmerbach / Friedrich, S. 29 ff.

Zuckerabkommen schließlich scheitern: nach dem Umsturz in Kuba kürzten die USA zunächst die kubanischen Lieferungen unter dem US-Sugar Act, um schließlich die Einfuhr kubanischen Zuckers ganz zu unterbinden; die UdSSR trat mit Zuckerkäufen und schließlich Abnahmegarantien an diese Stelle[167]. Der Markt war jedoch nachhaltig gestört, weil darüber Unsicherheit bestand, wo die USA nun ihren Bedarf decken würden, Kuba's Zuckerproduktion seit der Revolution unberechenbar geworden war, und dazu die UdSSR den kubanischen Zucker teilweise auf dem Weltmarkt weiter verkaufte[168]. Den Ausschlag gab schließlich Kuba's Forderung, seine Grundquote (2,4 Mill. to) um die neuen Kontrakte mit den Ostblock-Staaten (4,9 Mill. to) aufzustokken; dem stimmten die anderen Staaten im Zuckerrat (mit Ausnahme der Ostblockländer) auf der Genfer Revisionskonferenz 1961, die turnusgemäß im 3. Abkommensjahr stattfand[169], nicht zu; man konnte sich über die Quoten nicht einigen, die wirtschaftlichen Bestimmungen des Abkommens wurden suspendiert[170]. Die Organisation selbst blieb jedoch aufrechterhalten, als Forum für planmäßigen internationalen Meinungsaustausch in Zuckerfragen und zur Beobachtung der Märkte, und um ggf. ein neues Zuckerabkommen zu beschließen. Dieses nun inoperative Abkommen wurde mehrmals protokollarisch bis 1968 verlängert[171].

Erst 1968, nach Bemühungen im Rahmen der Unctad, wurde ein neues Regulierungsabkommen vereinbart[172]. Regulierungsmechanismus und Verwaltungsverfahren hatten eine Entwicklung erfahren: der Preisrahmen als Indikator für die Quotenveränderungen wurde detaillierter ausgearbeitet und gestreckt[173]. Darüber hinaus versorgen die Exportländer ihre traditionellen Abnehmer mit bestimmten Zuckermengen (nach früherem Lieferumfang berechnet) zu einem Höchstpreis, selbst wenn der Marktpreis höher liegen sollte[174]. Dafür verpflichteten sich die Importländer, keinen Zucker von Nicht-Mitglied-Staaten zu importieren, wenn der Preis einen bestimmten niedrigen Schwellenpunkt unterschritt[175], und einige Staaten gaben bestimmte Importmengen-Garantien[176].

---

[167] Rowe, S. 176.

[168] Law, S. 48; s. a. Horst Wruck, Internationale Marktvereinbarungen, Berlin 1970, S. 92 zur Haltung der Ostblock-Länder.

[169] Art. 42 II ISA 1958.

[170] Zum Ablauf der Konferenz vgl. Günther, S. 179 ff.; UN Sugar Conference 1961, E/Conf. 37/SR. 1 - 6 v. 6. 12. 1962.

[171] Verlängerungsprotokolle in: Tractatenblad van het Koninkrijk der Nederlanden (Trb) 1963 Nr. 170, 1966 Nr. 119 und 1967 Nr. 55.

[172] ISA 1968, Text in: UNTS 654 (1969), S. 3 ff.; United Nations Sugar Conference, 1968, TD/Sugar 7/12 S. 56 ff.

[173] Art. 48 und 49.

[174] Art. 30.

Die Verpflichtung, Reservelager zu halten, wurde für die entwickelten Exportstaaten erhöht (auf 15 % der Grundquoten), die Auflösung dieser Vorräte zur bevorzugten Versorgung der Mitglieds-Import-Staaten an einen bestimmten Preispunkt gebunden[177]. Neu geregelt wurde auch das Verfahren im Verwaltungsausschuß: die vom Rat gewählten Mitglieder des Verwaltungsausschusses vereinigen die Anzahl Stimmen für Abstimmungen im Ausschuß auf sich, die ihnen bei der Wahl im Rat zugefallen sind. Entsprechend werden Beschlüsse jetzt mit den gleichen Mehrheiten, wie für den Rat vorgeschrieben, gefällt[178]. Dadurch stärkte man den Einfluß der stimm-mächtigen Mitglieder im Verwaltungsausschuß, was wohl die Arbeit des Ausschusses, der ja zwischen den Ratstagungen delegierte Ratsaufgaben wahrzunehmen hat, erleichtern sollte; im Spiegel des Stimmgewichts des Rates gewinnen die Entscheidungen des Verwaltungsausschusses mehr Durchsetzungskraft, Effektivität.

Der weiter zunehmenden Regionalisierung[179] — nicht nur auf dem Zucker-(Rohstoff-)-Sektor — trug man Rechnung durch die Zulassung einer Gruppenmitgliedschaft[180].

Die EWG beteiligte sich an den Verhandlungen der Zuckerabkommen 1968 nach der sog. „Rom-Formel"[181], stieß jedoch auf den Widerstand der UdSSR und anderer Ostblockländer, die geltend machten, daß die Beteiligung nur Mitgliedstaaten der UNO oder deren Sonderorganisationen offenstehe[182]. Ein Rechtsgutachten der UNO[183] führte schließlich dazu, daß der EWG die Beteiligung als solcher ermöglicht wurde[184]; sie beteiligte sich schließlich dennoch nicht aus politisch-wirtschaftlichen Gründen[185].

---

[175] Art. 28.

[176] Art. 51; mit den Liefer- und Abnahmepflichten sind einige Komponenten der Weizen-Abkommen in abgeänderter Form adaptiert worden.

[177] Art. 53 und 30.

[178] Art. 17 (i. V. m. Art. 11); bis dahin hatte im Executiv-Ausschuß jedes Mitglied (von 2 x 7) je eine Stimme, vgl. Art. 37 (4) ISA 1958.

[179] Exporte unter dem „African und Malagasy Sugar Agreement" wurden jetzt ebenfalls nicht für die Weltmarktquoten mitberechnet, vgl. Art. 37.

[180] z. B. für den Central American Common Market Pool (Costa Rica, El Salvador, Guatemala, Honduras, Nicaragua) und die West Indies (Antigua, Barbados, Guyana, Jamaica, St. Kitts-Nevis — Anquilla, Trinidad und Tobago), vgl. Art. 40 (a).

[181] s. o. Fn. 108 und Rosenbach, S. 129 ff.

[182] s. auch Art. 64.

[183] Angefertigt von Constantin R. Stavropoulos, Text in: UN Juridical Yearbook 1968, New York 1970, S. 201, bzw. Document TD/SUGAR 7/4 and Corr. 1 - 3.; s. a. Schloh, S. 98.

[184] Vgl. Art. 2 (26).

[185] Die der EWG angebotene Exportquote war erheblich zu niedrig; darüber hinaus war die zukünftige Zuckerpolitik der EWG weiterhin noch un-

Das ISA 1968 betont zum ersten Mal den Entwicklungshilfe-Aspekt des internationalen Zuckerhandels. Eine besondere Reserve-Quote für Entwicklungsländer, die Exportzucker über ihr erlaubtes Ausfuhrkontingent hinaus auf Lager haben, und deren Deviseneinnahmen von Zuckerexporten abhängen, soll in Härtefällen extra zugeteilt werden können[186].

Das Abkommen wurde wiederum auf 5 Jahre abgeschlossen, die wirtschaftlichen Bestimmungen unterlagen einer Überprüfung am Ende des 3. Jahres (Art. 70). Ende 1971 stieg der Zuckerpreis auf dem freien Markt über den im Abkommen vereinbarten Höchstpreis, alle Exportquoten wurden außer Kraft gesetzt; die Verpflichtung der exportierenden Länder den importierenden Mitgliedsländern eine gewisse Mindestmenge Zucker zu einem Preis, der nicht über dem Höchstpreis lag, zu liefern, trat in Kraft.

Zwar wurde der Abkommens-Höchstpreis erhöht; der freie Marktpreis blieb jedoch bis zum Ablauf des ISA Ende 1973 oberhalb dieser Marge[187].

Bei den Verhandlungen zur Erneuerung des Abkommens blieb die Frage der Preise kontrovers; die Importländer konnten sich nicht dazu entschließen, der Forderung der Exportländer nach einer Abnahmeverpflichtung im Rahmen des Abkommens zuzustimmen[188]. Daher wurden die wirtschaftlichen Bestimmungen des Zuckerabkommens außer Kraft gesetzt, die Organisation blieb aufrecht erhalten[189].

1977 waren die Preise auf dem Weltzuckermarkt auf einen neuen Tiefstand gesunken, die führenden Exportstaaten konnten sich über ihre prospektiven Marktanteile einigen, der Weg für ein neues Regulierungsabkommen war geebnet[190]. Das ISA 1977 ist eine Weiterentwick-

---

klar, vgl. Krishna Ahooja-Patel, The International Sugar Agreement 1968, in: JWTL Vol. 3 (1969), S. 218 ff. (220); vgl. auch Helmut Bujard, Der Interessenteneinfluß auf die europäische Zuckerpolitik, Baden-Baden 1974, S. 212 f.

[186] Art. 44; im übrigen sollen auch Geschenk-Zuckerlieferungen im Rahmen von UN-Hilfsprogrammen regelmäßig nicht auf die Export-Quoten angerechnet werden (Art. 43).

[187] Preisübersicht bei E. Schmidt, Zur gegenwärtigen Lage und zukünftigen Entwicklung der Weltzuckerwirtschaft, in: Agrarwirtschaft, 1974, S. 265 ff.

[188] United Nations Sugar Conference, 1973 (TD/SUGAR 8/6) New York 1974, S. 1/2 und 19.

[189] s. dazu: Text des ISA 1974 in: Gesetzblatt der DDR, Teil II, 1974, S. 516 ff.; es besteht Veranlassung von einer Interdependenz der Zuckerpreise und Zuckerabkommen zu sprechen, aber nicht indem die Abkommen den Zucker-(Preis)-Zyklus bestimmen, sondern dieser den der Zuckerabkommen; dazu Gordon Gemmill, The World Sugar Economy: An Econometric Analysis of Production and Policies, East Lansing (Michigan State Univ.), 1976, S. 32.

[190] Ursula Wassermann, International Sugar Agreement, 1977, in: JWTL, Vol. 12 (1978), S. 83; der Preisboom ab 1973/74 hatte die Weltproduktion über

lung des Zuckerabkommens von 1968, es kombiniert das Export-Kontingentierungs-System mit Reservelagen, die international koordiniert (und mitfinanziert), aber national verwaltet werden sollten, um den Marktpreis für Zucker innerhalb des vereinbarten Preisbandes (11 - 21 US-cents / lb) zu halten[191]. Der Quotenmechanismus ist, wenn der Rat nicht anders entscheidet, nach Preispunkten vorprogrammiert[192]. Die Vorratslager (special stocks) sollen zusammen 2,5 Mill. to Zucker ausmachen, die von den Exportstaaten entsprechend ihren Exportgrundmengen gehalten werden[193], um ggf. zur Preisberuhigung auf den Markt gebracht zu werden[194]. Zur finanziellen Unterstützung der Exportländer, die die Läger einzurichten haben, sollte ein "Stock Financing, Fund", verwaltet von einem 'Manager of the Fund', errichtet werden[195]; dieser Fund sollte Beiträge (contributions), die auf Zuckerimporte in Mitgliedstaaten und Exporte von Mitgliedstaaten in Nichtmitgliedsländer mit einer Exporterlaubnis für den freien Markt erhoben werden, sammeln[196]; die Mittel des Fonds sollten den Exportländern entsprechend dem Umfang ihrer Special Stocks als zinslose Kredite zur Verfügung gestellt werden[197].

Da das Zuckerabkommen noch immer nicht voll funktionsfähig ist (die USA haben noch nicht ratifiziert, halten aber andererseits ungefähr 52 % des freien Importmarkts), müssen die Exportländer ihre Reservelager selbst finanzieren; derzeit werden keine Kontributionen erhoben, es gibt keinen Special-Fund und daher auch nicht die mitfinanzierten Special Stocks[198]. Im übrigen sind allen Mitgliedsländern Importbeschränkungen gegenüber Zuckerimporten aus Nicht-Mitgliedsländern auferlegt, berechnet nach den durchschnittlichen Zuckerimpor-

---

den Bedarf hinausschießen lassen; graphischer Überblick zur Preisentwicklung in: Forum Vereinte Nationen, Juni/Juli 1979, S. 4.

[191] Text des ISA 1977 in: United Nations Sugar Conference, 1977 (TD/Sugar. 9/19), S. 9 ff.; dazu auch Thiébaut Flory, L'Accord International sur le Sucre du 7. Octobre 1977, in: AFDI XXIII (1977), S. 671 ff.

[192] Art. 44.

[193] Art. 46.

[194] Art. 44 B.

[195] Art. 49 und 50 (4).

[196] Art. 51; praktisch sollte dies durch die Ausgabe von "standard certificates of contribution" also Wertmarken (stamps) durch autorisierte Agenten geschehen, die den Zuckerbewegungen beizufügen wären (Art. 51 (5)).

[197] Art. 53.

[198] Nach einer mündlichen Auskunft der International Sugar Organization (ISO) in London; April 1979: Die Exportquoten sind auf 82,5 % der Grundquoten verringert worden, so daß schon deswegen hohe Lagerbestände anfallen; anscheinend ist im US-Kongress die Frage der Preisfestlegung und Fonds-Beiträge sehr umstritten; der US-Präsident hat inzwischen allerdings das Gesetz unterschrieben, daß eine Abgabe von 0,50 USD per metric ton ab 1. 7. 80 auf Transaktionen der Mitgliedsländer erlauben würde (für die USA), vgl. GATT Dok. COM. TD/W/313 vom 7. 7. 80, S. 28.

ten von Nicht-Mitgliedern der Jahre 1973 - 76, abgestuft in Prozentsätzen dieser Menge in Abhängigkeit des Weltmarktpreises für Zucker[199]. Eine bemerkenswerte Ausnahme von dieser Regel gilt für die Zuckerlieferungen von Nichtmitgliedsländern, die dem ISA 1968 angehört haben, aber dem derzeitigen Abkommen nicht beitreten können, weil sie z. B. nicht (mehr) den Vereinten Nationen angehören; hier gilt ein ungekürzter Jahresdurchschnitt als weiterhin erlaubte Importmenge[200].

Wiederum sind den Entwicklungsländern besondere Erleichterungen und Bevorzugungen gewährt worden[201], LLDC's[202] sind auch von der vorgesehenen Abgabe zum Stock Financing Fund bei Importen befreit[203]. Das ISA 1977 ist auch das erste Rohstoffabkommen, das sich auf den Gemeinsamen Rohstoff-Fond (Common Fund) nach dem "Unctad Integrated Programm for Commodities"[204] bezieht, und dem Zuckerrat aufgibt, geeignete Maßnahmen zu ergreifen, um ggf. von den finanziellen Möglichkeiten eines solchen Fonds Gebrauch zu machen[205]. Auch im ISA 1977 sind die sog. Special Arrangements von den Regulierungsbestimmungen ausgenommen; dazu gehören vor allem die Handelsbeziehungen Kubas mit dem Ostblock[206], aber auch der interne Zuckerhandel der Ost-Afrikanischen Gemeinschaft und der Caribbean Community[207]. Nach dem Auslaufen des US-Sugar Act zum 31. 12. 1974 gehören die Zuckerexporte in die USA dagegen zum freien Markt. Das

---

[199] Unter 11 cents/lb 55 %, über 11 cents bis 21 cents 75 %, über 21 cents/lb keine Importbeschränkungen, Art. 57 ISA 1977.

[200] Art. 57 (2) i. V. m. Art. 72, 73, 74, 76 ISA 1977; diese Ausnahme deckt die Zuckerlieferungen Taiwans an die USA, nachdem Taiwan die UN zu verlassen gezwungen war, die USA trotz Aufnahme diplomatischer Beziehungen zur VR China gewisse nicht-diplomatische, privat-wirtschaftliche Beziehungen zu Taiwan aufrecht erhält; (Hintergrundinformation nach einem Besuch und Interviews bei der International Sugar Organization, London, April 1979).

[201] z. B. in Art. 38, 43, 37 ISA 1977.

[202] LLDC's: Least developed / Land-locked developing countries; LDC: less developed country.

[203] Art. 51 (4).

[204] Vgl. Unctad: An Integrated Programm for Commodities; Geneva 1974 (TD/B/C. 1/66) und: Entschließung der IV. Konferenz der VN über Handel und Entwicklung über ein integriertes Rohstoffprogramm (Res. 93 (IV) v. 30. 5. 1976) in: BTDrS 8/1185 (Anl. 5 a) S. 71 ff.

[205] Art. 55 ISA 1977; zu den bisherigen Vereinbarungen über einen Gemeinsamen Fond s. Ursula Wassermann, UNCTAD: The Common Fund, in: JWTL Vol. 13 (1979), 355 ff. und Appendix S. 357, und Bulletin der EG 3-1979, S. 80 f.

[206] Art. 31.

[207] Art. 36, 2 und 3, jeweils mit bestimmten Höchstgrenzen; zur Ostafrikanischen Gemeinschaft: Gunter Friedrich, Gemeinsamer Markt in Ostafrika und Zentralamerika, Hamburg 1975, S. 32 ff. und zur Caribbean Community: Kenneth Hall / Byron Blake, The Caribbean Community: Administration and Institutional Aspects, in: JCMS, Vol. XVI (1978), S. 211 ff.

Commonwealth Sugar Agreement endete ebenfalls mit dem 31. 12. 1974[208]. An seine Stelle trat indes das Zuckerprotokoll im Rahmen des Abkommens von Lomé zwischen der EWG und ursprünglich 46 Staaten des afrikanischen, karibischen und pazifischen Raumes (AKP-Staaten)[209], nach dem bestimmte AKP-Staaten insgesamt ungefähr 1,5 Mill. Tonnen zu festen Preisen (weit oberhalb des Weltmarktpreisniveaus) in die EG liefern. Diese Lieferungen werden ebenfalls nicht gegen die Quoten nach dem ISA 1977 aufgerechnet[210]. Da die EWG selbst Zucker mit wachsenden Überschüssen produziert, wird dieser überschüssige Zucker zu einem großen Teil mit Hilfe von Exportsubventionen (Ausfuhrerstattungen) auf den Weltmarkt „zurückgeschleust", ein Verfahren, das das Preisniveau dort nicht gerade anhebt und zu Störungen des vom ISA 1977 regulierten ‚freien' Weltmarktes führen kann[211]. Deshalb bleibt die EWG ‚eingeladen', an der Arbeit des Zuckerrats teilzunehmen und ggf. Mitglied des Zuckerabkommens zu werden[212]. Aber außer diesen Einflüssen auf den Weltzuckerhandel, die von regionalen oder primärpolitischen Präferenzabkommen ausgehen, bedrohen Substitutionsprodukte wie Getreide- und Maiszucker (sirups) die traditionellen Handelsbeziehungen[213]. Andererseits bieten sich sowohl Zuckerrüben wie Zuckerrohr zur Verarbeitung zu mehr als nur Zucker an[214], so daß

[208] In der Schlußakte zu dem Beitritt des Vereinigten Königreichs u. a. zur EWG wurde im Protokoll Nr. 17 Großbritannien eine befristete Ausnahme vom gemeinsamen Zuckermarkt der EWG zugestanden, Text in: ABl EG 1972 Nr. L 13, S. 173.

[209] Text in ABl EG 1976 Nr. L 25 (Zuckerprotokoll, S. 114) und BGBl 1975, 2317 (Zuckerprotokoll S. 2395).

[210] Art. 30.

[211] Dazu: Rolf Hasse / Robert Weitz, Neuverhandlungen des Lomé-Abkommens, in: Wirtschaftsdienst 11/1978, S. 550; tatsächlich blieb der Weltmarktpreis für Zucker bisher meist erheblich unterhalb des im ISA 1977 festgelegten Mindestpreisniveaus, vgl. Großer / Jensen / Kolbe / Timm, Welthandel und Rohstoffmärkte, in: Weltkonjunktur Dienst 4/1978, S. 65 und 2/1979, S. 64; s. auch GATT Dok. C/M/143 v. 6. 11. 80, S. 5 - 8.

[212] Vgl. Art. 2 (23) und Art. 76 (3) ISA 1977; Wassermann, JWTL 1977, 84/85.

[213] Besonders in den USA sind die Sirups auf Maisbasis erfolgreich in den Süßmittelmarkt eingedrungen; die EWG hat die Isoglukose (Mais-Zucker-Sirups) einer gemeinsamen Marktregelung zum Schutz des Rübenzuckers unterworfen (VO/EWG Nr. 1111/77 ABl EG Nr. L 134/4 v. 28. 5. 77 und VO/EWG Nr. 1298/78 ABl EG Nr. L 160/9 v. 17. 6. 1978), die inzwischen vom EuGH wegen Verstoßes gegen den allgemeinen Gleichheitsgrundsatz teilweise für ungültig erklärt wurde (EugH Slg. 1978, 2037), und nun neu gefaßt werden soll (ABl EG Nr. C 78 v. 24. 3. 1979, S. 3 und EP, Dokument 182/79 v. 10. 5. 1979/PE 58 029 endg.); dazu auch: Joachim Friedrich Ehle, Die Konkurrenzsituation zwischen Zucker aus Rüben und Zucker aus Mais in der Bundesrepublik Deutschland, Kiel 1976 und Ezriel M. Brook, High Fructose Corn Syrup: Its Significance as a Sugar Substitute and its Impact on the Sugar Outlook, in: F. O. Lichts International Sugar Economic Year Book and Directory 1977, Ratzeburg 1977, S. E 5 ff.

[214] z. B. lassen sich Derivate wie Treibstoff, Alkohole, Papier (Bagasse) und Molassen (als Futtermittel) gewinnen, vgl. Gerhard B. Hagelberg, Econo-

Anbaubeschränkungen zur Preismanipulation des Weltzuckermarktes wegen der Rückwirkungen auf die mit der Rohr- und Rübenzuckerkultivation verbundenen Betriebszweige kaum in Erwägung gezogen werden[215].

Insgesamt kann man feststellen, daß das derzeitige Zuckerabkommen unter ungünstigen Bedingungen arbeitet und sein Regulierungsziel, d. h. sein Preisziel, nicht erreicht hat, und die Aussichten wenig günstig erscheinen[216].

III. Zinnabkommen

Die Zinnabkommen der Nachkriegszeit schließen an die Regulierungen der Zwischenkriegszeit an; das Kernstück ihres Interventionsmechanismus ist der Buffer Stock (Vorratslager), ein Regulierungsinstrument, das als marktkonform gilt und sich speziell in den Zinnabkommen entwickelt hat: es bildet heute einen zentralen Punkt in der Diskussion über internationale Rohstoffpolitik im Rahmen der projektierten Neuen Weltwirtschaftsordnung[217].

Hintergrund für das Zustandekommen eines neuen internationalen Zinnabkommens war die Entwicklung einer Überproduktion, und damit sinkender Erlöse am Weltmarkt, als die südostasiatischen Gebiete nach dem Ende der kriegerischen Besetzung durch Japan ihre volle Produktionskapazität wieder erreichten.

Die Korea-Hausse und die Einkäufe der USA für ihren strategic stockpile hatten diese Situation zunächst verschleiert, und auch den Verbrauchsrückgang durch Substitution (Kunststoffe, Aluminium) und technische Verbesserungen (Elektrolyseverfahren) kompensiert[218]. Das

---

mic Comparisons: The Cautionary Case of Beet and Cane Sugar, in: Economy and History, Vol. XVI (Lund 1973), 37 ff. (44 f.); neuerdings scheint die Treibstoffgewinnung für Automobile in den Vordergrund zu treten, z. B. in Brasilien; zu den verschiedenen Nutzungsmöglichkeiten s. Stefan M. Gergely / Günter Haaf, Sprit der auf den Feldern wächst, in: Die Zeit Nr. 31 v. 27. Juli 1979, S. 42; s. a. Antwort der Kommission der EG auf die Schriftl. Anfrage Nr. 602/79 (Walz) v. 7. 11. 79, ABl EG Nr. C 310 v. 10. 12. 79, S. 23 und NfA Nr. 55 v. 18. 3. 1980, S. 1.

215 Genauso wie der „Wettbewerb" zwischen Rohr- und Rübenzucker nicht nach komparativen Kostenvorteilen entschieden wird, sondern politisch unter Berücksichtigung wirtschafts- und finanzpolitischer Ziele (Beschäftigung, landw. Einkommen, Außenhandel aber auch agrarwirtschaftliche/technische Bedingungen z. B. Fruchtwechsel, Viehhaltung) vgl. Hagelberg, S. 39 ff.

216 Wenngleich gelegentliche Haussen den Zuckermarkt in Bewegung bringen und die Zuckerorganisation (ISO) z. B. zu Quotenfreigaben auch aus den Reserven veranlaßt, vgl. Handelsblatt v. 22. 2. 1980 und für die Hausse 1980 Handelsblatt v. 9. 6. 1980 und 2. 10. 1980.

217 s. dazu unten unter VII; zum Welt-Zinnmarkt: Jasbir Chhabra / Enzo Grilli / Peter Pollak, The World Tin Economy: An Econometric Analysis (World Bank Staff Commodity Paper Nr. 1) Washington, D. C. 1978.

erste Nachkriegsabkommen, ausgearbeitet von der Tin Study Group[219], die an die Stelle des International Tin Committee der Vorkriegsabkommen getreten war (s. o. S. 43 ff.), trat 1956 in Kraft[220]. Im regelmäßigen 5-Jahres-Turnus wurden die Abkommen überprüft und revidiert[221]. Als oberstes Verwaltungsorgan fungiert wie in den anderen Rohstoffabkommen ein Rat (Internationaler Zinnrat), dem alle Mitgliedstaaten angehören, und der von einem unabhängigen (stimmrechtslosen) geschäftsführenden Vorsitzenden präsidiert wird[222]. Erzeuger- und Verbraucherländern werden je 1000 Stimmen zugeteilt, innerhalb der Gruppen analog ihrem in Produktions- und Verbrauchsdaten ausgedrücktem Interesse am internationalen Zinnhandel[223]. Der Rat delegiert einzelne Aufgaben an Ausschüsse, die er einsetzt und deren Tätigkeitsbereich er regelt[224]. Er ernennt den Geschäftsleiter des Ausgleichslagers (Buffer Stock Manager) und den Sekretär (geschäftsleitenden Beamten des Rates) die mit ihrem gesamten Personal dem geschäftsführenden Vorsitzenden des Rates unterstehen. Das Personal darf keinerlei finanzielle Beteiligung an Zinngeschäften unterhalten und darf als unabhängige, internationale Beamtenschaft keinen Weisungen oder sonstigen Beeinflussungen von außerorganisatorischen Instanzen unterliegen; sie sind zur Verschwiegenheit verpflichtet über Handhabung und Durchführung der Abkommen.

Das Entscheidungsverfahren des Rates sieht Mehrheitsbeschlüsse vor[225]; ein bestimmtes Quorum muß erreicht werden[226] und Beschlüsse, für die im 1. Zinnabkommen noch eine einfache Mehrheit ausreichte, werden seit dem 2. Zinnabkommen mit beiderseitiger einfacher Mehrheit getroffen, soweit nicht im Einzelfall besondere ($^2/_3$) Mehrheiten vorgeschrieben sind[227]. Diese Änderung steht für das Interesse des

---

[218] Kerstin Barkman, The International Tin Agreement, in: JWTL Vol. 9 (1975), 495 (497); Schöllhorn, S. 147.

[219] Zur Arbeit der Tin Study Group vgl. International Tin Study Group, Tin and the Tin Study Group 1948 - 52, The Hague, 1953.

[220] Text in: UNTS 256 (1956) No. 3622, S. 32 ff.

[221] Zweites Internationales Zinnübereinkommen v. 1. 9. 1960, BGBl für die Republik Österreich, 1962, S. 1819 (Nr. 287); Drittes Internationales Zinnübereinkommen, BGBl (Österreich), 1966, S. 1329 Nr. 251; Viertes Internationales Zinn-Übereinkommen, ABl EG 1972 Nr. L 90; Fünftes Internationales Zinn-Übereinkommen, ABl EG 1976 Nr. L 222.

[222] 1., 2. und 3. Zinnabkommen Art. IV A, 4. und 5. ZinnAbk Art. 3 ff.

[223] Die Daten werden vom Rat im Wege des Kompromisses zumeist ausgehandelt, s. Fox, Tin, S. 264.

[224] Zu den Ausschüssen vgl., The International Tin Council, Annual Report for 1977 - 1978, London (o. J.), S. 10 ff.

[225] Die ab dem 4. und 5. Abk. ausdrücklich als bindend bezeichnet werden, Art. 39 b.) bzw. 41 b.).

[226] $^2/_3$ der Stimmen der Erzeuger und Verbraucherstaaten, vgl. 1. - 5. Abk. Art. IV 10, IV 11, IV 11, 10 e) und 11 e).

Zinnrates, mehr Verbraucherländer zum Beitritt zu bewegen[228], die so nicht mehr befürchten mußten, von den koordinierten Interessen der Erzeugerländer und Verbraucherländer, die kapitalmäßig mit der Zinnerzeugung verbunden waren (England, Holland z. B.), überstimmt zu werden. Das Abstimmungsverfahren in den Rohstoffräten ähnelt überhaupt eher klassischen diplomatischen Gepflogenheiten, z. B. in der Weise, daß ein Land mit großer Stimmenmacht (im Zinnabkommen Malaysia) durchaus den Bedürfnissen der anderen, weniger massiv vertretenen Länder bei der Stimmabgabe weitgehend Rechnung trägt[229].

Bemerkenswert ist das Verfahren zur Vertragsrevision in den Zinnabkommen[230]: wenn alle Erzeugerländer und Verbraucherländer, auf die mindestens $^{2}/_{3}$ ihrer Gesamtstimmen entfallen, eine Vertragsänderung ratifiziert, genehmigt oder angenommen (je nach ihrer bestimmenden Verfassungsordnung) haben, so wird diese Änderung zwischen ihnen wirksam; die übrigen Teilnehmer scheiden aus dem Übereinkommen aus. Das Einstimmigkeits- oder Zustimmungsprinzip beim Abschluß zwischenstaatlicher Verträge (und ihrer Abänderung) wird für die zustimmenden Staaten beachtet; die dissentierenden Mitglieder werden aber insofern majorisiert, als sie aus einem bestehenden, gültigen (nicht etwa durch Zeitablauf erledigten) Vertragswerk, auch wenn sie an der ursprünglich vereinbarten Fassung festhalten wollen, ausgeschlossen werden; man kann dieses Verfahren als negatives 'contracting-out' bezeichnen[231].

Die Planungen des Rates basieren auf den Informationen über Zinnerzeugung, Zinnverbrauch, Produktionskosten von Zinn, internationalen Zinnhandel und Zinnvorräten, die die Teilnehmerländer ihm zur Verfügung zu stellen haben[232]. Gleichzeitig bezieht er die Zinnbewegungen des Ausgleichslagers in die von ihm regelmäßig zu erstellenden Schätzungen über die voraussichtliche Zinnerzeugung und den voraussichtlichen Verbrauch an Zinn mit ein[233]. Untersuchungen über die Ver-

[227] Art. IV C der ersten 3 Abkommen, Art. 12 bzw. 14 des 4. und 5. Abkommens.

[228] Baranyai / Mills, S. 138.

[229] Vgl. Fox, S. 265.

[230] Art. XVIII des 1. und 2. Zinnabkommens, XXI des 3. und Art. 51 und 55 des 4. und 5. Zinnabkommens.

[231] Zum System des 'contracting-out' vgl. Günther Schulz, Entwicklungsformen internationaler Gesetzgebung, Göttingen 1960, S. 54 ff. und Verdross / Simma, Universelles Völkerrecht, Berlin 1976, S. 326 f. und 370 ("opting-out").

[232] Art. IV D der drei ersten Abkommen, Art. 8 bzw. 7 des 4. und 5. Abkommens.

[233] Art. VII 2 der beiden ersten, IV 22 des dritten und Art. 8 bzw. 9 des 4. und 5. Abkommens.

wendungsmöglichkeiten von Zinn[234], die Markttendenz und alternative Finanzierungsmöglichkeiten des Buffer Stock ergänzen das Planungsinstrumentariums des Rates[235]. Kontakte zu den Vereinten Nationen, ihren Sonderorganisationen und der Welthandelskonferenz (UNCTAD)[236] erschließen zusätzliche Informations- und Koordinationsmöglichkeiten. Die Klausel in allen Abkommen, wonach die Teilnehmerländer eine Verlagerung der Zinnerzeugung von leistungsschwachen auf leistungsfähigere Unternehmen zu fördern haben[237], betont die ökonomische Rationalität, die über der Marktregulierung nicht vergessen werden sollte; Informationen über ihre Befolgung stehen nicht zur Verfügung; ihrer Durchsetzung dürften die entwicklungspolitischen Ziele der neueren Abkommen (z. B. Präambel u. Art. 1 des 5. ZinnAbk) entgegenstehen.

Besondere Aufmerksamkeit erforderten die Käufe und Verkäufe aus nichtkommerziellen Vorratslagern[238], speziell aus der strategischen Zinnreserve der USA. Kontakte und informelle Absprachen führten über die Abkommen hinweg in kritischen Situationen zumeist zu einer wohlwollenden Berücksichtigung der Beurteilung des Zinnrats über die internationale Lage der Zinnmärkte durch die USA, die ihrerseits an einer nachhaltigen Störung der Zinnproduktion und des Handels auch aus Versorgungsgesichtspunkten nicht interessiert sein konnten[239].

Der Buffer Stock (Ausgleichslager) bildet den Kern der internationalen Zinnregulierungen; er erfüllt drei Funktionen: zur Stabilisierung der Preise kann er aktiv in den Zinnmarkt durch An- oder Verkäufe eingreifen, er bildet eine Rückversicherung gegen die Folgen scharfer Preissprünge und er investiert das jeweils gerade nicht gebrauchte Kapital, das ihm zur Verfügung steht. Die Erzeugerländer leisten dazu an den Buffer Stock Zinnmetall oder dessen Gegenwert in Geld bis zu einer Gesamthöhe von 20 000 to, aufgeschlüsselt nach der jeweiligen Erzeugungsquote[240]. Zusätzlich können dem Buffer Stock freiwillige

---

[234] Art. 8 bzw. 9 des 4. bzw. 5. ZinnAbk.

[235] Art. 9 des 5. ZinnAbk.

[236] Art. IV des 1., 2. und 3. Abk., 8 bzw. 7 des 4. und 5. Abkommens; über das Internationale Arbeitsamt (ILO) könnte der Rat so z. B. die in den Abkommen enthaltene Klausel über gerechte Arbeitsbedingungen in der Zinnwirtschaft (Art. XV, XV, XVI, 38 und 42 des Abk. in zeitl. Reihenfolge) substantiieren.

[237] Art. XIV (b), XIV 2. (6), XVII 2 (b), 39 c) ii), 41 c) ii) des 1. - 5. Abk.

[238] Art. XIV (c), XIV 2, c, XVIII, 40, 43 des 1. - 5. Abk.

[239] John Edwards, The International Tin Agreement, in: JWTL Vol. 3 (1969), 237 - 250 (247); s. auch: Die Rohstoffpolitik, Studie unter Leitung von Patrick Bonazza, Brüssel 1976, Bd. II, S. 310 f.

[240] Im ersten Abk. noch 25 000 to.; vgl. Art. VIII, VIII, X, 21 und 21 des 1. - 5. Abk.; obwohl die Produzentenländer teils in Metall, teils in Geld leisten sollten, haben sie in der Praxis ihren Beitrag immer in Geld geleistet, s. Barkman, S. 498 Fn. 7; seit 1969 besteht eine spezielle "buffer stock facility"

Beiträge angedient werden; seit dem 4. Zinnabkommen sind die Verbraucherländer dazu besonders aufgefordert[241], seit dem 5. Zinnabkommen bis zu einer Höchstmenge von weiteren 20 000 to Zinn oder dessen Gegenwert in Geld. Seit dem 2. Zinnabkommen ist der Rat auch ermächtigt, für die Zwecke des Ausgleichslagers Kredite aufzunehmen[242]; das Erfordernis der einstimmigen Zustimmung zum Kreditumfang durch die Erzeugerländer (3. - 5. Zinn Abk.) trägt der Tatsache Rechnung, daß sie die obligatorische Finanzierung des Stocks übernehmen[243]. Entsprechend den Beitragsverpflichtungen ist mit Beendigung eines Zinnabkommens die Auflösung der Buffer Stocks vorgesehen, nach dem 1. Abkommen einer einfachen Realteilung ähnelnd, seit dem 2. unter Berücksichtigung der Deportierungszeiträume und evtl. Gewinnanteile berechnet[244]. Zur Handhabung der Ausgleichsreserve ist ein 3teiliges Preisband vorgegeben mit einem unteren, mittleren und oberen Sektor, begrenzt von einem Niedrigst- und einem Höchstpreis, die vom Rat unter Berücksichtigung bestimmter Preisfaktoren[245] festgesetzt werden. In den ersten 3 Abkommen waren die Managementregeln einfach: der Buffer Stock Manager konnte Zinn kaufen, wenn der Preis im unteren Sektor lag, und verkaufen im oberen Sektor; im mittleren Preisabschnitt tätigte er Geschäfte nur auf besondere Ermächtigung des Rates. Erreichte der Zinnpreis an der Londoner Metallbörse (London Metal Exchange/LME) den Höchstpreis oder lag er

---

beim internationalen Währungsfonds (IMF); danach können Entwicklungsländer mit Zahlungsbilanzproblemen Sonderziehungsrechte (SDR's) zur Zahlung ihrer Ausgleichslagerbeiträge in Anspruch nehmen, dazu Fox, S. 275 f. und Klaus Boeck, Die währungspolitischen Forderungen der Entwicklungsländer, Hamburg 1978, S. 43 ff.

[241] Vgl. die Art. VIII 5, VIII 7, X 7, 22 und 22 der Abk. 1 - 5; freiwillige Beiträge der Niederlande und Frankreichs in Höhe von 1,9 Mio. £ hatten während der 4 Zinnabkommen die „Kaufkraft" des Buffer Stock wesentlich erhöht, vgl. Fox, S. 273.

[242] Art. VIII 6, X 6, 24 und 24 des 2. - 5. Zinnabkommens.

[243] Während der Laufzeit des 3. Abk. hat man dennoch lieber eine Exportbeschränkung vereinbart, als überschüssiges Zinn mit geliehenem Geld aus dem Markt zu nehmen, weil der aktuelle Zinssatz zu hoch erschien, s. Fox, S. 275.

Mangels einer Ermächtigung im Text des 1. Abkommens konnten während seiner Laufzeit notwendige Zusatzmittel für den Buffer Stock nicht auf diesem Wege besorgt werden. Konsumentenländer schufen deshalb einen Special Fund, der dem Stock Manager zur Verfügung gestellt wurde. Rechtliche Probleme, die daraus dem Abkommen hätten erwachsen können, löste der Rat, indem er sie ignorierte, Fox, S. 291.

[244] Vgl. Art. XI des 1., XI 6 des 2., XIII 6 b (iii) des 3., Art. 29 - 32 und Anl. H. des 4. und Art. 25 des 5. ZinnAbk.

[245] Entwicklung der Zinnerzeugung, Produktionskosten, Relation Erzeugung zu Verbrauch, Förderkapazität usw. s. Art. VI 3, VI 4. (b), VI 4 (b), 19 d) ii), und 27 d) ii) der Abkommen 1 - 5. Die Preisfestsetzung ist ökonomisch und politisch äußerst delikat und wird vom Rat sehr vorsichtig gehandhabt; manchmal dem tatsächlichen Preistrend erheblich nachhinkend.

darüber, so hatte der Buffer Stock Manager Zinn zum Höchstpreis anzubieten, bis der Preis sank oder sein Vorrat erschöpft war; lag der Börsenpreis am Mindestpreis oder darunter, so hatte er Kaufangebote zum Mindestpreis abzugeben, bis der Preis entweder stieg oder seine Mittel erschöpft waren[246]. Mit dem 4. Zinnabkommen wurden diese Handlungsanweisungen an den Buffer Stock Manager flexibler gestaltet: er kann sowohl im oberen wie im unteren Preisabschnitt kaufen und verkaufen, vorausgesetzt, er ist im oberen Sektor Nettoverkäufer und im unteren Nettokäufer von Zinn[247]. So können die Buffer Stock Operationen verdeckt, verteilt über verschiedene Broker Firmen und sogar gegenläufig unternommen werden, so daß mit oder gegen den Bufferstock zu spekulieren schwieriger geworden ist. Darüber hinaus erlaubt die neue Regelung dem Manager, Zinn zum Marktpreis anzubieten, wenn der Höchstpreis erreicht oder überschritten wird und nicht wie zuvor, nur zum Höchstpreis (auch bei höherem Marktpreis). William Fox, der langjährige Sekretär des Internationalen Zinnrats (1956 bis 71) hält diese Änderung für nicht diplomatisch durchdacht, weil so die formale Gleichheit für Verbraucher und Produzenten bei der Verteidigung des Höchst- bzw. Mindestpreises aufgegeben wurde[248], wenngleich er einräumt, daß die Regelung zuvor unpraktisch war, und er fürchtet, jetzt könne der Manager dazu verleitet werden, Zinn zurückzuhalten, um später, bei noch weiter gestiegenen Preisen, profitabler zu verkaufen[249].

Termingeschäfte mit Zinn abzuschließen, ist dem Manager ebenfalls erlaubt, sie dürfen nur nicht länger terminiert sein, als das jeweilige Abkommen abgeschlossen ist[250]. Einen wesentlichen Einbruch in das vereinbarte Abkommensgefüge können Wechselkursänderungen bedeuten; sie lösen deshalb sofortige Preisüberprüfungen aus und können zu einer Aussetzung der Geschäftstätigkeit des Ausgleichslagers führen[251]. Seit Juli 1972 bezieht sich der Preisrahmen, der zuvor in Pfund Sterling ausgedrückt und auf die LME ausgerichtet war, auf malaysische Dollar und die Penang-Zinnbörse als Leitmarkt, weil der malaysische Dollar im Gegensatz zum floatenden Kurs des britischen Pfundes mehr Stabilität versprach[252].

---

[246] Art. IX im ersten und zweiten, Art. XI im 3. Zinnabkommen.

[247] Art. 25 des 4. und Art. 28 des 5. Zinnabkommens.

[248] Fox, S. 379.

[249] Ders., S. 272; der Manager ist aber nicht mehr gezwungen, Zinn zum Abkommenshöchstpreis anzubieten, wenn der Börsenpreis weit höher liegt.

[250] Art. IX 3 des 1. und 2., XI 5 des 3., 25 und 28 des 4. und 5. Abk.

[251] Art. X des 1. und 2., XII des 3. und Art. 29 bzw. 31 des 4. und 5. Zinn-Abk.

[252] Barkman, S. 499.

Trotz des Buffer Stock-Instrumentariums waren die Abkommens-Teilnehmer von Anfang an der Meinung, daß long-term Überschüsse in der Zinnproduktion wirksam nur durch Export-Beschränkungen bekämpft werden könnten[253]. Daher ist dem Rat die Befugnis eingeräumt worden, Ausfuhrüberwachungszeiträume festzusetzen, während der die zugelassene Gesamtausfuhrtonnage auf die Erzeugerländer im Verhältnis ihrer Ausfuhren einer vorangegangenen Referenzperiode aufgeteilt wird[254]. Grundsätzlich soll der Rat solche Exportkontrollen nur beschließen, wenn der Lagerbestand im Buffer Stock mindestens 10 000 to beträgt.

Um die Ansammlung von die Regulierung gefährdenden hohen Vorräten zu verhindern, dürfen die einzelnen Erzeugungsländer nur Vorratslager in beschränkter Höhe unterhalten[255].

Bereits während der Laufzeit des ersten Zinnabkommens war das Problem aufgetaucht, wie die Tauschgeschäfte, die die USA zur Aufstockung ihres strategischen Zinnlagers mit einigen Produzenten abgeschlossen hatten, in denen Zinn gegen überschüssige agrarische Produkte ausgetauscht wurde (u. a. wegen der Dollarknappheit in einigen Mitgliedsländern), im Rahmen des Abkommens zu bewerten seien. Der Rat beschloß 1958, daß diese Geschäfte nicht gegen die erlaubten Ausfuhrmengen aufgerechnet werden sollten[256]. Seit dem 2. Abkommen sind solche oder ähnliche Geschäfte, für staatliche Vorräte bestimmt, in den Abkommen als Sonderausfuhren geregelt[257].

Den zahlreichen Varianten zur Verteidigung des Mindestpreises, und damit gegen Überflußsituationen, steht nur wenig oder fast keine Vorsorge gegen eine Mangellage gegenüber. Zunächst kann der Rat Produktionssteigerungen empfehlen[258]; nach den beiden ersten Abkommen konnte er auch Verteilungsverträge zwischen den Mitgliedern und zwar zum Höchstpreis empfehlen[259]; nach den drei letzten Abkommen kann er die Teilnehmerländer auffordern, Vereinbarungen mit ihm (dem

[253] Fox, S. 267.

[254] Art. VII der drei ersten Abkommen, Art. 33 ff. bzw. 32 ff. des 4. und 5. Abkommens.

[255] Im ersten Abkommen auf 25 % der Jahresproduktion (Art. XII) beschränkt, in den folgenden Abkommen in konkreter Mengenangabe ausgedrückt, s. Art. XII und Anl. E des 2. Abk., Art. XIV u. Anl. E des 3. Abk., Art. 36 und Anl. E des 4. und Art. 39 u. Anl. D des 5. Abkommens; Überschüsse können aber als Sondereinlagerungen dem Bufferstock Manager zur Verfügung gestellt werden, vgl. Art. VII 16 des 2. und IX des 3. und Art. 35 und 38 des 4. und 5. Abkommens.

[256] Fox, S. 306 ff.

[257] Art. VII des 2., VIII des 3., 34 bzw. 37 des 5. Abk.

[258] Art. XIII 2. (a) des 1. Zinnabkommens, Art. XIII 2 (ii) des 2., Art. XXV des 3. und Art. 37 (b) i) des 4., 40 a) ii) des 5. Abk.

[259] Art. XIII 2. b) bzw. Art. XIII 2. (ii) der Abk.

Rat) zu treffen, um eine geregelte Verteilung des verfügbaren Zinns zu gewährleisten[260]. Nach dem 5. Abkommen kann er außerdem jede geltende Ausfuhrüberwachung beenden und den Erzeugerländern bevorzugte Belieferung der Verbraucherländer des Zinnabkommens empfehlen[261].

Die Hauptproduzenten von Zinn, Entwicklungsländer, für die der Erlös aus der Zinnerzeugung erheblich zum Deviseneinkommen beiträgt[262], waren und sind Teilnehmer aller Zinnabkommen der Nachkriegszeit. Da sie etwa 90 % der Zinnminenproduktion auf sich vereinen, bestand oder besteht nicht die Gefahr, von Außenseiterproduzenten aus dem Markt gedrängt zu werden[263].

Von den Hauptverbrauchern von Zinn trat Japan bereits dem 2. Abkommen bei, die UdSSR und die BRD (im Rahmen der EWG-Länder) dem vierten und die USA sind erst mit dem 5. Zinnabkommen Mitglieder geworden[264]. Die Mitgliedschaft der EWG als solcher war zunächst auf Widerstand der Ostblock-Länder und einiger Produzentenländer, die die Stimmen-Macht der EWG fürchteten, gestoßen. Gegen die Stimmen der Staatshandelsländer und bei Stimmenthaltung der Produzentenländer akzeptierte die Konferenz zur Aushandlung des 4. Zinnabkommens eine Formel, die die Teilnahme der EWG ermöglichte; sie bekam kein eigenes Stimmrecht; die Stimmen der Mitgliedstaaten der EWG konnten jedoch gemeinsam abgegeben werden[265]. Das 5. Zinnabkommen räumt der EWG weitergehende Rechte ein: sie wird hinsichtlich der Teilnahmebedingungen den Staaten gleichgestellt; sie soll als solche aber nicht stimmberechtigt sein, darf bei Abstimmungen über Fragen ihres Zuständigkeitsbereichs die Stimmen der Mitgliedstaaten (gemeinsam) abgeben[266]; die Formel trägt den Bedenken gegen die volle Anerkennung der EWG als internationale handelspolitisch für die Mitgliedstaaten handlungsfähige supranationale Organisation Rechnung, ermöglicht aber dennoch deren praktische Durchsetzung[267].

---

[260] Art. XV 2 (b), 37 b) ii), 40 e) des 3., 4. und 5. Abk.

[261] Art. 40 a) i) und 7) des 5. Abk.

[262] Malaysia, Indonesien, Thailand, Bolivien, Nigeria, Zaire; zum Deviseneinkommen vgl. Jere R. Behrman, International commodity agreements, Washington D. C. 1977, S. 72/73 (Table 13).

[263] Lediglich die USA mit ihrem strategic stockpile und zeitweise die UdSSR störten auf den Zinnmärkten mit zusätzlichen Angeboten, vgl. Rowe, S. 172; Fox, S. 252 f.

[264] Die Begründung für die Mitgliedschaft der USA dürfte eher entwicklungspolitischem als wirtschaftlichem Denken zu verdanken sein.

[265] Art. 50 des 4. Zinnabkommens; dazu Fox, S. 251; nach Fox akzeptierte die britische Regierung als Depositar auch die Signatur der EWG; seit dem 5. Zinnabkommen ist der UN Generalsekretär Depositar.

[266] Art. 54 des 5. Zinnabkommens.

Eine anhaltende Preishausse für Zinn in den letzten Jahren[268] hat dazu geführt, daß trotz Erhöhung der Niedrigst- und Höchstpreise im Rahmen des Abkommens der Buffer Stock seit Januar 1977 ausverkauft ist. Die Verteidigung des vereinbarten Höchstpreises ist somit nicht möglich, das Abkommen erfüllt insoweit nicht die geplante Funktion.

IV. Kaffeeabkommen

Das erste internationale (regionale) Kaffeeabkommen wurde 1940 geschlossen und bestand bis Sept. 1948[269]. Es war eine Folge der Konferenzen von New York und Havanna zur „Verteidigung der westlichen Hemisphäre gegen das Übergreifen des Totalitarismus"[270], in denen die USA Lateinamerika ihren politischen Zielen verpflichteten. Dieses Inter-American Coffee Agreement teilte den teilnehmenden südamerikanischen Staaten Exportquoten für den Export in die USA und für den Markt außerhalb der USA zu[271]. Zur Überwachung des Kaffeehandels dienten besondere Warenbegleitpapiere der Ausfuhrländer und eine Importkontrolle der USA[272].

Ein "Inter-American Coffee Board" fungierte als Rat der Organisation, der das "Executive Committee" und andere Ausschüsse bestellen und das Sekretariat einrichten sollte[273].

Die Stimmenverteilung im Board war so austariert, daß die Kaffeeexportländer 24, die USA als einziges (und gleichzeitig wichtigstes überhaupt) Importland 12 Stimmen einbrachten[274], wobei Entscheidungen grundsätzlich mit einfacher Mehrheit getroffen werden sollten; ein Quorum von 75 % aller Stimmen schloß indes aus, daß ohne die Anwesenheit der USA Beschlüsse überhaupt gefaßt werden konnten und Ausnahmevorschriften brachten das allgemein- und handelspolitische Gewicht der USA zur Geltung[275].

---

267 Über die Schwierigkeiten der innergemeinschaftlichen Koordination vgl. Ural Ayberk, Le Méchanisme de la prise des décisions communautaires en matière de relations internationales, Bruxelles 1978, S. 507 ff.

268 Vgl. Welt Konjunktur Dienst 4/78, S. 62 und 2/79, S. 61 f.

269 Text in: AJIL, Supplement, Vol. 35 (1941), S. 160 - 171.

270 Vernon D. Wickizer, The World Coffee Economy, 2nd. printing Stanford Cal. 1949, S. 175.

271 Art. I und II des Abk.

272 Art. VI und VII des Abk.

273 Art. IX - XII.

274 Art. XV.

275 Art. III, VIII, XIV; z. B. konnte der Rat mit $^1/_3$ Minderheitsstimmen in gewissen Fällen unbeschränkte Quotenerhöhung für den US-Markt beschließen, — d. h. die Stimmen der USA alleine reichten aus —; eine Kürzung

Nach Auslaufen dieser vor allem von den USA politisch motivierten Kaffeemarkt-Regulierung blieb der internationale Kaffeehandel zunächst sich selbst überlassen[276], bis schließlich die Produzenten in der Folge des Mexico City-Abkommens von 1957 ein Anbieter-Kartell mit Exportbeschränkungen nach Quoten, ab 1959 unter Einschluß afrikanischer Kolonialproduzenten, zu installieren versuchten[277]. Eine Coffee Study Group, zusammengesetzt aus Vertretern aus Erzeuger- und Verbraucherländern, arbeitete Vorschläge für Rohstoffabkommen i. S. der Havanna Charter aus; aber erst die Punta del Este Konferenz der „Allianz für den Fortschritt" machte den Weg frei für ein Kaffeeabkommen unter Beteiligung der wichtigsten Verbrauchsregionen, als die USA, politisch motiviert durch die kubanischen Querelen, ihre Bereitschaft ankündigten, an einem Abkommen teilzunehmen[278].

Das erste Internationale Kaffee-Abkommen[279] stammt aus 1962, das zweite wurde 1968 abgeschlossen[280], zerbrach aber 1971 bei einem Streit zwischen den Produzenten und den USA, die sich gegen die Bildung einer eigenen Produzentengruppe wehrten, die daran ging, das Angebot einseitig zu regeln[281]. Dieses Abkommen wurde 1973[282] und 1975[283] ohne wirtschaftliche Bestimmungen protokollarisch verlängert, um die Internationale Kaffee-Organisation zu erhalten, ein Forum für die Aushandlung eines neuen Kaffeeabkommens zu behalten und um eine sachverständige Zentralstelle für die Sammlung und Verbreitung statistischer Angaben über den internationalen Kaffeehandel in Funktion zu halten, besonders hinsichtlich der Preise, Ausfuhren, Einfuhren, Vorräte, Verteilung und Verbrauch, Erzeugung und Produktionstrends[284]. Inzwischen hatten sich seit 1974 neue Anbieterkartelle (Cafe Mundial) gebildet, teils mit venezolanischen Ölgeldern finanziert, die schließlich

---

der Quoten über das halbjährliche 5 % Limit des Art. III hinaus konnte aber nur einstimmig (Art. VIII) beschlossen werden. Insgesamt war das Abkommen "highly successful in assuring Latin American adherence to United States political objectives", so Wickizer, World Coffee Economy, S. 192.

[276] Von einzelnen nationalen Eingriffen abgesehen.

[277] Alexander Bohrisch, Internationale Rohstoffabkommen auf dem Kaffeemarkt nach dem 2. Weltkrieg, Diss. Göttingen 1965, S. 34 ff.

[278] Baranyai / Mills, S. 158; die USA verbrauchen mehr als die Hälfte der jährlichen Welt-Importe.

[279] Text in: BGBl 1963 II, S. 917 ff.

[280] Text in: BGBl 1968 II, S. 667 ff.; diesem Abkommen war ein heftiger Streit zwischen den USA und Brasilien um Quoten, Exportzöllen und Ausgleichsabgaben für Pulverkaffee vorausgegangen.

[281] Vgl. dazu die Schriftliche Anfrage Nr. 176/72 (Vredeling) an die Kommission der EG und deren Antwort v. 7. Nov. 1972, ABl EG Nr. C 122 v. 24. 11. 1972, S. 5 f.

[282] BGBl 1974 II, S. 100.

[283] BGBl 1975 II, S. 1789.

[284] Art. I der verl. Fassung von 1973.

20 % des zum Export vorgesehenen Kaffees vom Markt fernhielten[285]. Die katastrophalen Fröste in Brasilien 1975 veränderten die Situation auf dem Weltmarkt so, daß 1976 ein neues Internationales Kaffee-Abkommen zwischen Erzeuger- und Verbraucherstaaten abgeschlossen werden konnte[286].

Die Verwaltungsstruktur der Kaffeeabkommen entspricht den bekannten internationalen Organisationsformen: der internationale Kaffeerat[287] ist die höchste Instanz der Organisation; ein Verwaltungsausschuß, als Exekutivdirektorium bezeichnet, wird vom Rat gewählt und arbeitet nach dessen allgemeinen Weisungen in dem ihm delegierten Aufgabenkreis[288]. Das Sekretariat wird von einem Exekutivdirektor (Sekretär) geleitet, der, ebenso wie das übrige Verwaltungspersonal, als internationaler Beamter am Kaffeegeschäft finanziell nicht beteiligt und von außerhalb der Kaffeeorganisation keine Weisungen einholen oder entgegennehmen darf[289]. Ein besonderer Ausschuß verwaltet den Werbefonds, der durch Ausfuhrabgaben finanziert wird und gezielter Absatzförderung dienen soll[290].

Die Stimmen im Internationalen Kaffeerat sind nach dem üblichen Verfahren gewogen, Beschlüsse und Empfehlungen kommen mit beiderseitiger einfacher Mehrheit zustande, es sei denn, der Vertrag sieht qualifizierte Mehrheiten vor[291]. Im Exekutivdirektorium (Verwaltungsausschuß) verfügt jedes Mitglied über die Anzahl von Stimmen, die bei der Wahl im Kaffeerat auf ihn entfallen sind[292]. In der Praxis des Abkommens läßt man es gar nicht zu Abstimmungskonfrontationen kommen, es werden bereits vor und außerhalb der offiziellen Ratssitzungen in kontroversen Fragen Kompromisse ausgehandelt[293].

---

285 Karen A. Mingst, Economic Determinants of International Commodity Regulations, in: JWTL Vol. 13 (1979), S. 158 (165 f.).

286 Text in: ABl EG Nr. L 309 v. 10. 11. 1976; Marktübersicht in: Shamsher Singh / Jos de Vries / John C. L. Hulley / Patrick Yeung, Coffee, Tea and Cocoa, Baltimore und London 1977, S. 24 ff.

287 Art. 8 des Abk. v. 1962 und 1968, Art. 9 des Abk. v. 1976.

288 Art. 15 ff. der beiden ersten Abkommen, Art. 16 ff. des Abk. v. 1976; das Direktorium setzt sich aus 8 Ausfuhrmitgliedern und 8 Einfuhrmitgliedern zusammen.

289 Art. 20 Kaffeeabk. 1962 und 1968, Art. 21 des Abk. 1976.

290 Art. 46 des Abk. 1962 und 1968, Art. 47 KaffeeAbk. 1976.

291 z. B. 2/3 Mehrheit für Beschlüsse, die eine Ausfuhr- oder Einfuhrregulierung betreffen, Art. 35 (3) bzw. 36 (3) der Abk. 1962 und 1968, Art. 28 des Abkommens 1976; im übrigen s. Art. 12 - 14 der ersten beiden, Art. 13 - 15 des Abkommens von 1976.

292 Art. 18 bzw. 19 der Abk. 1962/68 bzw. 1976; ein ähnliches Verfahren praktiziert der Internationale Währungsfonds in seinem Exekutivdirektorium, Abschnitt 3 des Abkommens über den Internationalen Währungsfonds v. 1./22. Juli 1944 i. d. F. v. 30. 4. 1976, BGBl 1978 II, S. 13.

Zur Regulierung des Welt-Kaffeemarktes werden Quoten- und Nichtquotenmärkte bestimmt und den Ausfuhrländern Grundquoten zugeteilt[294]. Der Rat setzt jährlich eine Gesamtquote fest, in dessen Rahmen für die Ausfuhrmitglieder jährlich feste und veränderliche Ausfuhrquoten errechnet werden, die in vierteljährliche Planquoten umgerechnet die tatsächlich zulässige Exportmenge während des bestimmten Zeitraums ausmacht[295]. Die Quoten sollen preisabhängig mit Hilfe eines Systems von Indikatorpreisen und Preisspannen nach Sorten gesteuert werden, wobei Erzeugungs- und Verbrauchstendenzen, aber auch Veränderungen im Weltwährungssystem und allgemeine Preisentwicklungen berücksichtigt werden sollen[296].

Die internationalen Kaffeebewegungen werden erfaßt und überwacht durch ein im einzelnen festgelegtes System von Ursprungszeugnissen, Kaffeeausfuhrmarken und Kontrollen[297]. Wenn Quoten in Kraft sind, dürfen die Kaffee-Einfuhren aus Nichtmitgliedsländern die Einfuhren einer bestimmten Referenzperiode nicht überschreiten[298].

Der Versuch, mit Hilfe von vereinbarten Produktionszielen und eines Umstrukturierungsfonds das Kaffeeangebot langfristig zu lenken (in

[293] Nach Interviews d. Verf. mit Exekutiv-Personal der ICO, London, April 1979.

[294] Art. 29 - 32 Kaffeeabk. 1976; ähnliche Regelung in Art. 28 ff. der Abkommen 1962 und 1968.

[295] Art. 34 - 37 Abk. 1976.

[296] Art. 33 und 38 Kaffeeabkommen 1976; eine bemerkenswerte Veränderung, weil in den Abkommen zuvor lediglich ständige Marktbeobachtung vorgesehen war, Art. 43 des Abk. 1962 und 1968. Seit der Kaffee-Hausse nach 1975 (Julifröste in Brasilien) sind jedoch keine neuen Preisspannen (oder Interventionspreise) vereinbart worden; die Preisbemessung (Börsenpreis, Kostenpreis) ist zwischen Verbrauchern und Erzeugern streitig geblieben.

[297] Art. 43 ff. Abk. 1976; monatlich werden Tausende von Dokumenten bearbeitet, computerisiert und die zusammengefaßten Ergebnisse als printouts an die Mitglieder versandt, vgl. International Coffee Organization, Basic Information, London o. J. (1978/79), S. 5; s. auch Anhang zum Abk. 1976, Regeln der Internationalen Kaffee-Organisation für die Anwendung eines Systems von Ursprungszeugnissen in quotenfreien Zeiten; dazu auch die Aufhebbare Dreiundvierzigste Verordnung zur Änderung der Außenwirtschaftsverordnung und Ausfuhrliste Anl. AL BTDrS 8/3040 und 8/3038 und VO (EWG) Nr. 2436/79 v. 9. 10. 79 mit Anlagen, ABl EG Nr. L 282 v. 12. 11. 79; dazu auch §§ 16 a, 20 c, 29 a und 35 b der AWV (Außenwirtschaftsverordnung) und die Erläuterungen in VSF (Vorschriftensammlung der Bundesfinanzverwaltung) unter Nr. A 0618 und A 0718 (Dienstanweisung zum RA AW Nr. 26/76 v. 8. 10. 76, BAnz. Nr. 193 v. 12. 10. 76). Inzwischen ist es wegen sinkender Kaffeepreise auf den Weltmärkten zur Einführung eines Quotensystems gekommen, nachdem der Versuch der Kaffeeexporteure, durch Kartellabsprachen (der Produzenten) den Preis zu stützen, scheiterte, dazu Handelsblatt v. 10. 9. 80, Neue Zürcher Zeitung v. 25. 9. 80, VWD/NfA v. 6. 10. 80, Handelsblatt v. 6. 10. 80 und RdErl. AW Nr. 32/80 v. 28. 10. 80, BAnz. Nr. 205 v. 31. 10. 80.

[298] Art. 45 d. Abk. v. 1968 und 1976; das geschieht, damit Nichtmitgliedsländer nicht ihre Ausfuhren auf Kosten der Mitgliedsländer erhöhen können.

der Hauptsache wohl: zu senken) wurde in das Abkommen von 1976 nicht übernommen[299], der Entwicklungshilfe-Aspekt kommt lediglich in einer Absichtserklärung, die Ausfuhr von Fertigwaren einschließlich verarbeiteten Kaffees möglichst nicht zu behindern, zum Ausdruck[300], und in einer Erklärung zu einer möglichen Produktionspolitik, die auch die Förderung von Diversifizierungsmaßnahmen einschließen kann[301].

Im planerischen Bereich fungiert die Kaffeeorganisation als Informationszentralstelle[302], die gleichzeitig die Maßnahmen und Methoden des Sammelns und der Verarbeitung statistischer Angaben auf dem Kaffeesektor optimieren soll (eine sehr wichtige Aufgabe auf dem hektischen Kaffeemarkt), und Untersuchungen anstellt über die Möglichkeit, das Quotensystem durch eine Art internationaler Vorratshaltung (international stock arrangements) zu ergänzen[303]. Bemerkenswert ist, daß das Kaffeeabkommen erstmals die in der Havanna-Charter festgelegte zeitliche Begrenzung von 5 Jahren für Rohstoffkontrollabkommen durchbrochen hat und explizit als Geltungsdauer 6 Jahre angibt[304].

Das Kaffeeabkommen erfaßt etwa 99 % der Weltproduktion und 90 % des Welt-Kaffee-Verbrauchs[305]; von Anfang an waren Gruppenmitgliedschaften von Regionalorganisationen der Erzeuger vorgesehen[306], seit dem Abkommen von 1976 ergänzt um eine EWG-Klausel[307].

---

[299] Art. 48 der Abkommen 1962 und 1968, der Umstrukturierungsfonds war in Art. 54 des Abk. von 1968 enthalten.

[300] Art. 46 Kaffeeabkommen 1976.

[301] Art. 50.

[302] Art. 53 Kaffeeabk. 1976, Art. 55 Abk. 1968, Art. 58 Abk. 1962.

[303] ICO, Basic Information, S. 6; zum Vorschlag eines Buffer Stock Mechanismus vgl. Jos de Vries, Structure and Prospects of the World Coffee Economy, Washington 1975, S. 51 f.

[304] Art. 68 Kaffeeabkommen 1976.

[305] ICO, Basic Information, S. 1; s. auch Übersichten in: Le Courrier No. 59, Janvier - Février 1980, S. 49 - 73.

[306] Art. 5 Abk. 1962 und 1968, Art. 6 des Abk. 1976; Gruppenmitgliedschaft besteht z. B. hinsichtlich der OAMCAF (Organisation afrikanischer und madegassischer Kaffeeproduzenten) Kamerun, Zentral-Afrikanisches Kaiserreich (bzw. wieder Republik), Kongo, Gabun, Elfenbeinküste, Madagascar, Togo.

[307] Art. 4; danach hat die EWG zwar keine eigenen Stimmen, kann jedoch, wo sie zuständig ist, die Stimmen der Mitglieder gemeinsam abgeben; die Kommission hat ihren Platz an der Seite des jew. Ratspräsidenten-Landes, jedoch ohne Namensschild, s. auch Art. 3 der Verlängerung des Abk. 1968 von 1973; dazu Gottfried Zieger, Die Stellung der Gemeinschaft und ihrer Organe in internationalen Organisationen, in: KSE Bd. 25 (1974), S. 103 ff. (140).

V. Kakaoabkommen

Die Geschichte der internationalen Zusammenarbeit auf dem Kakao- und Schokoladensektor reicht weit zurück, ist aber über hygienisch-technische Kooperation (Standardisierungen)[308] und einzelne Kartellierungsversuche im Handel[309] bis 1972 nicht hinausgekommen. Die Cocoa Study Group der FAO hatte zunächst Vorschläge für ein Internationales Kakaoabkommen ausgearbeitet, aber erst die Bemühungen im Rahmen der UNCTAD[310] führten zum Abschluß des Internationalen Kakaoabkommens von 1972[311], das mit dem Abkommen von 1975 fortgesetzt wurde[312].

Die Struktur der International Cocoa Organization (ICCO) unterscheidet sich nicht wesentlich von den schon erwähnten Rohstofforganisationen, gruppiert aber Elemente der verschiedenen Abkommen zusammen.

Der Internationale Kakao-Rat, das Exekutive Committee (Verwaltungsausschuß), Exekutivdirektor und Personal[313] sowie die Buffer Stock-Verwaltung[314] bilden das Gerüst der Organisation.

Die Stimmen im Rat sind gleichmäßig zwischen Produzenten und Verbrauchern aufgeteilt (1000 : 1000), innerhalb der Gruppen entsprechend den vereinbarten Ausfuhrgrundquoten bzw. dem Anteil an den Kakao-Einfuhren verteilt[315]. Abstimmungen finden mit beiderseitigen einfachen Mehrheiten statt, Sonderabstimmungen (in bes. wichtigen Angelegenheiten) erfordern doppelte Zweidrittelmehrheiten[316]. Wird die erforderliche Mehrheit nur knapp verfehlt, so wird ein besonderes Verfahren sukzessiver Abstimmungsfolgen eingeleitet, um eine Ent-

---

[308] Vgl. Tetteh A Kofi, The International Cocoa Agreements, in: JWTL 1977, S. 37 (S. 40 Fn. 9).

[309] s. Pierre Michel Eisemann, L'Accord International sur le Cacao, in: Annuaire Français de Droit International, XXI (1975), S. 738 (746).

[310] Dazu und den entsprechenden Bemühungen der FAO, UN und UNCTAD s. Ernst U. Petersmann, Das Internationale Kakaoabkommen 1972, in: ZaöRV Bd. 33 (1973), S. 489 ff.; beim Abschluß des Kakaoabkommens zeigt sich erstmals die Führungsrolle der UNCTAD anstelle von ECOSOC, FAO oder GATT in den UN-Kakaokonferenzen.

[311] Auf der Genfer UN-Kakaokonferenz 1972; das 1. Kakaoabkommen lief vom 30. 6. 1973 bis zum 30. 9. 1976; Text: BGBl II 1973, 1693.

[312] Das Kakaoabkommen von 1975 arbeitet seit dem 1. Oktober 1976 und wurde erneut auf 3 Jahre (mit erleichterter protokollarischer Verlängerungsmöglichkeit) abgeschlossen; Text: BGBl II 1977, S. 1301 und ABl EG Nr. L 321/1976.

[313] Art. 5 des Kakaoabkommens 1972 und 1975; zum Internationalen Personal s. auch: Staff regulations and staff rules, ICCO, PER/SRR/1, 1977.

[314] Art. 20 und 37 ff. beider Abkommen.

[315] Art. 10 beider Abkommen.

[316] Art. 12 und Art. 2 q und r der Kakaoabkommen 1972/75.

scheidung (decision making process) nicht wegen des Widerspruchs eines Ein- oder Ausfuhrmitglieds scheitern zu lassen[317].

Im Exekutivausschuß wird die Stimmenzahl der 8 Einfuhr- und 8 Ausfuhrmitglieder (wie beim Kaffeeabkommen) nach der Anzahl der Stimmen bemessen, die im Wahlakt des Rates auf sie entfallen sind, wobei sogar eine Stimmenumverteilung während des Quotenjahres stattfinden kann[318].

Die Regulierung des Kakaohandels kombiniert ein Ausfuhrquotensystem mit einem Ausgleichslager (Bufferstock), dessen Funktionen durch ein Indikatorpreissystem (Preisrahmen mit Höchst- und Mindestpreisen, Tages- und Bezugspreisen) gesteuert werden[319].

Der Buffer Stock wird durch Abgaben (1 US-cent je engl. Pfund Kakaobohnen) der Kakao-Exporteure bzw. beim Import aus Nichtmitgliedstaaten des Einfuhr-Mitglieds finanziert; in der Praxis werden dazu von der ICCO Marken (stamps) ausgegeben, die auf den vorgeschriebenen Ursprungszeugnissen und Warenbegleitpapieren angebracht werden müssen, deren Durchschläge die ICCO erhält, die auch ein Verzeichnis der Verkaufsverträge unterhält[320].

Das Regulierungsinstrumentarium wird ergänzt durch eine auf die Abkommensteilnehmer bezogene Meistbegünstigungsklausel für den Kakaohandel[321], einer Einfuhrbeschränkung von Kakao aus Nichtmitgliedsländern[322] und einer Klausel über die Sicherstellung der Versor-

---

[317] Dazu Eisemann („une curieuse méthode ..."). Zu den decision making process und die quasidiplomatischen Vorbereitungen vgl. U. K. Hackman, The Executiv Director as a Commodity Diplomat, Address given to the International Seminar for Diplomats, Salzburg, August 1976.

[318] Wenn die „repräsentierten" Mitglieder aus dem Rat mit der Vertretung „ihres" Ausschußmitglieds im Executiv Committee nicht mehr einverstanden sind, vgl. Art. 18 des Abkommens.

[319] Art. 26 ff. (Kapitel VII) der Abkommen; wenn sich der Marktpreis dem Mindestpreis nähert, werden die Ausfuhrquoten gekürzt und das Ausgleichslager kauft Kakao an. Nähert sich der Marktpreis dem Höchstpreis, werden die Quoten schrittweise aufgehoben und das Ausgleichslager gibt die Ware an den Markt ab; im einzelnen zu der Verbindung von Quotenkürzung und Ankauf von Kakaobohnen durch den Bufferstock gegen Abschlagszahlungen vgl. die Art. 39/40 und zu den Verkäufen Art. 40/41 der Kakaoabkommen 1972/75.

[320] Im einzelnen vgl. dazu die Wirtschafts- und Kontrollregeln des Internationalen Kakaorats v. 26. Juli 1976, Text in: Verordnung (EWG) Nr. 2762/76 des Rates v. 19. 10. 1976 über die Anwendung der Wirtschafts- und Kontrollregeln des Internationalen Kakaoübereinkommens von 1975, ABl. EG Nr. L 321, S. 1 - 15 und über die praktische Durchführung: ICCO, Draft Annual Report for the 1977/78 Quota Year (ICC/12/4 v. 2. 2. 1979); zur innerstaatlichen Durchführung vgl. die §§ 20 d und 35 c AWV und Runderlaß Außenwirtschaft Nr. 3/77 vom 30. 12. 76, BAnz Nr. 4 v. 7. 1. 1977, geändert durch RE AW 17/77 v. 30. Juni 77, BAnz Nr. 122 v. 6. 7. 77 (auch in: VSF A 0650, Dienstanweisung A 0750).

[321] Art. 55/56 der Kakao-Abkommen 1972/75.

gung, die seit 1975 sogar ggf. eine Beschränkung der Ausfuhr in Nichtmitgliedsländer anregt[323]. Kritischer Punkt im Interventionssystem des Kakaoabkommens ist der Preis bzw. die Aushandlung des Preisrahmens. Obwohl der Preisrahmen mehrfach heraufgesetzt wurde, lag der tatsächliche Marktpreis bisher während der Laufzeit der Kakaoabkommen weit oberhalb des Abkommenshöchstpreises[324].

Der Buffer Stock Manager sammelt denn auch nur die Abgaben der Export- bzw. Importländer und investiert auf dem Eurodollar-Markt[325].

Sehr wesentlich für die Tätigkeit der ICCO ist ihre Funktion als Zentralstelle für die Sammlung, den Austausch und die Veröffentlichung von statistischen Angaben über Erzeugung, Verkäufe, Preise, Ausfuhren und Einfuhren, Verbrauch und Bestände von Kakao sowie von technischen Informationen über Anbau, Verarbeitung und Verwendung von Kakao[326]. Als problematisch für die langfristige Planung (die notwendig ist, weil Kakaopflanzungen erst nach 5 - 10 Jahren genügend Ertrag versprechen) hat sich der Trend zur Substitution von Kakao durch andere Pflanzenfette bei der Herstellung von Schokolade in der EWG und den USA, verursacht durch die anhaltende Preishausse des Kakaos, bemerkbar gemacht[327].

Die Kakaoabkommen decken mehr als 90 % des Weltkakaoexports ab und erfassen mehr als 70 % der Weltimporte[328].

---

322 Bis zu einer Halbierung dieser Einfuhren, wenn der Bezugspreis unter den Mindestpreis sinkt, Art. 54/55 der Abkommen 1972/75.

323 Art. 44/45 Kakaoabkommen 1972/75.

324 Vgl. Hackman, ICCO, S. 18; der Versuch der Exportländer, bei den Neuverhandlungen 1975 eine Art Indexierung (an die „Weltinflation") durchzusetzen, scheiterte; statt dessen wurde das Preisband gespreizt und insgesamt angehoben, s. Rolf Hanisch, Kakaopolitik — Das Ringen der Entwicklungsländer mit den Industrieländern um die Regulierung eines Rohstoffmarktes, in: Verfassung und Recht in Übersee (VRÜ), 11. Jg., 1978 I, S. 27 - 57 (50); der Streit macht fest an Wechselkursänderungen (Art. 42/43), Produktionskosten und Marktbedingungen (s. Bull EG 2-1979, S. 80) und der Frage, wer letztlich die Kontribution zum Buffer Stock finanziere, was nach Ansicht der USA über den Preis schließlich doch der Verbraucher übernehme (Gesprächsnotiz ICCO, London, April 1979).

325 Die Erfahrungen mit den ersten Abkommen führten dazu, daß in das 2. Abkommen der Art. 38 über die Investition von Überschußmitteln des Ausgleichslagers aufgenommen wurde; zu der Handhabung dieser Geschäfte s. ICCO, Draft Annual Report, S. 13 f.; z. Zt. dürfte der Fonds ca. 220 Mill. US-Dollar enthalten.

326 Art. 56/57 der Abkommen 1972/75; dazu auch Melde- und Notifizierungspflichten, vgl. Art. 36, Art. 46/47 der Abkommen und die Wirtschafts- und Kontrollregeln des Kakaorats, Regel 7.

327 s. Handbuch für Internationale Zusammenarbeit (158. Lfg.), Juli 1979, III, D, 19, 01, S. 5 und ICCO, Survey of the current world cocoa economy with projektions up to 1985, (PCA/2/2) v. 29. 9. 1978, S. 13; das beeinträchtigt die Investitionspolitik vor allem der Länder, deren Deviseneinnahmen in erheblichem Umfang vom Kakaoexporterlös abhängig sind, dazu Hanisch in VRÜ, S. 28 f.

Die USA gehören zwar dem Kaffeeabkommen an, sind dem Kakaoabkommen jedoch nicht beigetreten[329]. Der BRD, nach den USA das zweitgrößte Einfuhrland von Kakao, kam bei dem Abschluß der Kakaoabkommen eine Schlüsselrolle zu: ohne die BRD wäre die notwendige Ratifizierungsschwelle (70 % der Verbraucherländer) nicht erreicht worden und die Teilnahme der EWG als solcher wäre blockiert gewesen. Nach Pressionen der anderen EG-Staaten und unter Zurückstellung erheblicher wirtschaftlicher und finanzieller Bedenken „hat sich die Bundesregierung im Interesse der gemeinschaftlichen Solidarität und aus außen- und entwicklungspolitischen Gesichtspunkten" zu einer Teilnahme am Kakaoabkommen entschlossen[330]. Die Teilnahme der EWG entspricht den inzwischen üblichen Verfahren[331]; bemerkenswert ist, daß 5 der 6 wichtigsten Kakaoerzeugungsländer dem Lomé-Abkommen zwischen der EWG und den AKP-Staaten angehören und ggf. Transfers zur Exporterlösstabilisierung (Stabex) erhalten könnten[332].

Das Kakaoabkommen ist Ende September 1979 ausgelaufen. Der Internationale Kakaorat hatte jedoch, um die Zusammenarbeit zwischen Kakaoerzeuger- und Verbraucherländern weiterzuführen, das Abkommen durch Beschluß bis Ende März 1980 verlängert[333]. Man hat sich aber auch während der Verlängerung über neue Interventionspreise (Preisrahmen) nicht einigen können, so daß das Abkommen mit dem 31. 3. 1980 ausgelaufen ist[334]. Die Liquidationssitzung des Rates sollte im Juni 1980 stattfinden. Zwischenzeitlich versuchte die Cocoa Producers Alliance mit Hilfe der den Erzeugern zustehenden 220 Mill. US Dollar eine eigene (kartellartige) Interventionsbehörde zu errichten.

Inzwischen hat man sich, typischerweise bei absinkendem Preisniveau auf den internationalen Märkten, über die Fortführung der Regu-

---

[328] Hackman, ICCO, S. 4; Shamsher Singh / Jos de Vries et al., S. 103; dort auch Marktübersichten, S. 76 ff.

[329] Hanisch, VRÜ, S. 38 Fn. 41, erklärt das damit, daß sich das amerikanische Engagement in der Entwicklungshilfe nach der kubanischen Revolution hauptsächlich auf Lateinamerika bezogen habe, das von Einkommensverbesserungen im Kaffeesektor profitiere, und weniger auf Afrika, der Hauptanbauzone von Kakao.

[330] Denkschrift zum Kakaoabkommen 1975, BTDrS 7/645, S. 65; s. dazu auch Eisemann, Annuaire Française, S. 761 und Hanisch, VRÜ, S. 45 f., der aber wohl zu Unrecht die wirtschaftlichen Überlegungen des BMWi (gegen AA und BMZ) bloß auf den Einfluß der Lobby des deutschen Kakaohandels und der Schokoladenindustrie zurückführt.

[331] Art. 4 Kakaoabkommen 1972/75.

[332] Bisher haben zwei Staaten, Westsamoa 1975 und Kamerun 1976 Stabex-Mittel in Anspruch nehmen können, vgl. HdB für Internationale Zusammenarbeit III, D, 19, 01, S. 3.

[333] Vgl. ZfZ. 1980-2, S. 60.

[334] Vgl. BAnz Nr. 78 v. 24. 4. 1980, RdErl AW Nr. 13/80 des BMWi.

lierung in einem Dritten Internationalen Kakaoabkommen verständigt[335].

VI. Kautschukabkommen

Die Entwicklung und Verwendung von Synthese-Kautschuk in den Hauptverbraucherländern des Naturkautschuks beeinflußte dessen Marktchancen in den letzten 20 Jahren in hohem Maße. Die Preisentwicklung, Trends und jährliche Durchschnittspreise von Natur- und Synthesegummi entsprechen einander, d. h. laufen "in the long run" parallel. Die Preissteigerungen für Rohöl, die auf die Herstellung des Erdölprodukts Synthesekautschuk durchschlagen, haben auch die Preise für Naturkautschuk „mitgezogen" und dennoch weiter kurzfristige Preisschwankungen des Naturprodukts nicht verhindert[336].

Die daraus resultierenden Einkommensschwankungen in den Naturgummi-produzierenden Ländern erschweren staatliche und private Zukunftsplanungen erheblich, führen darüber hinaus aber auch zu der Befürchtung, die Abnehmer könnten sich noch weiter des Substitutionsprodukts Synthesekautschuk bedienen, weil stabile Preise (Fabrikabgabepreise) und vermeintlich größere Versorgungssicherheit auch auf dieser Seite die Kalkulation vereinfachen[337].

Die Association of Natural Rubber Producing Countries (ANRPC) hatte deshalb ein International Natural Rubber Price Stabilization Scheme ausgearbeitet[338] und die Konsumentenländer aufgefordert, auf der Basis eines Buffer Stocks-Schemes ein Internationales Rohstoffübereinkommen für Naturkautschuk abzuschließen. Im Rahmen der UNCTAD haben bisher mehrere Verhandlungsrunden stattgefunden[339], und weitgehendes Einvernehmen über die wesentlichen wirtschaftlichen Elemente eines Abkommens wurde erzielt.

---

[335] Vgl. VWD/NfA (vv) v. 18. 11. 80.

[336] s. dazu Leslie Bateman, The rubber market in historical perspective, in: European Rubber Journal, February 1978, S. 15 f.

[337] Zwischen 1970 und 1975 schwankte der Exporterlös von Naturkautschuk, ausgedrückt in Anteilen am Gesamtexporteinkommen in Malaysia zwischen 22 und 35 %, in Indonesien von 5 bis 19 %, in Thailand von 8 bis 15 % und in Sri Lanka zwischen 13 und 23 %; s. Ursula Wassermann, Commodities in UNCTAD; Rubber, in JWTL Vol. 11 (1977), S. 287 f.

[338] s. dazu Ursula Wassermann, Jakarta Natural Rubber-Agreement 1976, in JWTL 1977, S. 289 ff.

[339] Die UNCTAD gab auch deshalb dazu den Rahmen ab, weil die International Rubber Study Group (IRSG) wenig Chancen für ein Naturkautschuk-Abkommen gesehen hatte; zur IRSG als Diskussionsforum auch mit der Synthesekautschuk-Industrie s. die Proceedings of the Twenty-Fifth Assembly of the International Rubber Study Group, Washington D. C., 19. - 23. Juni, 1978.

Unter Verzicht auf den Einsatz von Exportquoten soll der Preis für Naturkautschuk langfristig in einem ‚reinen' Buffer Stock Abkommen stabilisiert werden. Das Ausgleichslager soll 400 000 t Naturkautschuk umfassen, die zu gleichen Teilen von den Regierungen der Erzeuger- und Verbraucherländer finanziert werden; als Notmaßnahme soll eine zweite Lagertranche von 150 000 t zur Verfügung gestellt werden.

Um einen Referenzpreis (2,10 Malaysia $ per kg), der periodenweise halbautomatischen Revisionen unterliegt und bei Nettolagerveränderungen (von 300 000 t) um mind. 3 % angepaßt wird, spannt sich ein interventionsfreies Preisband von plus/minus 15 %, mit einer anschließenden Zone von 5 %, in der der Buffer-Stock Manager kaufen oder verkaufen kann, aber nicht muß.

Ein unterer und oberer Indikatorpreis geben an, bei welchem Preisniveau das gesamte Ausgleichslager eingesetzt werden soll, um diese Preise zu verteidigen[340].

Problematisch scheinen die Verhandlungen geblieben zu sein im Hinblick auf die Kriterien für den Einsatz des Sonderausgleichslagers, die Berechnung der Mitgliedsbeiträge und ihre Eingangshöhe sowie der Einbeziehung der Produktionskosten in die zukünftige Neufestlegung (Revision) der Indikatorpreise. Die tatsächlichen Kautschukpreise und die Terminpreise liegen weit über dem vereinbarten Preisrahmen, so daß die Kautschuk-Organisation zunächst einmal das Buffer Stock Instrumentarium nicht einsetzen könnte; wenn man nicht der Ansicht zustimmen will, das zukünftige Naturkautschukabkommen sei lediglich ein "Agreement for political reasons", insofern als die Industrieländer in der UNCTAD den Entwicklungsländern ihren guten Willen demonstrieren, dann muß man es wohl als ein Sicherheitssystem zur Einkommensstabilisierung der Exportstaaten ansehen, indem kurzfristige Preisbaissen abgefangen werden können[341]. Noch ungeklärt scheint auch die Form der Mitgliedschaft der EWG zu sein und die Bestimmung der Orte der Lagerhaltung[342].

---

[340] Bull EG 4-1979, S. 67 f.

[341] Die Beeinflussung des Naturkautschukpreises durch Angebot und Preis des Substitutionsprodukts Synthese-Kautschuk und dessen Ölbasis erschwert es zusätzlich, Preisprognosen zu errechnen und entsprechend im Rahmen des projektierten Abkommens die Indikatorpreise einvernehmlich festzulegen; vgl. zum Preisproblem Bateman, S. 19; s. auch Bull EG 7/8-1979, S. 67 f.

[342] Lagerung von Naturkautschuk in gemäßigten Klimazonen ist technisch günstiger und verlängert die mögliche Lagerhaltbarkeit; vorgeschlagen waren deshalb als Lagerorte außer Kuala Lumpur auch London, New York, Hamburg und Rotterdam, s. Wassermann, S. 288; Voraussetzung für die vorgeschlagene Kautschuk-Politik war übrigens die Modernisierung und Standardisierung der Produktion, vor allem die Entwicklung technisch normierter Kautschuk-Sorten (z. B. Standard Malaysian Rubber/SMR), Bateman, S. 18; zur Mitgliedschaft der EWG und innergemeinschaftlichen Kom-

VII. UNCTAD, Neue Weltwirtschaftsordnung und Rohstoffabkommen

Die Vereinten Nationen, vor allem die Welthandels- und Entwicklungskonferenzen (UNCTAD) und ihr Sekretariat stellen die Bühne für die Forderung der Entwicklungsländer nach einer Neuordnung der internationalen Wirtschaftsbeziehungen[343].

Die UNCTAD-Organisation übernahm es, dazu konkrete Programme auszuarbeiten[344] und vorzuschlagen[345].

Die Konferenz von Nairobi (1976) verabschiedete ein „integriertes Rohstoffprogramm"[346], das im Rahmen der "New International Econo-

petenzfragen vgl. Gutachten 1/78 des Gerichtshofs der EG v. 4. 10. 1979 (zum internationalen Naturkautschuk-Übereinkommen), ABl EG Nr. C 279 v. 8. 11. 79, S. 3 ff. Das Internationale Kautschukabkommen ist inzwischen vorläufig in Kraft getreten, vgl. NfA v. 28. 10. 80, Text des Abkommens im ABl EG Nr. L 213 v. 16. 8. 80.

[343] Seit den Weltwirtschaftskonferenzen des Völkerbunds in der Zwischenkriegszeit eine permanent-periodisch auftretende Forderung mit wechselnden Vorzeichen; zur heutigen Situation s. die grundlegenden UN-Dokumente betr. die „Deklaration über die Schaffung einer neuen internationalen Wirtschaftsordnung" (Res. 3201, S - VI), das „Aktionsprogramm über die Schaffung einer neuen internationalen Wirtschaftsordnung" (Res. 3202, S - VI), die „Charta der ökonomischen Rechte und Pflichten der Staaten" (Res. 3281, XIXX) und zu „Entwicklung und internationale ökonomische Zusammenarbeit" (3362, S - VII); die Texte finden sich bei Alfred George Moss / Harry N. M. Winton, A New International Economic Order, Selected Documents 1945 - 1975, o. O., o. J.) (UNITAR Document Service No. 1) Bd. II, S. 891 ff.; die deutsche Übersetzung in: Wolfgang Spröte, Resolutionen zu Grundfragen der internationalen Wirtschaftsbeziehungen, Berlin (DDR) 1978, S. 220 ff.; s. auch Ria Kemper, Nationale Verfügung über natürliche Ressourcen und die Neue Weltwirtschaftsordnung der Vereinten Nationen, Berlin 1976.

[344] Vgl. dazu z. B. UN, Trade and Development, Proceedings of the UNCTAD (1964), New York, 1964 (E/CONF. 46/141), speziell zu Rohstoffhandelsproblemen: Gerda Blau, International Commodity Arrangements; J. E. Meade, International Commodity Arrangements; A. G. Hart / N. Kaldor / J. Tinbergen, The case for an international commodity reserve currency; alle in: UN, Trade and Development, Vol. III (Commodity Trade), S. 141 ff. bzw. 451 ff. und 522 ff.

[345] New directions and new structures for trade and development, Report by the Secretary-General of the UNCTAD to UNCTAD IV, New York 1977 (TD/183/Rev. 1) und in: Proceedings of the UNCTAD (IV), Vol. III, Basic Documentation, New York 1978 (TD/218 (Vol. III)) die Documents (TD/184) und (TD/184/Suppl. 2); zur Geschichte und Entwicklung der UNCTAD dazu s. Jen Huong Wang, Die Konferenz der Vereinten Nationen über Handel und Entwicklung (UNCTAD) als neuer Faktor in der internationalen Organisation des Welthandels, Heidelberg 1970 und Stanley D. Metzger, UNCTAD, in: AJIL 61 (1967), S. 756 ff.; auch Gottlieb Böck, S. 89 ff. und Johannes Fleischer, S. 84 ff.; Paul Harff, Rohstoffprobleme, in: Werner Gatz, Auswertung der Dokumentation der vierten Welthandels- und Entwicklungskonferenz Nairobi 1976, Baden-Baden 1978, S. 205 ff.

[346] Resolution adopted by the Conference, 93 (IV), Integrated Programme for Commodities, UNCTAD, TD/Res/93 (IV), 10 Juni 1976.

mic Order" die Neuordnung des internationalen Rohstoffhandels einleiten sollte. Kernpunkte des Programms sind der Abschluß weiterer internationaler Rohstoffabkommen für die sog. "core commodities"[347], deren Preise durch Buffer Stocks stabilisiert werden sollen[348], und die Einrichtung eines Common Fund, der die Finanzierung der Ausgleichslager sicherstellen soll. Flankierend dazu soll die Weltwährungsordnung den „Bedürfnissen der Entwicklungsländer angepaßt" werden[349], ihnen erleichterter Zugang zu (westlichen) Technologien verschafft werden[350] und entsprechend die Vertragsgestaltung von Investitionen aus Industrieländern kontrolliert werden[351].

---

[347] Außer Kaffee, Kakao, Zucker, Zinn und Kautschuk auch für Tee, Baumwolle, Jute, Sisal und Kupfer.

[348] Nach dem IRP: Ausschalten übermäßiger Fluktuation der Preise und Aufrechterhaltung eines Preisniveaus, das ausreichend und gerecht für Erzeuger und Verbraucher ist, die weltweite Inflation und die Veränderungen im Weltwirtschafts- und Weltwährungssystem berücksichtigt und ein Gleichgewicht zwischen Angebot und Nachfrage bei expandierendem Weltrohstoffhandel fördert. Dabei soll u. a. eine Verbesserung und Aufrechterhaltung der realen Einkommen der einzelnen Entwicklungsländer durch steigende Exporterlöse und Schutz vor Erlösfluktuationen herauskommen.

[349] Vgl. dazu: Klaus Boeck, Die währungspolitischen Forderungen der Entwicklungsländer, Hamburg 1978; Hugo J. Hahn, Elemente einer neuen Weltwährungsordnung, in: Völkerrecht und internationale wirtschaftliche Zusammenarbeit, hrsg. v. Wilhelm A. Kewenig, Berlin 1978, S. 215 ff.; auch: Ursula Wassermann, UNCTAD: Export Credit Guarantie Facility, in: JWTL 1979, 263.

[350] Zum Technologietransfer: Norman B. Solomon / Erwin Schuhmacher, Technologietransfer, Düsseldorf, Köln 1977; Masatumi Nagao, Conditions for Improving the Transfer of Technology: UNCTAD's Approach, in: Reshaping the World's Economic Order, ed. by Herbert Giersch, Tübingen 1977, S.231 ff.; Issaam El-Zaim, Problems of Technology Transfer, Vienna 1978 (occasional paper 78/6 des vienna institute for development); Wilhelm A. Kewenig, Technologietransfer aus völkerrechtlicher Sicht, in: Völkerrecht und internationale wirtschaftliche Zusammenarbeit, hrsg. v. Wilhelm A. Kewenig, Berlin 1978, S. 71 ff.; auch Oscar Schachter, Sharing the World's Resources, New York 1977, S. 105.

[351] Zu der bereits eingeleiteten Entwicklung: Said Mohammad Suma, Möglichkeiten und Hindernisse der Investitionsförderung in „armen" Entwicklungsländern — unter besonderer Berücksichtigung der Gemeinschaftsunternehmen und der Finanzinstitute, Bonn 1977; Erich Schanze, Formen der Vertragsgestaltung, in: Christian Kirchner et al., Rohstofferschließungsvorhaben in Entwicklungsländern, Frankfurt/Main, Deventer, 1977, S. 351 ff.; Thomas Wälde, Transnationale Investitionsverträge — Rohstoffvorhaben in Entwicklungsländern, in: Rabels Zeitschrift für ausländisches und internationales Privatrecht, 1978, S. 28 ff. (60 ff.); David N. Smith / Louis T. Wells, Jr., Mineral Agreements in Developing Countries, Structures and Substance, in: AJIL Vol. 69 (1975), S. 560 ff., die als Form die Bezeichnungen von "Concession agreement" zu "service contract, joint venture, production-sharing, participation agreement" anführen; entsprechend sollen die Multinationalen Konzerne in die Neue Weltwirtschaftsordnung eingebunden werden, dazu: Charles T. Goodsell, The Multinational Corporation: Hate Object or Public Servant, in: William G. Tayler, Issues and Prospects for the New International Economic Order, Lexington, Toronto 1977, S. 165 ff.; Luzius Wildhaber, Multinationale Unternehmen und Völkerrecht, in: Inter-

In den westlichen Industrieländern treffen die Forderungen der Entwicklungsländer, voran die „Gruppe der 77"[352] auf ein zwiespältiges Echo. Während Frankreich und die Niederlande (und wohl auch die EG-Kommission) dem Programm eher aufgeschlossen gegenüber standen, war die BRD aus (markt-)wirtschaftlichen Gesichtspunkten nicht geneigt, darüber in Verhandlungen einzutreten[353]; die USA nehmen neuerdings eine interessiert abwartende Haltung ein[354], und die östlichen Industrieländer unterstützen lautstark die „berechtigten Ansprüche" der ehemaligen Kolonialstaaten, wollen sich aber im übrigen nicht angesprochen fühlen[355]. Die Fürsprecher der NIEO und des IRP erwarten eine Verbesserung der 'terms of trade' und bessere Entwicklungschancen für die Länder der Dritten Welt[356]. Andere wollen haupt-

---

nationale Unternehmen und Völkerrecht, in: Internationalrechtliche Probleme multinationaler Korporationen, in: Ber. d. Dt. Ges. f. Völkerrecht (H. 18), Heidelberg, Karlsruhe 1978; Uwe Holtz, Europa und die Multis, Baden-Baden 1978; s. a. die Artikel in: Wolfgang Däubler / Karl Wohlmuth (Hrsg.), Transnationale Konzerne und Weltwirtschaftsordnung, Baden-Baden 1978 und in: Dieter Senghaas / Ulrich Menzel (Hrsg.), Multinationale Konzerne und Dritte Welt, Opladen 1976.

[352] Vgl. dazu Markus Timmler, Die Konferenz der „Gruppe der 77" und die Charta von Algier, Köln 1968 und ders., Von Algier nach Lima, Köln 1972.

[353] Jonathan Carr, Die Europäische Gemeinschaft und der Nord-Süd-Dialog, in: Europa und der Nord-Süd-Dialog, herausg. v. Wolfgang Wessels, Bonn 1977, S. 11 ff. (20 ff.) und Wolfgang Hager, Die Rohstoffproblematik im Nord-Süd-Dialog, in: Europa und der Nord-Süd-Dialog, S. 39 ff. (46 ff.); s. auch: EP, Dokument 333/76 v. 11. 10. 76 (PE 45.432/endg.), S. 30 f.; auch BTDrS 8/1981, S. 16 ff. und Peter Hermes, Außenpolitik und ökonomische Interessen, in: Außenpolitik, 1978, 243 (252); vgl. die Rede des Bundesministers für Wirtschaft, Otto Graf Lambsdorff, auf der Fünften VN-Konferenz für Handel und Entwicklung (UNCTAD V) in Manila (v. 9. 5. 79) in: Bulletin der Bundesregierung Nr. 56 v. 10. 5. 79, S. 509 ff.

[354] s. C. Fred Bergsten, Ein umfassendes Programm für internationale Rohstofffragen, in: EA 1977, S. 711 ff.; auch ders., Forging a Sound Commodity Policy, in: Wireless Bulletin from Washington, International Communication Agency, Embassy of the United States of America, No. 67 v. 9. 4. 1980 (Bonn), S. 23 - 25; Günther Brauch, Neue Weltwirtschaftsordnung und die USA, in: Außenpolitik, 1978, S. 173 ff.; für die US-Regierungen vor Carter vgl. die fast klassisch zu nennende Stellungnahme des Ass. Treasury Secretary Gerald Parsky (aus 1975/76): Commodity Agreements "often prove an expensive waste of time because they frequently don't work. When prices are high, they will not be enforced by producers. When prices are low, there is no real control over supply ... And if they do work ... they are not in the US economic interest, because they inevitably result in higher prices for the US and other consumers". (Zit. n. Hanisch VRÜ 1978, S. 51).

[355] Gerhard Brehme, Souveränität der jungen Nationalstaaten über Naturreichtümer, Berlin (Ost) 1967; Karl Becher, Völkerrechtliche Aspekte einer „Neuen internationalen Wirtschaftsordnung", in: Deutsche Außenpolitik (DDR), 1978, S. 66 ff.; Roland Schönfeld, Der Ostblock im Nord-Süd-Konflikt, in: Ztschr. für Politik, 24 Jg. (1977), S. 389 ff.; Henning Wegener, Sozialistische Länder und neue Weltwirtschaftsordnung, in: EA 1977, S. 293 ff.

[356] Ibrahim Helmi Abdel Rahman / Helmut Hesse, Industrialization, Trade and International Division of Labour, in: Reshaping the International Order, RIO, Coordinator: Jan Tinbergen, London 1976, S. 141 ff.; Alfred Maizels,

sächlich die Rohstoffabhängigkeit Europas auffangen[357]. Aus ökonomischer Sicht stößt eine solche umfassende Regulierung internationaler Rohstoffmärkte und der damit verbundenen währungs-, finanz- und wirtschaftspolitischen Maßnahmen z. T. auf heftige Bedenken[358]. Zur

Primary Commodity Markets and their Regulation, in: Reshaping the World Economic Order, Symposium 1976, ed. by Herbert Giersch, Tübingen 1977, S. 141 ff.; Towards a New International Economic Order, Report by a Commonwealth Exports Group, London o. J. (1975), François Rigaux, Pour un autre Ordre International, Paris 1979; auch unter dem Aspekt einer Verstetigung der Exporteinkommen, dazu Hi-Chun Park, Auswirkungen der Exportinstabilität auf das Wirtschaftswachstum in den Entwicklungsländern, Diessenhofen 1979; Martin Hoffmeyer, Determinanten der Instabilität auf den internationalen Agrarmärkten, in: Die Weltwirtschaft, H. 1, 1979, S. 191 ff.; Andrew Kamaya, Stabilisierung und Erhöhung der Exporterlöse der Entwicklungsländer, Frankfurt/M., 1978; kritisch zu jedem ‚Entwicklung durch Handel-Approach': Johan Galtung, Poor Countries vs. Rich: Poor People vs. Rich. Whom will the New International Economic Order benefit?, occasional paper 77/4 des vienna institute for development, und Dieter Senghaas, Weltwirtschaftsordnung und Entwicklungspolitik, Frankfurt 1977, S. 60 (mit Hinw. auf List's Stufenlehre, s. S. 78); dazu auch ders., Friedrich List und die Neue internationale ökonomische Ordnung, in: Leviathan 1975, S. 292 ff., anders John H. Adler, The Political Economy of Delinking, in: Intereconomics, May/June 1980, S. 136 ff.

357 Vgl. P. Bourrelier / F. Callot / R. Diethrich / J.-P. Hugon, Matières prémieres minerales et relations internationales, Lausanne 1975 und Pierre van der Haegen, L'Europe dans le commerce mondial des matières première, Bruxelles 1978, S. 42 ff., Wolfgang Hager, Westeuropas wirtschaftliche Sicherheit, Bonn 1976; neu sind solche intersektoral-globalen Ansätze nicht: erinnert sei an die Bemühungen des Völkerbundes und den Keynes'schen Ansatz von 1942, der viel Ähnlichkeit mit dem IRP aufweist. Dazu Wilhelm Röpke, Internationale Ordnung, Erlenbach-Zürich 1945, S. 308 "Rococo Economics", s. auch FAO, Functions of a World Food Reserve Scope and Limitations, Rome 1956 (FAO Commodity Policy Studies No. 10); Luce St. Clare Grondona, Utilizing World Abundance London 1958; A. Kruse-Rodenacker, Die Organisation der Weltagrarmärkte, Brüssel 1964; Werner Gatz, Ansätze für eine internationale Agrarpolitik, Brüssel 1968 oder Re-Making the System of World Trade: A Proposal for Institutional Reform, by the american Society of International Law, Washington, D. C. 1976.

358 Vgl. z. B.: Fragen einer neuen Weltwirtschaftsordnung, Gutachten des wissenschaftlichen Beirats beim Bundesministerium für Wirtschaft, hrsg. v. BMWI, Bonn / Göttingen 1976; Jahresgutachten 1979/80 des Sachverständigenrats zur Begutachtung der gesamtwirtschaftlichen Entwicklung, BTDrS 8/3420, S. 182 ff.; Jere R. Behrman, International commodity agreements: an evaluation of the unctad integrated commodity programme, Washington, D. C., 1977; Ezriel M. Brook / Enzo R. Grilli / Jean Waelbroeck, Commodity Price Stabilization and the Developing Countries: The Problem of Choice, Washington D. C. 1977 (World Bank Staff Working Paper No. 262); Herbert Girsch, Zu den Forderungen nach einer neuen Weltwirtschaftsordnung, in: Weltwirtschaftsordnung und Wirtschaftswissenschaft, hrsg. v. B. Schiemenz Stuttgart, New York 1978, S. 18 ff.; ders., Perspektiven der Entwicklung der Weltwirtschaft, in: Im Brennpunkt: Wirtschaftspolitik, hrsg. v. Karl Heinz Frank, Stuttgart 1978, S. 256 ff.; Hans H. Glismann / Horst Rodemer, Buffer Stocks als Mittel zur Stabilisierung konjunkturbedingter Preisschwankungen auf den Weltrohstoffmärkten, Kiel 1977 (Kieler Arbeitspapiere Nr. 56); Stefan Baron / Hans G. Glismann / Bernd Stecher, Internationale Rohstoffpolitik, — Ziele, Mittel, Kosten —, Tübingen 1977; Stefan Baron, Zur Instabilität auf den internationalen Rohstoffmärkten, in: Die Weltwirtschaft, 1977,

Begründung wird u. a. darauf verwiesen, daß die Verteilungswirkung des IPR nicht seinen Zielen entsprechen würde, die Preispolitik befürchten lasse, daß eine Fehlallokation der Ressourcen eintrete, der Kostenrahmen und Finanzbedarf daher unvorhersehbar erscheine. Zentral erscheint dabei das Problem der Bestimmung des langfristigen Preistrends, den auch internationale „Superbehörden" mit globalem Informationszugang und zentraler Verwaltung nicht hinreichend sicher ermitteln könnten[359]. Inzwischen wurde im Rahmen der UNCTAD weiter verhandelt: Vorbereitungstagungen[360] und Arbeitsgruppen[361] versuchen die Grundlagen für weitere Rohstoffabkommen zu erarbeiten[362]. Für den Common Fund ist in wesentlichen Punkten eine Eini-

---

S. 175 ff.; ders., Weniger Inflation durch Rohstoffpreisstabilisierung?, in: Die Weltwirtschaft 1978, S. 47 ff.; Jürgen B. Donges, Kritik der Pläne für eine neue internationale Rohstoffpolitik, in: Die Versorgung der Weltwirtschaft mit Rohstoffen (Beihefte der Konjunkturpolitik, H. 23), Berlin 1976, S. 77 ff.; Günther Esters / Manfred Tietzel, Internationaler Rohstoffhandel und Entwicklungspolitik, in: Günther Esters (Hrsg.), Nord-Süd-Politik, Bonn-Bad-Godesberg 1977, S. 15 ff.; Manfred Tietzel, Internationale Rohstoffpolitik, Bonn-Bad Godesberg 1977 (S. 106 ff.); Hans Willgerodt, Die Grundprobleme der Weltwirtschaftsordnung, in: Internationale Wirtschaftsordnung, hrsg. v. Helmut Gröner / Alfred Schüller, Stuttgart, New York 1978, S. 241 ff.; W. Arthur Lewis, The Evolution of the International Economic Order, Princeton 1978 (S. 26 ff.); Hans-Rimbert Hemmer, Wirtschaftsprobleme der Entwicklungsländer, München 1978, (S. 506 ff.); mit wirtschafts-politischen Argumenten und völkerrechtlicher Begründung gegen die NIEO: Ignaz Seidl-Hohenveldern, Die „neue Weltwirtschaftsordnung" und unser innerstaatliches Recht, in: Festschrift Fritz Schwind, Wien 1978, S. 269 ff.; anders: Hermann Weber, Der Anspruch auf Entwicklungshilfe und die Veränderungen des internationalen Wirtschaftsrechts, in: VRÜ 1978, S. 5 ff.; zu dieser Diskussion Ria Kemper, S. 106 ff. m. weiteren Nachw.; dazu auch Ernst U. Petersmann, Die Dritte Welt und das Wirtschaftsvölkerrecht, in: ZaöRV 1976, 492 ff. („Entwicklungsvölkerrecht"); u. ders., „Entwicklungsvölkerrecht", „Droit International du Développement", "International Economic Development Law": Mythos oder Wirklichkeit?, in: Jahrbuch für Internationales Recht, Bd. 17, Berlin 1975, S. 145 - 176. Maurice Flory, Droit International du Développement, Paris 1977; Allain Pellet, Le Droit International du Développement, Paris 1978.

[359] Vor „Rohstoffbergen" analog der EWG-Agrarmarktordnungen wird in diesem Zusammenhang gewarnt, etwa Ernst Dürr, Soziale Marktwirtschaft als Beitrag zu einer neuen Weltwirtschaftsordnung, in: Soziale Marktwirtschaft als nationale und internationale Ordnung, Bonn 1978, S. 93 ff.; Jahangir Amuzegar, The North-South Dialoque: From Conflict to Compromise, in: Foreign Affairs, Vol. 54 (1975 - 76), S. 547 ff. referiert zugunsten der Entwicklungsländer ausdrücklich auf die westlichen Agrarmarktregulierungen incl. einer Preisindexierung und fragt blauäugig (S. 560): "Why, Third World wonders, is something good for the homegrown goose not equally good for the foreign gander?" Zu den möglichen Auswirkungen einer Durchführung des IRP vgl. noch die Beiträge in: Dietrich Kebschull / Wolfgang Michalski / Hans-Eckart Scharrer (Hrsg.), Die neue Weltwirtschaftsordnung, Hamburg 1977 und Dietrich Kebschull / Wilfried Künne / Karl Wolfgang Menck, Das integrierte Rohstoffprogramm, Hamburg 1977.

[360] Über Baumwolle und Kupfer.

[361] Zu Hartfasern (Hanf, Sisal, Kokosfasern).

[362] s. dazu Bull EG 9-1979, S. 62 ff.; zu Kautschuk s. o. B VI; über Tee-, Baumwoll- und Juteabkommen wird verhandelt.

gung herbeigeführt worden[363]. Danach soll ein Gemeinsamer Fond als neue internationale Körperschaft das Schlüsselinstrument zur Erreichung der Ziele des Integrierten Rohstoff-Programms sein[364].

Mit seinem 1. Schalter[365] soll er zur Finanzierung internationaler Rohstofflager (Buffer Stocks) im Rahmen von Internationalen Rohstoffabkommen beitragen, ggf. auch die Finanzierung international koordinierter nationaler Lager unterstützen. Dabei hat der Fonds die Selbständigkeit der ICA's (International Commodity Agreements) zu respektieren und er darf nicht direkt auf Rohstoffmärkten intervenieren. Mit einem zweiten Schalter sollen andere Maßnahmen (als Reservelager) finanziert werden, etwa Forschung und Entwicklung, Produktivitätsverbesserungen, Vermarktung und Maßnahmen zur Unterstützung vertikaler Diversifizierung[366].

Die Finanzquellen des Fonds sollen gespeist werden aus direkten Beiträgen der Regierungen, aus Mitteln der ICA's, die mit dem Fonds zusammenarbeiten[367], Anleihen, freiwilligen Beiträgen und Nettogewinnen[368]. Die direkten Regierungsbeiträge belaufen sich auf 400 Mill. Dollar, davon 150 Mill. als Bareinzahlung, 150 Mill. USD als garantiertes Kapitel (capital on call) und 100 Mill. USD als abrufbares (callable) Kapital. Sie bestehen aus den Grundbeiträgen von je 1 Mill. USD jedes der 150 Mitgliedsstaaten der UNCTAD, wobei jeder Mitgliedsstaat einen Teil dem 2. Schalter zuweisen kann[369]; dazu kommt ein Beitrag

---

363 s. UNCTAD, UN Negotiating Conference on a Common Fund under the Integrated Programme for Commodities, Third Session, Geneva, March 1979 — Resolution Adopted by the Conference at its third Session (Fundamental elements of the Common Fund), Text in: JWTL, Vol. 13 (1979), S. 357 ff.; zum folgenden auch: Hubertus Adebahr, Gemeinsamer Rohstoff-Fonds — Zwischen politischem Erfolg und wirtschaftlichem Fehlschlag, in: Wirtschaftsdienst 1979/XII, S. 616 ff.

364 I. A. der Resolution.

365 Im Englischen: window, übersetzt als Fenster, Schalter oder auch Kasse.

366 I. B. (ii) 5. der Res. ggf. im Rahmen anderer internationaler Rohstofforganisationen (als ICA's).

367 Das ist problematisch, weil die einzelnen bestehenden Rohstoffabkommen mit Bufferstocks und großen Finanzmitteln (Zinn und Kakao) bislang wenig Neigung zeigen, mit ihren Mitteln Rohstoffläger anderer Rohstoffe und anderer Länder zu finanzieren; so mein Eindruck von einem Besuch bei den Internationalen Sekretariaten der ICA's in London (April 1979); z. B. sind die Kakao-Exportländer wenig interessiert, mit den von ihnen gesammelten 'Contributions' (inzwischen mehr als 2 200 000 US-Dollar) etwa den Kautschuk-Buffer-Stock zu versorgen, weil es in der Produzenten-Länder-Struktur kaum Überschneidungen gibt (aus einem Interview bei der ICCO); dazu auch Detlef Radke, Überblick über bestehende und mögliche multilaterale Rohstoffvereinbarungen, in: Hartmut Brandt u. a., Das Integrierte Rohstoffprogramm, Berlin 1978, S. 37.

368 II. 10 d. Res.

369 Die Grundzuweisung an den 2. Schalter soll 70 Mill. USD ausmachen; für die 45 ärmsten Entwicklungsländer stellen die OPEC-Länder 70 Mill. USD zur Verfügung.

von 320 Mill. USD[370], dessen Aufbringungsschlüssel prozentual auf die Gruppe der 77[371] mit 10 %, die Gruppe B (Industriestaaten) mit 68 %, die Gruppe D (Staatshandelsländer) mit 17 % und China mit 5 % verteilt ist; die Aufbringung innerhalb der Gruppen wird von diesen selbst geregelt[372]. Die Mittel des 2. Schalters setzen sich aus den 70 Mill. USD von den Grundbeiträgen, aus freiwilligen Beiträgen der Mitgliedstaaten und „anderer Quellen" mit einem Ziel von 280 Mill. USD zusammen[373].

Für die Zusammenarbeit der Fonds mit ICA's werden bestimmte Regeln aufgestellt, die u. a. deren Einlagenverpflichtungen und Kreditrechte betreffen. Die Neuverhandlungen von ICA's, die mit dem Common Fund assoziiert sind, sollen nach dem Grundsatz gemeinsamer Finanzierung von Buffer Stocks durch alle Produzenten und Konsumenten, die an den ICA's beteiligt sind, erfolgen; für Buffer Stock Bewegungen soll der Gemeinsame Fond als einziges Bankinstitut herangezogen werden[374]. Zu Fragen der Organisation und Verwaltung des Fonds wurden bisher nur die Stimmrechte und Abstimmungsverfahren festgelegt: Im Governing Council[375] des Fonds sollen Entscheidungen möglichst ohne Abstimmung (d. i. wohl einstimmig) zustande kommen. Keine der Gruppen soll eine einfache Mehrheit aller Stimmen bekommen. Die Stimmrechte der Mitgliedsländer des Fonds sollen nach 3 Kriterien verteilt werden, nämlich nach Gleichheitsgrundsätzen, direkten Beiträgen und Beiträgen garantierten Kapitals zum Fond durch Mitgliedsländer von mit dem Fond assoziierten Rohstoffabkommen.

Jedenfalls aber soll das Stimmgewicht zwischen den Gruppen so verteilt sein, daß die Gruppe der 77 47 % der Stimmen, die Gruppe B 42 %, die Gruppe D 8 % und China 3 % der Stimmen zustehen[376]. Für die wichtigsten Entscheidungen des Fonds, die konstitutive Beschlüsse und solche Beschlüsse einschließen, die besondere finanzielle Konsequenzen für Mitgliedstaaten bedeuten, wird eine ¾ Mehrheit aller abgegebenen Stimmen vorgeschrieben. Andere Entscheidungen sind je nach ihrer relativen Bedeutung entweder durch ²/₃ Mehrheit der abgegebenen Stimmen oder in einfacher Mehrheit zu fällen[377]. Danach

[370] Unter der Voraussetzung allgemeiner Mitgliedschaft zum Common Fund und der Zuweisung von 80 Mill. USD nach den Grundbeiträgen.

[371] 119 Staaten der Dritten Welt; Zahl nach Reiner Morbach, Wirtschaftsdienst 1979, S. 351.

[372] II Nr. 10 und 11 der Resolution.

[373] Nr. 13 d. Res.

[374] Nrn. 14 - 19 der Resolution.

[375] Daneben soll ein Consultative Committee on the second window eingerichtet werden.

[376] III Nrn. 22 - 24 der Res.

[377] III Nr. 25 der Resolution.

kann sich also keine Gruppe gegen die anderen durchsetzen, gegen die Gruppe der westlichen Industriestaaten, die die finanzielle Hauptlast der ‚freien' Beiträge zum Fond leistet, ist auch keine $^2/_3$ Mehrheit möglich[378]. Über Einzelheiten der Planung und Verwaltung, und des Einsatzes der Mittel, wird weiter verhandelt werden[379]; die UNCTAD V von Manila (1979) hat dazu aufgefordert, diese Verhandlungen zu beschleunigen[380].

---

[378] Wenn die Entwicklungsländer damit ebenso unzufrieden waren, wie die USA und die UdSSR (so Markus Timmler, Die Schlüsselfunktion des Gemeinsamen Fonds, in: Außenpolitik, 1979, S. 210 ff. (219)), so scheint es sich um einen diplomatischen, tragfähigen Kompromiß zu handeln, der souveräne Gleichheit und wirtschaftliche Leistungsfähigkeit der Staaten mit dem Entwicklungshilfe- und Interdependenz-Gedanken verbindet.

[379] s. Bull EG 3-1979, S. 80 ff.

[380] Morbach, S. 352; zum (vorläufigen) Abschluß der Verhandlungen vgl.: Financial Times v. 1. 7. 80, BMWi Tagesnachrichten v. 3. 7. 80 (Nr. 7937), ZfZ 1980 Nr. 8, S. 252 f. und Handelsblatt v. 6. 10. 80.

C. Typische Formen zwischenstaatlicher Rohstoffverwaltung

I. Der Rohstoffsektor

Die international regulierten Rohstoffsektoren lassen sich an Hand verschiedener Kennzeichen identifizieren; es handelt sich um Ressourcen, die nicht gleichmäßig über die Länder und Regionen verteilt sind, sondern typischerweise bestimmten Erzeugungsregionen zugeordnet werden können und in jeweils anderen verbraucht werden[1]. Die Rohstoffe werden also international gehandelt. Soweit es sich um agrarische Rohstoffe handelt, ist ihr Angebot abhängig von natürlichen Ertragsschwankungen; bei den industriell verwerteten Rohstoffen ist die Nachfrage gleichzeitig beeinflußt von den konjunkturellen Schwankungen in den Hauptverbraucher-Industrieländern.

Die Angebot-Nachfrage Relationen können so heftigen Schwankungen unterworfen sein, daß es am Markt zu ‚erratischen' Preisbewegungen kommt. Die unstetige Einkommenslage der davon betroffenen Exportländer und der die Rohstoffe erzeugenden Bevölkerungsteile[2] gaben Anstoß zu den frühen Versuchen, in kartellartigen Erzeugerzusammenschlüssen, mit nationalen Bewirtschaftsmaßnahmen und schließlich internationalen zwischenstaatlichen Angebotsregulierungen eine Einkommensverstetigung und möglichst auch Erlössteigerung zu erzielen[3].

Für diese Sektoren sollte nicht mehr allein der Marktmechanismus als Verteilungsmedium fungieren, sondern ein Verteilungsmechanismus die Marktfunktion in einer koordinierenden Verwaltung aufheben, d. h. als marginales Regulativ bestehen lassen, in seinen Verzerrungen beseitigen und auf eine neue internationale Verwaltungsebene hinaufheben. Der Handels- und Interessenstruktur entsprechend bildete sich

---

[1] Von Weizen abgesehen sind die Haupterzeugungsgebiete in den Ländern der Dritten Welt (Süd-Ostasien, Afrika, Lateinamerika), verbraucht werden die Rohstoffe hauptsächlich in Westeuropa und Nordamerika.

[2] Außer den agrarischen Rohstoffen wurde und wird auch Zinn, z. B. in Süd-Ostasien, der Region, von der die Zinnregulierungen ihren Anfang nahmen, dezentral in unabhängigen kleinen Zinnminen- und -wäschereien gewonnen, vgl. Fox, Tin, S. 2 und 396.

[3] s. o. und A II 1 und 2.

nicht eine universale, den internationalen Handel insgesamt oder sämtliche Rohstoffe erfassende Organisation[4], sondern es entwickelten sich internationale Verwaltungssektoren, die auf den jeweiligen Rohstoff und seine Handelsformen zugeschnittene sektorale Verwaltungsorganisationen schufen[5].

Praktische Voraussetzung dieser sektoralen Regulierungen, und typisch für die regulierten Sektoren, sind spezifische Eigenschaften der "Commodities": sie müssen weitgehend homogen und/oder standardisierbar und eine gewisse Zeit lagerfähig sein (Stapelgüter)[6]. So lassen sich diese Sektoren planerisch erfassen und gleichgeordnet manipulieren[7].

II. Die Lenkungsformen

1. Der Rechtsrahmen

Ihren rechtlichen Niederschlag finden diese Handelslenkungen in den völkerrechtlichen Abkommen für die einzelnen Rohstoffe, die auf Konferenzen von Regierungsvertretern ausgehandelt werden[8]. Die Vertragstexte werden üblicherweise für einen bestimmten Zeitraum bei dem Depositar zur Unterzeichnung offen gehalten[9]. Sie bedürfen der

---

[4] Wenngleich immer wieder vorgeschlagen, s. o. unter B (Fn. 21).

[5] Vgl. jetzt auch den "commodity by commodity approach", wie er sich auch in der UNCTAD durchgesetzt hat.

[6] In der Entwicklungsgeschichte der heutigen internationalen Rohstoffabkommen aus Kartellen zeigt sich, daß diese Rohstoffe auch weitgehend „kartellfähig" waren, d. h. solche Merkmale aufwiesen wie: in Bezug auf den Preis unelastische mengenmäßige Nachfrage, ungünstige Substituierbarkeit, homogene Anbieterstrukturen (Interessenidentität). Schlechthin noch „ideale" Kartellqualität besitzt wohl nur das Mineralöl, dessen Förderländer darüber hinaus inzwischen über große finanzielle Ressourcen verfügen, also nicht mehr kurzfristig devisenabhängig sind und die Produktion ohne zu große Probleme einstellen können und keine Lagerhaltung benötigen; dazu: Manfred Tietzel, Internationale Rohstoffpolitik, Bonn-Bad Godesberg 1977, S. 44 ff.; zu anderen (vergeblichen) Versuchen, internationale Rohstoffkartelle nach dem Vorbild der OPEC zugunsten der Entwicklungsländer ins Spiel zu bringen vgl. Georges Fischer, Les Associations de Pays Exportateurs de Produits de Base, in: AFDI, Vol. XXII (1976), S. 528 ff.; für Kupfer spez. s. Raymond F. Mikesell, The World Copper Industry, Baltimore, London 1979, S. 187 ff.

[7] Die europäische Agrarverwaltung hat auch natürliche Hindernisse (Haltbarkeit) durch die Kunstnatur der Kältekonservierung überholt, z. B. für tierische Produkte (Fleisch, Butter usw.).

[8] Vgl. UN Sugar Conference, 1977 (TD/SUGAR 9/12), New York 1978; UN Tin Conference, 1975 (TD/TIN. 5/11), New York 1976. UN Cocoa Conference, 1975 (TD/COCOA 4/10), New York 1976.

[9] s. Art. 36 Weizen Abk. (IWA) 1967; Art. 72 Zuckerabkommen (ISA) 1977; Art. 47 Zinnabkommen (ITA) 1976; Art. 59 Kaffeeabkommen 1976 (ICA 76); Art. 65 Kakaoabkommen 1975 (ICCA 75). Depositar ist heute zumeist der Generalsekretär der UN, für frühere Abkommen waren auch Mitglieds-

Ratifizierung nach den Verfassungsbestimmungen der einzelnen Teilnehmerländer[10].

Das endgültige Inkrafttreten der Abkommen wird davon abhängig gemacht, daß eine bestimmte Mindest-Anzahl von Ein- und Ausfuhrländern mit einem bestimmten Handelsvolumen ihre Ratifikationsurkunden bei dem Depositar hinterlegt haben[11]. Die Geltungsdauer der Abkommen pflegt auf 5 Jahre begrenzt zu werden[12]; kurzfristige Verlängerungen der Abkommen[13] können vom Rat beschlossen werden[14]; diesem in den Abkommenstexten vorgesehenen vereinfachten Verfahren entspricht die im Wege der Regierungsverordnung vereinfachte Zustimmung[15] anstelle der förmlichen Ratifikation. Im übrigen werden die Abkommen in den periodischen Neuverhandlungskonferenzen nach dem allgemeinen völkerrechtlichen Vertragsverfahren (wie bei den Erstabkommen) verlängert[16].

2. Die Lenkungsmittel

Die internationalen Rohstoffabkommen haben im wesentlichen drei unterscheidbare Methoden der Marktstabilisierung, die teils miteinander kombiniert werden, entwickelt.

regierungen Depositare, s. a. Art. 43 IWA 1967 (US-Regierung); sonst Art. 73 ISA 77; Art. 48 ITA 76; Art. 60 ICA 76; Art. 66 ICCA 75.

10 Art. 37 IWA 61; Art. 73 ISA 77; Art. 48 ITA 76; Art. 60 ICA 76; Art. 66 ICCA 75.

11 Annahme-, Genehmigungs-, Beitrittsurkunden, s. Art. 40 IWA 67, Art. 75 ISA 77; Art. 49 ITA 76; Art. 61 ICA 76; Art. 69 ICCA 75; übergangsweise ist auch die Notifikation der vorläufigen Anwendung der Abkommen vorgesehen, wenn die Urkunde sonst nicht rechtzeitig hinterlegt werden kann, s. Art. 74 ISA 77; Art. 50 ITA 76; Art. 61 ICA 76, Art. 69 ICCA 75.

12 Entsprechend dem Kap. VI der Havanna Charter; zwischenzeitlich können Revisionskonferenzen stattfinden; einzelne Abkommen haben neuerdings eine abweichende Geltungsdauer festgelegt, s. Art. 68 ICA 76: 6 Jahre und Art. 75 ICCA 75: 3 Jahre mit Verlängerungsmöglichkeit; sonst 5 Jahre, s. Art. 83 ISA 77 und Art. 57 ITA 76.

13 Wenn z. B. das Anschlußabkommen nicht rechtzeitig rechtlich zustandekommt.

14 Art. 83 ISA 1977; Art. 57 b.) ITA 76; Art. 68 ICA 76; Art. 75 ICCA 75.

15 z. B. Art. 2 des Gesetzes zu dem Internationalen Kakao-Übereinkommen von 1975, BGBl II, 1977, 1301; s. auch Art. 2 des Gesetzes zu der Internationalen Getreide-Übereinkunft von 1967, BGBl II, 1969, 613, Begründung in BTDrS V/3533 S. 2 zu Art. 2.

16 Innerhalb der Europäischen Wirtschaftsgemeinschaft werden die Abkommen wegen der Aufsplitterung der Detailzuständigkeit (s. dazu das Gutachten des EuGH 1/78 zum geplanten Kautschuk-Abkommen ABl EG Nr. C 279 v. 8. 11. 79), also „doppelt“ ratifiziert, nämlich von der Gemeinschaft selbst — als „Genehmigung“ bezeichnet — durch den Rat, und von ihren Mitgliedsländern nach deren innerstaatlichen Ratifizierungsverfahren, s. dazu einerseits den Beschluß des Rats (79/198/EWG) der EG zur Genehmigung des Kakaoabkommens 1976, v. 21. 2. 1979, ABl EG Nr. L 44 S. 13 und andererseits das Zustimmungsgesetz (BRD) BGBl II 1977, S. 1301.

a) Multilaterale Kauf- und Verkaufsverpflichtungen

Die Weizenabkommen bedienten sich eines Systems bedingter multilateraler Kauf- und Verkaufsverpflichtungen, die zunächst in quantifizierten Import- und Exportkontingenten ausgedrückt wurden, welche sich summenmäßig entsprachen[17]. Bedingung für die Auslösung der jeweiligen Verpflichtung war, daß der Weltmarktpreis für Handelsweizen den festgelegten Mindest- bzw. Höchstpreis erreichte. Das System wurde später insoweit modifiziert, als die festen Abnahmemengen in relative Einfuhrverpflichtungen, anknüpfend an die gesamten kommerziellen Importe der Mitgliedsländer, umgewandelt wurden; die Lieferverpflichtungen der Exportländer bezogen sich jetzt auf eine bestimmte Referenzperiode[18].

b) Angebotssteuerung durch Kontingentierung

Ausgenommen die Weizenabkommen und das noch nicht endgültig ausgehandelte Kautschukabkommen enthalten die Regulierungen als grundlegende Marktintervention oder wenigstens flankierend eine Angebotssteuerung durch Ausfuhrkontingentierungen.

Kaffeeabkommen[19] und Zuckerabkommen[20] setzen hauptsächlich dieses Instrumentarium ein; die jeweils gültigen Quoten werden dabei von Indikatorpreisen indiziert. Diese Methode könnte als preisabhängige Angebotssteuerung durch Ausfuhr-Kontingentierungen bezeichnet werden.

c) Ausgleichslager

Das anscheinend zukunftsträchtige Instrument zur Marktregulierung ist das Ausgleichslager[21]. Für Zinn gibt es internationale Buffer Stocks schon seit 1931/34[22], die Kakaoabkommen (von 1972 und 1975) haben das Ausgleichslager als Hauptregulierungsmittel vorgesehen und das geplante Kautschukabkommen soll sich der — möglicherweise dezentralen — Lagerhaltung als einzigem Regulierungsmittel bedienen[23].

---

[17] In den ersten Nachkriegsabkommen unter B I.2.

[18] Ab dem Weizenabkommen von 1959, s. o.; eine Lieferverpflichtung zu einem festgelegten Höchstpreis war ansatzweise auch im Zuckerabkommen vorgesehen, s. o. B II.

[19] s. o. B IV.

[20] s. o. B II.

[21] s. o. B VI und VII.

[22] Vgl. o. A II 2 c.

[23] s. o. B VI; während in den Zinn- und Kakaoabkommen bei Preisbaissen flankierend Exportquoten beschlossen werden können, s. o. B III und V.; das Zuckerabkommen von 1977 sieht dezentrale, aber national verwaltete und nur international koordinierte und finanzierte Lager als Ausgleichsreserve vor, s. o. B II.

Die Buffer Stocks arbeiten mit vorgegebenen Preisbändern, die angeben, innerhalb welchen Preisrahmens welche Interventionen auf dem Markt (an der Börse) vorgenommen werden sollen[24]. Prinzipiell kauft der Buffer Stock, wenn der Marktpreis unter die festgelegten Preispunkte abzugleiten droht, und verkauft aus seinen Rohstoffvorräten, wenn der Marktpreis die festgelegten oberen Preismargen erreicht. Diese Form der Stabilisierung wird allerdings durch den Umfang der vorhandenen Ressourcen, entweder der Finanzmittel oder des eingelagerten Rohstoffs, begrenzt.

Das Ausgleichslager betreibt also eine preisabhängige Angebots- und Nachfragemanipulierung zur Preisberuhigung als intertemporaler Mengenausgleich.

Keines der drei Lenkungsmittel ist frei von Problemen technischer Operationalität und wirtschafts-politischer Akzeptanz[25].

III. Die Organe und ihr Zusammenwirken

1. Rohstoffräte

Die Räte bilden das zentrale Organ in der Organisationsstruktur der Rohstoffabkommen[26], sie werden in den Abkommenstexten selbst entsprechend als höchste Autorität oder höchste Instanz[27] angesprochen. Ihnen wird in verschiedener Formulierung die generelle Zuständigkeit eingeräumt, sie sollen die zur Durchführung der Abkommen notwendigen Befugnisse und Aufgaben haben[28]. Sie setzen sich zusammen aus den Delegierten der Mitgliedsländer — weisungsgebundene Regierungsvertreter —, deren Stellvertretern und ggf. Beratern[29].

Ordentliche Tagungen der Räte finden zweimal jährlich, nur beim Zinnabkommen vier mal im Jahr statt[30]. Die Stimmenverteilung in den Räten folgt dem Prinzip, daß den Rohstoff exportierenden Staaten (An-

[24] s. o. B III und V.

[25] s. Manfred Tietzel, Internationale Rohstoffpolitik, Bonn-Bad Godesberg 1977, S. 80 ff. und s. o. die Zit. zur NIEO unter B VII.

[26] Internationaler Weizenrat, Art. 25 IWA 67; Internationaler Zuckerrat, Art. 17 ISA 77; Internationaler Zinnrat, Art. 3 ITA 76; Internationaler Kaffeerat, Art. 9 ICA 76; Internationaler Kakaorat, Art. 6 ICCA 75.

[27] ISA 77, ICA 76, ICCA 75.

[28] Art. 26 (4) IWA 67; Art. 8, 1. ISA 77; Art. 7 a) ITA 76; Art. 10 ICA 76; Art. 7 ICCA 75.

[29] Art. 25 (2) IWA 67; Art. 7, 2. ISA 77; Art. 4 ITA 76; Art. 9 II ICA 76; Art. 6 II ICCA 75; die Berater können von interessierten Verbänden und aus der Industrie stammen, oder auch sonst ‚Experten‘ sein.

[30] Art. 11 a) ITA 76; sonst s. Art. 28 (2) IWA 67; Art. 10, 1. ISA 77; Art. 12 ICA 76 und Art. 9 I ICCA 75.

bietern) insgesamt das gleiche Stimmgewicht wie den Importstaaten (Nachfragern) zusammen zugewiesen wird, nämlich jeder Gruppe je insgesamt 1000 Stimmen; innerhalb der Gruppen wird die Abstimm-Macht ausdifferenziert danach, welche Handelsanteile (Export- oder Importmengen) die einzelnen Mitgliedstaaten auf den relevanten Märkten einnehmen[31]. Grundsätzlich bedürfen die Rechtsakte der Räte der beiderseitigen einfachen Mehrheit, d. h. der Mehrheit der Stimmen der Exportländer- und der Importländergruppe[32] (wenn nichts anderes bestimmt ist).

Für bestimmte wichtige Entscheidungen werden 'special votes' mit beiderseitigen Zweidrittel-Mehrheiten vorgeschrieben[33]. Diese Stimmenverteilung sollte aber nicht darüber hinwegtäuschen, daß in Wirklichkeit nur selten oder gar nicht kontrovers abgestimmt wird, jedenfalls nicht in für die Partner wesentlichen Fragen; im Rahmen des den Verhandlungspartnern Annehmbaren wird ein Kompromiß gesucht, nicht eine Mehrheitsentscheidung durchgesetzt; das Interesse an der weiteren Teilnahme der Partner am Abkommen verhindert solche formal möglichen Majorisierungen[34].

In ihrer zentralen Stellung sind die Räte „multifunktional“: sie erfüllen rechtssetzende, verwaltende und richterliche Aufgaben. Als Beschlüsse und Empfehlungen werden ihre Rechtsakte bezeichnet[35]; beide treten sowohl in generell-abstrakten wie individuell-konkreten Regelungen auf; für die Beschlüsse pflegt ausdrücklich Bindungswirkung vereinbart zu sein[36].

Die Räte bestimmen den inneren Verwaltungsablauf der Organisationen mit Geschäftsordnungen und Verfahrensregeln für sich selbst, die Ausschüsse und Sekretariate einschließlich der Haushalts- und Finanz- und Personalvorschriften[37]. Sie bestimmen den Planungsrah-

---

[31] Vgl. Art. 27 IWA 67, Art. 11 ISA 77, Art. 13 ITA 76, Art. 13 ICA 76 und Art. 10 ICCA 75; es handelt sich um die Weiterentwicklung der Stimmenverteilung nach den Kartellquoten der Vorläufer der heutigen Rohstoffabkommen.

[32] Art. 29 IWA 67; Art. 13 ISA 77; Art. 14 b) ITA 76; Art. 15 (1) ICA 76; Art. 12 ICCA 75.

[33] z. B. Art. 15 (2) i. V. m. Kap. VII ICA 76 und Art. 12 i. V. m. den Wirtschafts- und Kontrollregeln des Int. Kakaorats, vgl. VO(EWG)Nr. 2762/76 v. 19. 10. 76, Abl EG Nr. L 321 v. 20. 11. 76.

[34] Für Zucker-, Kaffee- und Kakaoabkommen: aus Gesprächen und Interviews mit Verwaltungsbeamten der jeweiligen Organisationen im April 1979 in London; vgl. auch oben Fn. 229, 293 und 317.

[35] Neben Anweisungen an die Verwaltungs- oder Hilfsorgane.

[36] Art. 29 IWA 67; Art. 13 ISA 77; Art. 41 (b) ITA 76; Art. 15 (3) ICA 76; Art. 12 (4) ICCA 75.

[37] Vgl. Art. 26 (1), 30 (4), 32 (3) und 34 (2) und (4) IWA 67, Art. 2 und 24 ISA 77, Art. 8, 10, 12 d) und 19 ITA 76, Art. 10 und 25 ICA 76 und Art. 23 ICCA 75.

men für die Marktregulierungen in jährlichen Schätzungen der Angebots- und Nachfragelagen und setzen dabei die ‚Eckdaten'[38]. Innerhalb der in den Abkommen festgeschriebenen Rahmenbedingungen intervenieren sie auf den Weltmärkten, indem sie mit Höchst- und Mindestpreiserklärungen Verkaufs- und Kaufverpflichtungen auslösen[39] oder die einzuhaltenden oder anzustrebenden Preisspannen (Zielpreise) überprüfen und ggfs. anpassen[40]. Sie sind befugt, die Quotensysteme zu verändern[41] und Überwachungs- und Kontrollvorschriften zu erlassen[42]. Zu den Befugnissen der Räte gehören Einzelentscheidungen zur Funktion des Regulierungsmechanismus, wie die Entscheidung darüber, ob im konkreten Fall ein kommerzieller Kauf oder ein Sondergeschäft vorliegt oder Sonderausfuhren und Sondereinlagerungen erlaubt werden[43], oder ob die Überwachungsmaßnahmen einzelner Mitgliedstaaten lückenhaft sind und geändert werden müssen[44]; der Rat beschließt über die Kreditaufnahme von Special-Fund oder Buffer Stock[45], er kann Forschungsprogramme, Diversifizierungsmaßnahmen und Werbeaktionen initiieren[46].

Den Räten ist, nach Konsultation von (unabhängigen) Gutachterausschüssen, die Streitentscheidung über Auslegung und Anwendung der Abkommen aufgegeben[47], üben dort also quasi-richterliche Funktionen aus.

Schließlich können die Räte auch wieder als Quasi-Staatenkonferenz agieren, indem sie Empfehlungen für die Erneuerung oder Ablösung der

---

[38] Art. 23 IWA 67; Art. 40 ISA 77; Art. 7 und 9 ITA 76; Art. 34 und 51 ICA 76; Art. 31 ICCA 75.

[39] Getreide, s. Art. 5 und 6 IWA 76.

[40] Art. 62 ISA 77, Art. 27 ITA 76, Art. 38 ICA 76, Art. 29 ICCA 75.

[41] Festlegung und Anpassung der Referenzmengen, Art. 11 - 15 IWA 67; Anordnung von Überwachungszeiträumen und Exportkontingenten, Art. 32 und 33 ITA 76; Zuteilungen von Grundquoten und Modifizierung der Exportquoten, vgl. Art. 34 und 44 ISA 77, Art. 33 und 36 ICA 76 und Art. 30 und 31 ICCA 75.

[42] Vgl. Art. 16 (10) IWA 67: Verfahrensregeln für Transaktionsmeldungen und Aktenführung; Art. 51, 5. ISA 77, Art. 43 ICA 76 und Art. 49 ICCA 75: Vorschriften über Beitragsmarken (stamps) und Ursprungszeugnisse; vgl. auch die als internationale Verordnung erlassenen Wirtschafts- und Kontrollregeln des Int. Kakaorats v. 26. 7. 1976, in Gemeinschaftsrecht transformiert mit VO(EWG) Nr. 2762/76 des Rates v. 19. 10. 76, in Abl EG Nr. L 321 v. 20. 11. 76; s. a. die Bestimmungen über Ursprungszeugnisse nach Int. Kaffee-Abkommen, ABl EG Nr. L 309/76 und Beilage zum BAnz Nr. 189/76 sowie die Nrn. 193/76, 8/77 und 57/78.

[43] Art. 3 (3) IWA 67; Art. 37 und 38 ITA 76.

[44] Art. 35 ICCA 75.

[45] Art. 52 ISA 77 bzw. Art. 24 ITA 76.

[46] Art. 54 ICA 76, 50 ICCA 75, 50 ICA 76 und 51 ICCA 75.

[47] Vgl. Art. 22 IWA 67; Art. 70 ISA 77; Art. 46 ITA 76; Art. 58 ICA 76 und Art. 62 ICCA 75.

Abkommen aussprechen und Abkommensänderungen beschließen können, die, wenn genügend Mitglieder deren Annahme (Ratifikation) notifizieren, unter diesen in Kraft gesetzt werden[48].

2. Der Verwaltungsrat und die Spezialausschüsse

Die nur selten zusammentretenden Räte mit ihrer großen Mitgliederzahl[49] bedürfen für die Aufgaben, die sie nicht den Sekretariaten übertragen können und wollen, anderer Hilfsorgane, die kontinuierlich die Interessen der Mitgliedstaaten zum Ausdruck bringen. Das sind die Ausschüsse, die verschiedene Aufgaben übernehmen können.

Eine besondere Regelung hat — außer im Zinnabkommen — der „Hauptausschuß", der verschiedene Benennungen führt, erfahren[50].

Dieser, in der Folge als Verwaltungsrat (VR) bezeichnet, wird vom Rohstoff-Rat eingesetzt[51] bzw. in den neueren Abkommen vom Rat in getrennten Gruppen (Exporteure und Importeure) gewählt[52].

Der VR des Weizenabkommens besteht aus vier Vertretern von Ausfuhrländern und höchstens acht Vertretern der Einfuhrländer[53], der VR des Zuckerabkommens besteht aus je 10 Mitgliedern pro Gruppe[54], die Verwaltungsräte der Kaffee- und Kakaoabkommen aus je acht Mitgliedern pro Gruppe[55]. Die Export- und Importgruppen im VR Weizen besitzen trotz unterschiedlicher Anzahl der vertretenen Staaten die gleiche Anzahl Stimmen[56]; in den übrigen Verwaltungsräten verfügen ihre Mitglieder über die Stimmenzahl, die bei der Wahl im Rat auf sie entfallen sind[57], d. h. auch hier sind die Stimmen der Gruppen gegeneinander ausgewogen, innerhalb der Gruppen gewichtet. Beschlüsse des VR bedürfen der gleichen Mehrheiten, wie Ratsbeschlüsse in der gleichen Sache erfordern würden[58]; das ist konsequent, weil die VR vom

[48] Vgl. Art. 41 IWA 67; Art. 82 ISA 77; Art. 55 ITA 76; Art. 68 ICA 76 und Art. 76 ICCA 75.

[49] Zuckerrat mehr als 80 Mitgliedsländer, Kaffee 68, Kakao 46 und Zinn 29 Mitgliedstaaten.

[50] Art. 30 IWA 67: Exekutiv-Ausschuß; Art. 17 ISA 77: Executive Committee — so auch die englische Bezeichnung im Weizenabkommen und im Kakaoabkommen s. dort Art. 15 ICCA 75; im ICA 76: Exekutivdirektorium — Executiv Board s. Art. 16.

[51] IWA 67 Art. 30.

[52] Art. 18 ISA 77; Art. 17 ICA 76; Art. 15 ICCA 75.

[53] Art. 30 IWA 67, wohl weil unverhältnismäßig wenig Exportstaaten sehr viel mehr Einfuhrländer gegenüber stehen.

[54] Art. 17 ISA 77.

[55] Art. 16 ICA 76 und Art. 15 ICCA 75.

[56] Art. 30 (3) IWA 67.

[57] Art. 20 ISA 77; Art. 19 ICA 76 und Art. 18 ICCA 75.

Rat delegierte Aufgaben wahrnehmen; nur bestimmte festgelegte, sehr wichtige Befugnisse des Rats dürfen nicht auf die VR delegiert werden[59]. Die VR sind dem Rat verantwortlich und arbeiten nach seinen Weisungen[60]; die Delegation der Aufgaben an die VR kann von den Rohstoff-Räten jederzeit zurückgenommen werden[61]; darüber hinaus kann nach dem Zuckerabkommen und Kakao-Abkommen gegen die Abstimmung im VR der Rohstoffrat angerufen werden, der dann befaßt wird[62]. Die Räte haben sich die ‚letzte' Entscheidung, das Machtwort, vorbehalten.

Im übrigen kann man die Funktion der VR als laufende Überwachung der Abkommen, in Zusammenarbeit mit dem Sekretariat, charakterisieren, gleichzeitig zu dessen Kontrolle; bei der Bestellung der Exekutivdirektoren, der höchsten Verwaltungsbeamten der Organisationen, werden sie entsprechend von den Räten konsultiert[63]. Die VR fungieren also einmal als politisch-fachliches Steuerungsorgan, das in Verhandlungen dazu beiträgt, gemeinsame wirtschaftlich-politische Positionen zu erarbeiten und andererseits als fachlich-administratives Vollzugs- und Überwachungsorgan des Rates gegenüber dem ständigen Verwaltungsbüro (Sekretariat).

Das Zinnabkommen sieht einen Verwaltungsausschuß nicht vor, enthält aber entsprechende Delegationsvorschriften für Ausschüsse im allgemeinen[64]. Das 'Administrative Committee' des Zinnabkommens ist nach seinen Aufgaben nur auf die Kontrolle der Verwaltung, vor allem in Finanzfragen, die Budgetvorbereitung und Personalangelegenheiten ausgerichtet[65].

Generell werden Spezialaufgaben von besonderen Ausschüssen erledigt[66], die vom Rat eingesetzt werden.

[58] Art. 30 (4) IWA 67; Art. 20, 2. ISA 77; Art. 19 (2) ICA 76 und Art. 18 ICCA 75.

[59] Art. 19 ISA 77; Art. 18 ICA 76; Art. 17 ICCA 75.

[60] Art. 30 (2) IWA 67; Art. 18 ICA 76; Art. 17 ICCA 75.

[61] Art. 19 (2) ISA 77; Art. 18 (3) ICA 76 und Art. 17 ICCA 75.

[62] Art. 20, 3. ISA 77 und Art. 18 ICCA 75; ein ähnliches Verfahren galt auch für den Preisüberprüfungsausschuß des Getreideabkommens: wenn dort kein Einvernehmen hergestellt werden konnte, wurde der Rat befaßt (Art. 31 IWA 67). Gegen einen Beschluß des Preisüberprüfungsausschusses konnte der Rat angerufen werden (Art. 6 (21) IWA 67).

[63] Art. 22, 1. ISA 77; Art. 29 ICA 76 und Art. 20 (1) ICCA 75.

[64] Vgl. Art. 8 d) ITA 76.

[65] s. The International Tin Council, Annual Report for 1977 - 1978, London 1979, S. 10; da das Zinnabkommen nur 29 Mitglieder umfaßt und der Zinnrat häufiger tagt, scheint ein Ausschuß für die laufenden Geschäfte und zur Kontrolle und Überwachung des Abkommens entbehrlich; dagegen ist dort die Stellung der ‚Hauptverwaltungsbeamten' gestärkt.

[66] Vgl. Art. 39, 62, 65, 3. des ISA 77, Art. 47 ICA 76, Art. 52 ICCA 75 und die Übersichten in den Annual Reports und Konferenzdokumenten, so z. B.

3. Die Sekretariate

Die fachlich-praktische Verwaltungsarbeit in den internationalen Rohstofforganisationen erledigen die Sekretariate. Sie werden — nach dem Linienprinzip — geführt von einem Exekutiv-Direktor, der als oberster Verwaltungsbeamter vom Rat ernannt wird und diesem gegenüber für die Aufgabenerfüllung verantwortlich ist[67]. Nach dem Zinnabkommen erfüllt der Verwaltungsleiter gleichzeitig die Funktion eines unabhängigen, geschäftsführenden Vorsitzenden des Zinnrates ohne Stimmrecht[68], dem auch Ratssekretär und Buffer Stock Manager unterstehen[69]. Die Hauptverwaltungsbeamten und sämtliches sonstige Personal der Rohstofforganisationen dürfen keine finanziellen Interessen an Produktion, Handel, Verarbeitung oder Verbrauch der jeweiligen Rohstoffe haben und müssen als internationale Beamte unabhängig von Regierungen oder anderen interessierten Organisationen ihre Aufgaben erfüllen, dürfen keine Weisungen von außerhalb erbitten oder annehmen[70].

Die Sekretariate fungieren als Zentralstellen für die Sammlung, den Austausch und die Veröffentlichung von statistischen und technischen Daten, sind also generelle Informationszentren für Daten über die betroffenen Rohstoffe[71]. Die von den Sekretariaten zur Verfügung gestellten Daten bilden die Grundlage für die Entscheidungen der VR und der Rohstoffräte[72]; in Einzelfällen treffen sie selbst Anordnungen, die jedoch nach den Grundregeln der Abkommen und der Vorgaben der Räte lediglich noch Berechnungen darstellen, die für die Mitgliedstaaten Rechtspflichten auslösen, nachdem sie von den Sekretariaten festgestellt worden sind[73].

Finance Committees, Statistics Committees, Cost and Prices Committees, Development Committees, Credentials Committees etc.

[67] Art. 32 IWA 67; Art. 22 ISA 77; Art. 21 ICA 76 und Art. 20 ICCA 75.

[68] Art. 12 i. V. m. Art. 10 ITA 76.

[69] Art. 12 e) ITA 76.

[70] Art. 32 (3) IWA 67; Art. 22.4 und 22.5 ISA 77; Art. 12 f) und g) ITA 76; Art. 21 (4) und (5) ICA 76 und Art. 20 (7) und (8) ICCA 75.

[71] Vgl. Art. 16 mit Art. 8 und 9 IWA 67: Aktenführung und Unterrichtungspflichten gegenüber Mitgliedstaaten; Art. 66 und 67 ISA 77; Art. 9 ITA 76: die dem Rat zugeschriebenen Aufgaben werden natürlich unter „Zuarbeit" des Sekretariats erledigt; Art. 53 ICA 76 und Art. 37 und 57 ICCA 75; die Daten betreffen etwa Erzeugung, Preise, Im- und Exporte, Verteilung und Verbrauch sowie technische Angaben über Anbau- oder Erzeugungsmethoden, Verarbeitung, Verwendungsbereiche und Finanzfragen.

[72] z. B. für Preisanpassungen, Art. 38 (3) ICA 76.

[73] z. B. die Verteilung der Globalquote auf die Mitgliedstaaten pro rata deren Grundquoten im Zuckerabkommen, Art. 40.4 ISA 77; Abgabe der Höchstpreiserklärung des Weizenabkommens namens des Rates, Art. 9 (2) IWA 67; Berechnung und Festsetzung der Quoten nach dem Kaffee-Abkommen, Art. 33 (6), aber nur, wenn der Kaffeerat nicht seinerseits die Quoten bestimmt hat.

Im übrigen haben die Exekutiv-Direktoren Initiativrechte und -pflichten verschiedener Art, wie z. B. den Preisüberprüfungsausschuß des Weizenabkommens einzuberufen, wenn der Mindestpreis gefährdet erscheint oder der Marktpreis sich dem Höchstpreis nähert[74], oder den Rohstoffrat einzuberufen, wenn Devisenkursschwankungen Auswirkungen auf die Preisbestimmungen des Abkommens nehmen[75]. Der Geschäftsführende Vorsitzende des Zinnabkommens kann darüber hinaus die Geschäftstätigkeit des Ausgleichslagers zwischen den Ratstagungen einschränken oder aussetzen[76]; diese vorläufige, aus Dringlichkeitsgründen erlassene Maßnahme wird anschließend vom Rat überprüft und ggfs. abgeändert oder bestätigt[77].

Den Exekutiv-Direktoren wird teilweise auch ein bedingtes Initiativrecht (hilfsweise) eingeräumt, z. B. für den Fall, daß die eigentlich zuständigen Räte sich nicht rechtzeitig über die Exportquoten einigen können: dann haben die Zucker- und Kakaosekretariate ein Vorschlagsrecht[78]; die endgültige Entscheidung bleibt jedoch beim Rat.

Trotz dieser restriktiven Zuweisung von Befugnisse an die Sekretariate bzw. deren Leiter, wie sie expressis verbis in den Abkommen enthalten ist, sollte die Rolle der „unabhängigen" internationalen Beamtenschaft und der Exekutiv-Direktoren nicht unterschätzt werden: sie ist praktisch bedeutsamer als der Wortlaut der Abkommen vermuten läßt, weil das Verwaltungsorgan als einziges Organ permanent arbeitet und entsprechend informiert, fachlich-sachlich begründete Autorität ausübt; darüber hinaus bereitet es die Beschlüsse der Räte vor, ist daher weitgehend über die ihm konkret eingeräumten Vorschlagsrechte hinaus initiativ[79]. Die geringe Abstimmungsfreudigkeit der Rohstoffräte und das Eigeninteresse des Sekretariats an der Auf-

---

[74] Art. 8 und 9 IWA 67.

[75] Art. 31 ITA 76 und Art. 43 ICCA 75.

[76] Art. 29 c) und Art. 31 b).

[77] Art. 29 f) und Art. 31 c).

[78] Art. 40.3 ISA 77 und Art. 31 (2) ICCA 75; es handelt sich dabei um die im voraus festzusetzenden Ausfuhrquoten, die nicht nur berechnet, sondern nach den Unterlagen möglichst wirklichkeitsnah vorausgeschätzt werden müssen.

[79] So Ignaz Seidl-Hohenveldern, Planung im Rahmen internationaler Rohstoffabkommen, in: Planung IV, hrsg. von Joseph H. Kaiser, Baden-Baden 1970, S. 281 ff. (289); s. auch Erler, Grundprobleme, S. 147 ff.; Karl Zemanek, Das Vertragsrecht der Internationalen Organisationen, Wien 1957, S. 40 f.; Gilbert R. Winham, The Mediation of Multilateral Negotiations, in: JWTL Vol. 13 (1979), S. 193 ff. (199 f.); zu den Funktionen der Sekretariate auch schon: Donald C. Stone, The Application of Scientific Management Principles to International Administration, in: The American Political Science Review (APSR), Vol. XLII (1948), S. 915 ff. (Reprint New York, London 1971); Lujo Toncic-Sorinj, Rolle und Aufgabe der Generalsekretariate internationaler Organisationen, in: EA 1977, S. 279 ff. (282); U. K. Hackman, The Excutive Director as a Commodity Diplomat, S. 4 f.

rechterhaltung der Organisation, verbunden mit dem fachlichen Sachverstand, machen die Exekutiv-Direktoren und ihr führendes Personal in hohem Maße geeignet, mediatorische Verhandlungen einzuleiten und zu führen und Kompromisse zustande zu bringen: und auf diese Weise gewinnt die Verwaltungsorganisation zusätzliches Gewicht[80].

4. Die Ausgleichsfondsverwaltung

Bei den Buffer Stock Managern der Zinn- und Kakao-Abkommen und dem Manager of the Fund des Zuckerabkommens handelt es sich um gegenüber dem Sekretariat verselbständigte Fondsverwaltungen, die ein ‚Sondervermögen' im Rahmen ihnen vorgegebener Ziele und Handlungsbedingungen einsetzen[81].

Die Verwaltungsleiter der Fonds (Manager) werden vom Rat ernannt[82], unterliegen seinen Anweisungen[83] und sind entweder dem Rat direkt[84] oder über den Exekutiv-Direktor[85] oder Geschäftsführenden Ratsvorsitzenden[86] mittelbar verantwortlich; die Fonds sind über Konsultationsverpflichtungen[87] oder der verwaltungsmäßigen Unterstellung zu dem Hauptverwaltungsbeamten der Organisation in die Sekretariate eingebunden. Die Unabhängigkeitsklausel gilt gerade und besonders auch für die Manager und das Personal der Buffer Stocks bzw. Finanzfonds[88]. In ihren Funktionen bei den Marktinterventionen ist den Ausgleichslagerleitern ein gewisser Spielraum eingeräumt[89]; die Räte haben sich jedoch ein Eingriffsrecht vorbehalten[90], behalten also, unterstützt von Verwaltungsrat und den speziellen Arbeits- und Kontrollausschüssen — besonders in schwierigen Lagen (wie Devisenkursverschiebungen) —, die Fäden in der Hand.

Den Organen, die die Interessen der Mitgliedstaaten repräsentieren, Rohstoffrat, Verwaltungsrat und Spezialausschüssen, stehen die von Weisungen einzelner Regierungen unabhängigen, internationalen Sach-

[80] Dementsprechend wird in den Abkommen teilweise den Exekutiv-Direktoren die Initiative zur Streitschlichtung als ersten angetragen, vgl. Art. 57 ICA 76 und Art. 61 ICCA 75.

[81] Zur Fondsverwaltung und zum Begriff s. Arnold Köttgen, Fondsverwaltung in der Bundesrepublik, Stuttgart, Berlin, Köln, Mainz 1965, S. 18 ff.

[82] Art. 50.4 ISA 77; Art. 12 c) ITA 76 und Art. 20 (3) ICCA 75.

[83] Art. 50.4 ISA 77; Art. 28 a) ITA 76 und Art. 37 ICCA 75.

[84] Art. 20 (4) ICCA 75.

[85] Art. 50 ISA 77.

[86] Art. 28 a) ITA 76.

[87] Art. 20 (4) ICCA 75.

[88] Art. 50.4 ISA 77; Art. 12 ITA 76; Art. 20 (7) und (8) ICCA 75.

[89] Dazu oben B III und B V.

[90] z. B. nach Art. 29 - 31 ITA 76 und Art. 40 und 41 ICCA 75.

verstand repräsentierenden ständigen Verwaltungsbüros, die Sekretariate und die verselbständigten Verwaltungseinheiten der Fonds gegenüber.

Ihre Sachnähe und -kenntnis, ihre permanente Verwaltungstätigkeit, vorbereitende und initiierende, gleichzeitig mediatorische Funktionen bestimmen ihr Gewicht. Lenkung und Leitung der Organisationen und damit die Verantwortung der Marktinterventionen obliegt jedoch den Räten, zuvörderst den Rohstoffräten, die generell zuständig auch delegierte Kompetenzen jederzeit selbst beanspruchen können, daher Zentrale der innerorganisatorischen Macht darstellen; sie werden unterstützt von dem kleineren und flexibleren allgemeinen Kontroll- und Koordinierungsorgan Verwaltungsrat und den Spezialausschüssen, die jeweils mit delegierten, beschränkten und bedingten vorläufigen Entscheidungsbefugnissen ausgestattet sind.

D. Überstaatliche Verwaltung in der gelenkten Rohstoffwirtschaft Westeuropas

Die Europäischen Gemeinschaften, EGKS[1], EAG[2] und EWG[3], erfüllen für ihre Verwaltungssektoren teilweise Funktionen internationaler Rohstoffbehörden. Die Montanunion, Nachfolgeorganisation der Internationalen Ruhrbehörde, mit einem hochpolitisch wirtschafts-militärischen Hintergrund[4], organisierte zunächst die Verteilung von Kohle[5] und unterstützte später eine Kohlepolitik, die eher sozial- und regionalpolitisch begründet war. Die Euratom verfolgt neben sicherheits- und verteilungspolitischen vor allem Ziele zur Entwicklung der friedlichen Nutzung der Kernenergie.

Beide Gemeinschaften sprengen den Rahmen von Rohstoffverwaltungsorganisationen wegen dieser militärisch-politischen und energiewirtschaftlichen Verflechtungen.

Die EGKS, die außer einer Nachkriegszwangsverwaltung auch Vorläufer in den internationalen privaten Industriekartellen der Zwischenkriegszeit hat (Internationale Rohstahlgemeinschaft — IRG von 1926 und Internationale Rohstahl-Exportgemeinschaft — IREG von 1933[6], gab aber für die Entwicklung der Europäischen Wirtschaftsgemeinschaft und damit auch deren Verwaltungen für agrarische Rohstoffe (Marktordnungen) organisatorische Formen vor, die im historisch-sy-

---

[1] Europäische Gemeinschaft für Kohle und Stahl (Montanunion) v. 18. 4. 1951 (BGBl II, 1952, S. 447).

[2] Europäische Atomgemeinschaft (Euratom) v. 25. 3. 1957 (BGBl II, 1957, S. 1014).

[3] Europäische Wirtschaftsgemeinschaft v. 25. 3. 1957 (BGBl II, 1957, S. 766).

[4] Dazu Hermann Mosler, Der Vertrag über die Europäische Gemeinschaft für Kohle und Stahl, in: ZaöRV 1952/53, S. 1 - 45 (8 ff.) und Rudolf L. Bindschedler, Rechtsfragen der europäischen Einigung, Basel 1954, S. 257.

[5] Dazu auch das Agreement for the Establishment of the European Coal Organization v. 4. 1. 1946, Text in: UNTS 6, 35 ff. No. 66.

[6] Dazu Alfred Nies, Internationale Kartelle, Mannheim 1959, S. 55 ff., der auch angibt, daß diese Stahlkartelle auch die (inoffizielle) Unterstützung der Regierungen erfahren hätten, teils zur Abstützung der Handelsrestriktionen (Heimatschutz) der nationalen Wirtschaftspolitiken, s. S. 55 und 59; s. auch Ervin Hexner, The International Steel Cartel, Chapel Hill, 1943, und Stocking / Watkins, Cartels in Action, S. 171 ff., 182, 187; Mitglieder des IRG waren Produzentengruppen in Deutschland, Frankreich, Luxemburg und der Saar, 1927 erweitert um österreichische und tschechische sowie jugoslawische Interessen; der IREG schlossen sich bis 1938 zusätzlich britische, südafrikanische und nordamerikanische Produzenten an.

stematischen Zusammenhang bedeutsam sind; diese Bezüge werden vor allem bei der Abgrenzung der interinstitutionellen Kompetenzen hervortreten.

Für den verwaltungswissenschaftlichen Vergleich zu den Internationalen Rohstoffabkommen bieten sich jedoch entwicklungsgeschichtlich eher die ‚reinen‘ Rohstoffverwaltungssektoren der europäischen Agrarmarktordnungen an, die nicht jene primärpolitischen, wirtschafts- und sicherheitspolitischen Komponenten wie die Montanunion und Euratom aufweisen.

Dabei repräsentieren die Weizen(Getreide-) und Zuckerwirtschaft in der EWG nicht nur die Sektoren, die eine Entsprechung in internationalen zwischenstaatlichen Verwaltungsorganisationen finden (Weizen- und Zuckerabkommen), sie können auch als exemplarisch für die Marktordnungen der EWG angesehen werden[7]. Beide Rohstoffsektoren, zunächst national reguliert, dann in die Versuche globaler Regulierungen eingefügt, werden in Westeuropa nicht mehr national gelenkt und (nur) international koordiniert, sondern übernational-regional organisiert und verwaltet.

Methoden und Formen der Agrarverwaltung, die teils an die vorher bestehenden Marktregulierungen des Landwirtschaftssektors der Nationalwirtschaften anknüpften[8], haben multi- und supranational an

[7] Beide Marktorganisationen enthalten die Besonderheiten des Drittlandschutzes (Außenregelung) wie die grundlegenden Ideen der Binnenmarktregulierung.

Im übrigen gibt es inzwischen 25 Marktorganisationen in der EWG-Agrarwirtschaft; dazu Ortwin Gottsmann, Der Gemeinsame Agrarmarkt, Texte mit Kommentar, Baden-Baden, LsbltSmlg Stand Sept. 1979, Bd. II unter Nr. III; s. auch Friedrich Markert, Rechtsinstitute der Agrarmarktordnungen, Erlangen-Nürnberg 1978, S. 82; Hans-Georg Rahn, Das Instrumentarium der gemeinsamen Agrarpolitik, in: RIW/AWD 1980 - 4, S. 262 - 269; dabei handelt es sich nicht mehr nur um „Stapelgüter“: dem hochentwickelten Organisationssystem entspricht eine progressive Konservierungstechnik, die Milchprodukte, Schweine-, Rind- und Geflügelfleisch tiefgefroren einlagert, nachdem sie standardisiert und klassifiziert uniform zu vermarkten sind. Einen Überblick über die verschiedenen Interventionsmaßnahmen der einzelnen Agrarmärkte gibt Bodo Börner, Das Interventionssystem der landwirtschaftlichen Marktordnungen der EWG, in KSE 10, 1 - 56.

[8] Zur Landwirtschaftspolitik in Europa vor der Gründung der EWG s. Karl Schiller, Marktregulierung und Marktordnung in der Weltagrarwirtschaft, Jena 1940 und s. oben S. 30 ff.; auch OEEC, Agrarpolitik in Europa und Nordamerika, 2. Aufl. 1958, hrsg. vom Bundesministerium für Wirtschaft (BMWi) in Zusammenarbeit mit dem Bundesministerium für Ernährung, Landwirtschaft und Forsten (BML); zum ‚Planpreissystem‘ in Frankreich: OEEC, Agrarstruktur, Marktregelung, Preisstützung in Europa und Nordamerika, hrsg. v. BMWi in Zusammenarbeit mit dem BML, Bonn 1959, S. 411 ff.; zur Entwicklung in der BRD s. Wilhelm Magura, Chronik der Agrarpolitik und Agrarwirtschaft in der Bundesrepublik Deutschland von 1945 - 1967, Berlin / Hamburg 1970; auch Roderich Plate, Agrarmarktpolitik, Bd. 2, Die Agrarmärkte Deutschlands und der EWG, München, Basel, Wien

Komplexität und Rationalität gewonnen, so daß weder System noch Ergebnis immer auf Verständnis oder Zustimmung stoßen[9].

Die 1957 im EWG-Vertrag vereinbarte Konzeption (Art. 40 EWGV) zum Aufbau eines Gemeinsamen Marktes (auch) für die Landwirtschaft (Art. 38 EWGV)[10] spiegelt die Entwicklung der internationalen Zusammenarbeit auf einzelnen Agrar-(Rohstoff-)Sektoren wider: die erste Stufe, die Vereinbarung gemeinsamer Wettbewerbsregeln (Art. 40 (2) a) EWGV), trifft etwa den materiellen Inhalt der Brüsseler Zuckerkonvention von 1902, die Wettbewerbsverzerrungen auf den europäischen Zuckermärkten durch überhöhte Steuerrückvergütungen (Steuer-Dumping/Draw backs) beseitigte[11].

Die „bindende Koordinierung der verschiedenen einzelstaatlichen Marktordnungen" (Art. 40 (2) b) EWGV) beschreibt etwa die Praxis internationaler Marktinterventionen im Rahmen der ersten Kautschuk-Abkommen von 1934/38[12], die nicht nur die Exportmengen fest-

---

1970; zu den Zuckermärkten speziell: Hermann-Ernst Günther, Die Zuckerwirtschaft in EWG und EFTA, Baden-Baden, Bonn 1962; außerhalb der EWG: OECD, Angebotssteuerung in der Landwirtschaft, hrsg. v. BML, Bonn 1974; zu den Ursachen und Gründen des europäischen Agrarprotektionismus exemplarisch bei Bodo Richter, Völkerrecht, Außenpolitik und internationale Verwaltung bei Lorenz von Stein, Hamburg 1973, S. 110 ff., s. im übrigen dazu Hans-Heinrich Herlemann, Vom Ursprung des deutschen Agrarprotektionismus, in: Agrarwirtschaft und Agrarpolitik, hrsg. v. Eberhard Gerhardt / Paul Kuhlmann, Köln, Berlin 1969, S. 183 - 208; s. auch Martin Sackur, Die handelspolitische „Abschöpfung" — Ein geschichtlicher Rückblick, in: Berichte über Landwirtschaft, NF, Bd. XLIII (1965), S. 121 ff.

[9] Zur politischen und wirtschaftswissenschaftlichen Diskussion der EWG-Agrarpolitik unter binnenwirtschaftlichen Gesichtspunkten s. etwa Ulrich Koester, EG-Agrarpolitik in der Sackgasse, Baden-Baden 1977; Hans Willgerodt, Der „Gemeinsame Agrarmarkt der EWG", Tübingen 1974; Franz Waltermann, Umstrittene EWG-Agrarpolitik — Gedanken zur Reform, Köln 1975; Klaus Köhler, Europäische Agrarpolitik — Unbewältigte Vergangenheit und ungeklärte Zukunft, in: Europäische Wirtschaftspolitik, Programm und Realität, hrsg. v. Hans-Eckart Scharrer / Wolfgang Wessels, Bonn 1973, S. 287 - 326; The Economist v. 19. 5. 1979, S. 63 ff. und v. 1. 11. 80, S. 51 ff.; zu den Resultaten der Gemeinsamen Agrarpolitik vgl. schon Hermann Priebe, Landwirtschaftspolitik, in: Hans von der Groeben / Ernst-Joachim Mestmäcker, Ziele und Methoden der europäischen Integration, Frankfurt/M 1972, S. 148 ff. (154 ff.); auch Roderich Plate, Agrarmarktpolitik. Bd. 2, S. 339 ff.; bisweilen stoßen schon die Formulierungen der Texte der EWG zur Agrarpolitik auf Verständnisschwierigkeiten, s. EP, Schriftliche Anfrage Nr. 545/78 (Verhaegen) an den Rat der EG v. 28. 8. 1978, ABl EG Nr. C 267 v. 22. 10. 78, S. 28; s. jetzt auch das Jahresgutachten 1980/81 des Sachverständigenrats zur Begutachtung der gesamtwirtschaftlichen Entwicklung, November 1980, S. 340 - 393 („Agrarpolitik in Europa").

[10] Bisweilen als Tauschhandel zwischen Deutschland und Frankreich zum Ausgleich für den Freihandel mit gewerblichen Gütern angesprochen, s. Klaus Köhler, Die Kehrseite des Gemeinsamen Agrarmarktes, in: Die Europäische Gemeinschaft in der Krise, hrsg. v. Klaus Köhler / Hans-Eckart Scharrer, Hamburg 1974, S. 127 ff. (131).

[11] s. oben A I 3.

legten, sondern auch die interne Kautschukpolitik (Anbauflächen etc.) bestimmten[13]. Als Koordinierung einzelstaatlicher Märkte lassen sich aber auch die heutigen internationalen Rohstoffabkommen begreifen, die Produktionsmengen, Marktzugang und Preise administrieren, ohne jedoch einen Markt zu errichten, der gänzlich gemeinsamen Regeln unterliegt und zentral mit direkt verbindlichen Rechtsakten einer internationalen Behörde gesteuert würde. Dies ist die höchste Stufe der Agrarintegration, als „Europäische Marktordnung" bezeichnet (Art. 40 (2) c) EWGV), die international bisher nur in dieser einen sektoral-regional organisierten Wirtschaftsgemeinschaft geplant und hergestellt worden ist[14]. Entsprechend Art. 43 EWGV legte eine Agrarkon-

---

[12] s. oben S. 46 ff.; vgl. aber auch die Zucker-, Tee- und Zinnabkommen dieser Zeit, oben S. 34 ff.

[13] s. oben S. 47.

[14] Das östliche Gegenstück zur EWG, der Rat für Gegenseitige Wirtschaftshilfe (RGW/Comecon), konzentriert seine Arbeit auf die Koordinierung der einzelstaatlichen Planungen (auch in der Landwirtschaft) und initiiert eine organisierte internationale Arbeitsteilung in Sektoren, die aber nicht regional, sondern national-staatlich, geplant wird; s. dazu: Zusammenarbeit der RGW-Länder in der Planung — Rechtsfragen —, Gesamtredaktion Manfred Kemper, Berlin (DDR) 1977; s. auch: Die Zuckerwirtschaft der Comecon-Länder, in: F. O. Lichts Europäisches Zuckerjournal, Spezialausgabe, Ratzeburg 1974, S. 16; Wolfgang Seiffert, Rechtsformen und besondere Wesenszüge der sozialistischen ökonomischen Integration der Mitgliedsländer des RGW, und Laszlo Valki, Beschlußfassung und Mechanismus der Zusammenarbeit im RGW, in: Rechtsfragen der Integration und Kooperation in Ost und West, hrsg. von Otto Wolff von Amerongen, Berlin 1976, S. 61 - 78 bzw. 79 - 89; Milan Cizkovsky, Internationale Koordinierung der Volkswirtschaftspläne im Comecon, in: Planung IV, hrsg. v. Joseph H. Kaiser, Baden-Baden 1970, S. 243 ff.; Helmut Winter, Institutionalisierung, Methoden und Umfang der Integration im RGW, Stuttgart 1976; Fritz Franzmeyer / Heinrich Machowski, Willensbildung und Entscheidungsprozesse in der EG und im RGW — Ein Vergleich, in: EA 2/1973, S. 47 - 60; Endre Ustor, Decision-Making in the Council for Mutual Economic Assistance, in: Receuil des Cours, 1971 III, S. 163 - 296; zur Geschichte und Systematik vgl. Hartwig Bülck, Der Aufbau der osteuropäischen Wirtschaftsgemeinschaft, Festschrift für Rudolf Laun, Göttingen 1962, S. 25 ff.; zum RGW s. auch Marie Lavigne, Le Comecon, Paris 1973; Peter Knirsch, Art. Comecon, in: HdWW, 15. Lfg. 1978, S. 81 ff. Das Statut des RGW v. 14. 12. 1959 in: GBl.-DDR 1960, I, S. 283. Statuten der Ständigen Kommissionen des RGW (u. a. für Landwirtschaft) und Typenverfahren der Ständigen Kommissionen des RGW z. B. in: Grunddokumente des RGW, zusammengestellt und bearbeitet v. Lothar Rüster, Berlin (DDR), 1978. Auch die Europäische Freihandelsassoziation (EFTA) betreibt neben Handelsliberalisierung (z. B. bez. Wettbewerbsregeln) nur eine Koordinierung der nationalen Märkte bestimmter landwirtschaftlicher Produkte, vgl. Art. 21 ff. der Stockholmer Konvention v. 4. 1. 1960, Text in: BGBl (Österreich) Nr. 100 v. 16. 5. 1960 und die Erläuterungen in: Die Europäische Freihandelsassoziation, Struktur, Regeln und Arbeitsweise, hrsg. v. EFTA-Sekretariat, Genf 1976, S. 59 ff. Zu außereuropäischen Integrationsbemühungen s. Gunter Friedrich, Gemeinsamer Markt in Ostafrika und Zentralamerika — Ein Vergleich, Hamburg 1975; Albrecht Weber, Neuere Tendenzen im Integrationsrecht Lateinamerikas, in: VRÜ, 1978, S. 89 ff.; Ludger Eling, 10 Jahre ASEAN-Probleme und Trends, Sankt Augustin (Konrad-Adenauer-Stiftung) 1977; Kenneth Hall / Byron Blake,

ferenz der Mitgliedstaaten der EWG die Grundlinien für die Organisation der europäischen Landwirtschaft fest[15]. Schrittweise wurden die nationalen Agrarmärkte von gemeinsamen europäischen Marktorganisationen abgelöst[16].

I. Die Regulierungstechniken der Getreide- und Zuckermarktordnungen

1. Die Gemeinsame Marktorganisation für Getreide

Dem Getreidemarkt kommt innerhalb der Agrarwirtschaft eine Schlüsselstellung zu: die Höhe der Getreidepreise gibt gleichzeitig eine Orientierung für die Preisniveaus einer Anzahl weiterer Agrarprodukte. Getreidepreise bestimmen teilweise die Kosten tierischer Veredlungsprodukte und damit deren Preise[17], beeinflussen die Verwendung zur Verfütterung geeigneter Substitutionsprodukte, deren Anbau und Einfuhr[18].

Die Getreidemarktordnung der EWG arbeitet mit einer Kombination verschiedener Markteingriffstechniken, die teils nationale[19], teils

The Caribbean Community: Administrative and Institutional Aspects, in: JCMS, Vol. XVI (1978), S. 211; Rolf J. Langhammer, Die Zentralafrikanische Zoll- und Wirtschaftsunion, Tübingen 1978; historisch-systematische Darstellung internationaler Integration als weltwirtschaftliche Ordnungsprinzipien s. Hartwick Bülck, Die Techniken der internationalen und regionalen Integration, in: AöR, Beiheft 1, 1974 (Sonderheft: Deutsche öffentlich-rechtliche Landesberichte zum IX. Internationalen Kongreß für Rechtsvergleichung, Teheran, 27. 9. - 4. 10. 1974), S. 1 - 17.

[15] s. die Dokumente der Landwirtschaftskonferenz der Mitgliedstaaten der Europäischen Wirtschaftsgemeinschaft in Stresa vom 3. - 12. Juli 1958, Veröffentlichungsdienst der EG, 2116/1/59/5.

[16] Vgl. die VO (Verordnung) Nr. 19 v. 4. 4. 1962 über die schrittweise Errichtung einer gemeinsamen Marktorganisation für Getreide, ABl EG Nr. 30 vom 20. 4. 1962, S. 933; die VO Nr. 120/67 EWG des Rates v. 13. 6. 1967 kodifizierte die gemeinsame Marktorganisation für Getreide (ABl EG Nr. 117 v. 19. 6. 1967, S. 2269); Anzahl, Kompliziertheit und Streuung der Veröffentlichungen der Änderungen erforderten 1975 eine Neufassung, s. VO (EWG) Nr. 2727/75 des Rates v. 19. 10. 1975, ABl EG Nr. L 281 v. 1. 11. 1975, die ihrerseits inzwischen wieder Änderungen erfahren hat, vgl. VO'en (EWG) Nr. 1143/76 v. 17. 5. 1976, ABl EG Nr. L 130 v. 19. 5. 1976, S. 1 und Nr. 1151/77 v. 17. 5. 1977, ABl EG Nr. L 136 v. 2. 6. 1977 und 8 weitere Verordnungen bis Mitte 1978, vgl. Gottsmann, III A 1 S. 1 Fn. 1.

[17] Hans Eberhard Buchholz, Agrarmarkt: EWG-Marktordnungen, in: HdWW, Bd. 1 (1977), S. 87 ff. (93); s. auch Plate, S. 23 f.

[18] Zur Substitution von Getreide (hier: Gerste) durch eingeführten Maniok aus Thailand und daraus resultierenden Marktordnungsstörungen s. EP, Schriftl. Anfrage Nr. 991/78 (Seefeld) v. 17. 1. 1979 mit Antwort der Kommission vom 8. 5. 1979, ABl EG Nr. C 145 vom 11. 6. 1979, S. 4/5.

[19] Etwa den früheren deutschen und französischen Regulierungen; zu den einzelstaatlichen Regulierungen s. z. B. Anneliese Binder, S. 7 ff.; OEEC, Agrarpolitik in Europa und Nordamerika; OECD, Angebotssteuerung in der

internationale Vorläufer haben. Sie basiert auf einem Preissystem, mit dem die Ziele der gemeinsamen Agrarpolitik[20] für diesen Sektor verfolgt werden. Für jede Getreideart (Weichweizen, Gerste, Mais, Roggen und Hartweizen) gibt es einen Richtpreis; das ist der Preis, der in dem Gebiet mit dem größten Zuschußbedarf (Interventionsort: Duisburg) auf der Großhandelsstufe angestrebt werden soll. Der Richtpreis wird abgeleitet vom Interventionspreis, der für Ormes (in Mittelfrankreich), dem Interventionsort mit den größten Überschüssen bei Getreide, festgesetzt wird; dazu wird dem Interventionspreis, zu dem die Interventionsstellen das ihnen angebotene Getreide ankaufen müssen[21], ein Marktelement[22] und ein für die Kosten des Transports zwischen dem Gebiet Ormes in Frankreich und dem Gebiet Duisburg repräsentatives Element hinzugerechnet[23]. Nach dem so ermittelten Richtpreis werden die der außenwirtschaftlichen Absicherung des innergemeinschaftlichen Preisniveaus dienenden Schwellenpreise festgelegt; die Schwellenpreise gelten für Rotterdam; zu ihrer Berechnung werden die Richtpreise um die Kosten des Transports zwischen Rotterdam und Duisburg, einer Vermarktungsspanne und die Umladekosten verringert, so daß der Verkaufspreis des eingeführten Getreides auf dem Markt in Duisburg dem Richtpreis entspricht[24].

Ist der Weltmarktangebotspreis cif Rotterdam niedriger als der EWG-Schwellenpreis[25], so wird bei der Einfuhr eine „Abschöpfung" erhoben, die gleich dem um den Schwellenpreis verminderten cif-Preis ist[26]. Darüber hinaus bedürfen Einfuhren (und Ausfuhren) einer Lizenz,

---

Landwirtschaft und OECD, Agrarpolitischer Jahresbericht 1977, hrsg. v. BML, Bonn 1978, S. 19 - 42; zu den früheren deutschen Getreidemarktregulierungen s. auch Plate, Agrarmarktpolitik, Bd. 2, S. 26 ff., die mit Einfuhrkontingenten, Abschöpfungen und Interventionen der Einfuhr- und Vorratsstellen arbeiteten; auch Hans Peter Ipsen, Konstruktionsfragen der Getreideeinfuhrlenkung, in: Forschungen und Berichte aus dem öffentlichen Recht, hrsg. von Otto Bachof u. a., Bd. 6, München 1955, S. 593 - 615.

[20] Nach Art. 39 I EWGV die Produktivität der Landwirtschaft zu steigern, der landwirtschaftlichen Bevölkerung eine angemessene Lebenshaltung zu gewährleisten, auf stabilen Märkten für sichere Versorgung zu angemessenen Preisen zu sorgen.

[21] Art. 7 VO (EWG) Nr. 2727/75; die regionalisierten Preise — Grundinterventionspreis und abgeleitete Interventionspreise, gestaffelt, um Standortverzerrungen aufzufangen — nach der VO (EWG) Nr. 120/67 (Art. 4) werden nicht mehr angewandt.

[22] Das soll die Differenz zwischen Interventionspreis und dem Marktpreisniveau sein, „das bei normaler Ernte unter normalen Preisbildungsbedingungen auf dem Getreidemarkt im Anbaugebiet mit den größten Überschüssen zu erwarten ist", Art. 3 V der VO 2727/75.

[23] Art. 3 V VO 2727/75.

[24] Art. 5 VO 2727/75.

[25] Was üblicherweise der Fall ist.

[26] Art. 13 (1) VO 2727/75.

deren Erteilung von der Stellung einer Kaution abhängt[27]. Der Außenschutz wird vervollständigt durch die Einbeziehung von verarbeiteten Erzeugnissen, Verarbeitungserzeugnissen und Wettbewerbserzeugnissen (mögliche Substitute) in die Abschöpfungsregelung, u. a. um die Verarbeitungsindustrie zu schützen[28]; dazu dient auch die Umkehrung dieses Abschöpfungssystems, indem bei der Ausfuhr sowohl der Grunderzeugnisse wie der Veredelungserzeugnisse Erstattungen gewährt werden, die die unterschiedlichen Preisniveaus innerhalb und außerhalb der Gemeinschaft ausgleichen und so Exporte erst ermöglichen[29]. Qualitätsunterschiede des Getreides werden durch Zu- und Abschläge, die in Tabellen festgelegt werden, berücksichtigt. Damit der innergemeinschaftliche Handel mit Getreide nicht behindert wird, sind die Erhebung von Zöllen oder Abgaben gleicher Wirkung sowie die Anwendung von mengenmäßigen Beschränkungen oder Maßnahmen gleicher Wirkung verboten[30].

Im EWG-Getreidemarkt wird der Richtpreis gleichzeitig als EWG-Höchstpreis angesehen, indem dem Weltmarkt die Ausgleichsfunktion eines ergänzenden Höchstpreisversorgers zukommt, dessen Angebot ggfs. verhindert, daß der Richtpreis überschritten wird. Notfalls, d. h. im Falle hoher Weltmarktpreise, können weitere Regulierungstechniken wie Ausfuhrabschöpfungen und Einfuhrerstattungen o. ä. Anwendung finden, um „Marktstörungen“zu beseitigen[31].

---

[27] Art. 12 VO 2727/75.

[28] Art. 14 VO 2727/75; andererseits wird bei der Erzeugung von Verarbeitungsprodukten bereits eine Erstattung gewährt, um ihre Weiterverwendung als Industriegrundstoffe sicherzustellen, s. Art. 11 VO 2727/75.

[29] Art. 16 VO 2727/75; zum Mechanismus von Abschöpfung und Erstattung s. Martin Sackur, Die handelspolitische „Abschöpfung“ — Das System, in: Berichte über Landwirtschaft, NF, Bd. 43 (1965), S. 697 ff. und Hans-Georg Rahn, Zum Recht der Ausfuhrerstattungen, in: RIW/AWD, H. 8, August 1980, S. 563 - 569; um den Handelsfirmen längerfristige Vertragsabschlüsse im Einfuhr- und Ausfuhrgeschäft zu erleichtern, können sie Vorausfestsetzungen für die Abschöpfung (mit einem Prämienzuschlag) beantragen; eine entsprechende Regelung gilt für Ausfuhrerstattungen, Art. 15 und 16 VO 2727/75.

[30] Art. 18 VO 2727/75; der innergemeinschaftliche Grenzausgleich dient der Absicherung verschiedener Preisparitäten nach Wechselkursänderungen, die dadurch entstehen, daß die ‚gemeinsamen‘ Agrarpreise in den Aufwertungsländern nicht entsprechend angepaßt werden, um Einkommensausfälle der landwirtschaftlichen Bevölkerung zu vermeiden, andererseits das gesamte Agrarpreisniveau nicht um die Aufwertungsspanne angehoben werden soll; dazu H. Rodemer, Wechselkursänderungen und EWG-Agrarmarkt — Die Kontroverse um den Grenzausgleich, Kiel 1974; Winfried von Urff, Zur Funktion des Grenzausgleichs bei Wechselkursänderungen im System der EWG-Agrarmarktordnungen, in: Agrarwirtschaft, 1974, S. 161 ff.; Peter Michael Schmitz, Der Grenzausgleich im Agrarhandel, in: Wirtschaftsdienst, 1979, 341 ff.; s. auch Werner J. Feld, Implementation of the European Community's Common Agricultural Policy: expectations, fears, failures, in: International Organization, 1979, S. 335 - 363 (340 ff.); John A. Usher, Agricultural Markets: Their Price-systems and Financial Mechanisms, in: ELR (European Law Review) Vol. 4 (1979), S. 147 - 165.

2. Die Zuckermarktordnung

In der neueren Wirtschaftsgeschichte ist Zucker ein nachgerade „klassischer“ Interventions-Rohstoff[32]. So gab es auch schon in fast allen Ländern des EWG-Raumes staatliche Marktlenkungsmechanismen zur Preisstützung und/oder Sicherstellung der Versorgung[33], bevor der Gemeinsame Zuckermarkt[34] errichtet wurde.

Die grundsätzliche Konstruktion entspricht der der Getreidemarktordnung. Den marktordnenden Instrumenten gesellt sich jedoch ein Mittel hinzu, daß auf die besonderen (bekannten) Probleme der Zuckererzeugung hinweist; Produktionsquoten sollten verhindern, daß Überschüsse an Zucker den (geregelten) Markt stören könnten; dazu mußten diese Erzeugungsbeschränkungen sowohl die industrielle Zuckerfabrikation wie den landwirtschaftlichen Zuckerrüben- bzw. Zuckerrohranbau beeinflussen[35]. Die Quotenzuteilung erfolgt daher mehrstufig.

---

[31] Vgl. Art. 19, 20 VO 2727/75; nicht nur schwer prognostizierbare Weltmarktslagen erfordern Ermächtigungsnormen für unbestimmte Maßnahmen, die technisch und biologisch expansive Landwirtschaft selbst unterliegt raschem Wandel, dazu The Economist v. 5. 1. 1980, survey p. 1 - 14 nach Seite 36, über die gewaltige Entwicklung der amerikanischen Landwirtschaft; „Biotechniker“ und „Gen-Chirurgen“ arbeiten z. B. an Hybridarten (u. a. Weizen) mit „Supereigenschaften“, was Widerstandsfähigkeit und Ertrag angeht, so daß auch daher Angebotsumwälzungen möglich erscheinen, dazu: Günther Thiede, Einflüsse der wissenschaftlichen und technischen Innovationen auf die Neuorientierung der Agrarerzeugung und der Agrarpolitik, in: Beiträge zur Weiterentwicklung der Agrarpolitik, hrsg. von Werner Ernst / Rainer Thoss, Münster 1977, S. 9 - 33 (13 ff.) und E. M. Olivier, L'Avenir de la Politique Agricole Commune — L'Agriculture: Matière Première de l'Industrie du Futur, in: Revue du Marché Commun, No. 237, Mai 1980, S. 229 - 234; wo solche final „offenen“ Manipulationen an der Natur ‚gemacht‘ werden, bedarf es wohl auch offener Planungsinstrumentarien, die die Wirklichkeit als plangemäß bestimmt und damit dem Plan „als Utopie des Bewahrens“ Stabilität zu verleihen versprechen; die Metapher ist dem Titel des Beitrags von Hans-Joachim Arndt, Die Figur des Plans als Utopie des Bewahrens, in: Säkularisation und Utopie (FS f. Ernst Forsthoff), Stuttgart, Berlin, Köln, Mainz 1967, S. 119, entnommen.

[32] s. oben unter A I.

[33] Nur in Belgien gab es einen von staatlichen Interventionen freien Zuckermarkt; dort regulierten allerdings Fabrikanten-Verbände Produktion und Export durch ‚freiwillige‘ Vereinbarungen (Kartelle), vgl. Hermann-Ernst Günther, Die Zuckerwirtschaft in EWG und EFTA, Baden-Baden, Bonn 1962, S. 72; dort auch Übersichten und Beschreibungen der einzelstaatlichen Zuckermärkte und Regulierungen (der BRD, Frankreichs, der Niederlande, Belgien-Luxemburgs und Italiens), S. 43 ff., 61 ff.; s. auch die Zusammenstellung bei Helmut Bujard, Der Interesseneinfluß auf die europäische Zuckerpolitik, Baden-Baden 1974, S. 22/23; auch Odilo Schmidt, Zuckerwirtschaft und Zuckerpolitik in Westdeutschland seit 1945, Freiburg 1957, S. 79 ff.

[34] VO Nr. 1009/67/EWG v. 18. 12. 1967, ABl EG Nr. 308 v. 18. 12. 1967, abgelöst durch VO (EWG) Nr. 3330/74 v. 19. 12. 1974, ABl EG Nr. L 359 v. 31. 12. 1974.

[35] Vgl. Präambel der VO 1009/67, S. 2 und der VO 3330/74, S. 2; Zuckerrohr wird in den in die Marktordnung einbezogenen französischen überseeischen Departements (DOM) angebaut.

Zunächst wird jedem Mitgliedsland eine sogenannte Grundmenge zugeteilt[36]. Aus dieser ‚nationalen' Grundmenge teilen die Mitgliedstaaten jedem Zuckererzeuger eine sogenannte Grundquote zu, wenn er seine Grundquote auch im Zuckerwirtschaftsjahr 1974/75 ausgenutzt hatte[37]. Bei der Zuteilung der Quoten steht den Mitgliedstaaten ein gewisser Spielraum zur Verfügung, dessen Rahmen gemeinschaftsrechtlich festgelegt ist[38]. Für diese Grundquote gilt der volle (abgeleitete) Interventionspreis und die Ankaufsverpflichtung der Interventionsstellen[39].

Außerdem können die EWG-Staaten ihren zuckerproduzierenden Unternehmen eine sogenannte Höchstquote zuteilen, die sich durch Multiplikation der Grundquote mit einem Koeffizienten errechnet; dieser Koeffizient wird nach dem Verfahren des Art. 43 II EWGV im voraus festgelegt[40]. Die Höchstquote bestimmt die Obergrenze der Absatzgarantie; die Preisgarantie des Interventionsniveaus wird jedoch durch eine Produktionsabgabe auf die Zuckermenge zwischen Grundquote und Höchstquote[41] eingeschränkt. Die Produktionsabgabe wird jedoch erst erhoben, wenn die sogenannte Garantiemenge überschritten wird. Diese Garantiemenge errechnet sich aus der für den menschlichen Verbrauch tatsächlich verwendeten Zuckermenge eines bestimmten Zeitraums abzüglich der zu Präferenzbedingungen importierten Zukkermengen bestimmter Länder[42]. Übersteigt die Zuckererzeugung die

---

[36] Art. 24 (2) VO 3330/74; die Verteilung von Quoten an die einzelnen Mitgliedstaaten ist gleichzeitig ein Erzeugungsschutz, weil eine nur an den relativ hohen Planpreis gebundene Regelung eine Verlagerung der Zuckerrübenproduktion nach Nordfrankreich und die Po-Ebene hätte befürchten lassen, vgl. Fritz Baade / Franz Fendt, Die deutsche Landwirtschaft im Ringen um den Agrarmarkt Europas, Baden-Baden 1971, S. 69 f.; Friedrich Markert, Rechtsinstitute der Agrarmarktordnungen, Erlangen-Nürnberg 1978, S. 208; besonders die deutschen Interessenverbände und das BML hatten auf einer gebietsweisen Produktionsregelung bestanden, vgl. Bujard, S. 46 ff., 54 ff.

[37] VO 3330/74, Art. 24 (1); nach der VO 1009/67 wurde die Quote nach der durchschnittlichen jährlichen Erzeugung der Fabrik bzw. des Unternehmens in den Jahren 1961/62 bis 1965/66 ermittelt, Art. 23.

[38] Art. 24 (2) VO 3330/74 und VO 3331 (EWG) v. 19. 12. 1974, ABl EG Nr. L 359 vom 31. 12. 74, S. 18.

[39] Art. 2 und 3 VO 3330/74.

[40] Nach Art. 25 VO 3330/74 beträgt der Koeffizient 1,45; nach der VO 1009/67 waren 1,35 festgesetzt, Art. 24 der VO.

[41] Art. 27 VO 3330/74.

[42] Art. 27 (2) VO 3330/74; es handelt sich vor allem um präferentielle Lieferungen aus Entwicklungsländern; nach der VO 1009/67 war die Garantiemenge noch „gleich 105 % der in Weißzucker ausgedrückten Menge, die voraussichtlich in der Gemeinschaft in dem Zuckerwirtschaftsjahr ... für den menschlichen Verbrauch verwendet wird", definiert, s. Art. 26; bei der Verlängerung der Quotenregelung 1974/75 scheint ein „Kompromiß" der Art zustande gekommen zu sein, daß die Garantiemenge um 5 % gekürzt, dafür die Höchstquote um 10 Punkte angehoben wurde; zum Präferenzzucker aus den AKP-Staaten vgl. auch Art. 48 des zweiten AKP-EWG Abkommens von Lomé v. 31. 10. 1979 (Lomé II) und Protokoll Nr. 7; Text in: zweites AKP-

Garantiemenge, so wird der beim Absatz dieser Menge entstehende Gesamtverlust durch die Gesamtzuckermenge geteilt, welche die einzelnen Unternehmen der EWG über ihre jeweilige Grundquote hinaus erzeugt haben; dadurch werden die Verluste beim Absatz dieser Zukkermengen (Export durch EWG-Behörden bzw. Ausfuhr-Erstattungen) zu Lasten der Zuckerhersteller umgelegt.

Weil die Gesamtverluste und Erzeugungsmengen nur nachträglich ermittelbar sind, schätzt die Kommission zunächst die Produktionsabgabensätze, die endgültig am Ende des Wirtschaftsjahres festgelegt werden[43]. Die über die Höchstquote hinaus erzeugte Zuckermenge darf grundsätzlich nicht auf dem Binnenmarkt abgesetzt werden, sondern muß innerhalb einer bestimmten Zeitspanne ohne weitere Verarbeitung ausgeführt werden[44]. Bis hierhin sind die landwirtschaftlichen Erzeuger nur indirekt betroffen, der Zuckerrüben- und Zuckerrohranbau noch nicht erfaßt. Um die Produktionsregulierung auch auf dieser Stufe wirksam werden zu lassen und um vor allem die sozial-politischen Ziele der Marktordnung für die Landwirtschaft effektiv zu machen, greift die Zuckermarkt-VO auch in die Lieferbeziehungen der Landwirte und Zuckerfabriken ein: für jedes Rübenzucker erzeugende Gebiet, für das ein Interventionspreis (für Zucker) festgesetzt wird, werden jährlich auch Mindestpreise für Zuckerrüben festgesetzt[45], danach gestaffelt, ob die Rüben zur Zuckererzeugung innerhalb der Grundquote, der Höchstquote oder darüber hinaus bestimmt und verwandt werden[46]. Außerdem gelten für die Rübenlieferverträge Rahmenvorschriften, damit dieses Preissystem nicht durch zusätzliche Vertragsklauseln unterlaufen werden kann[47]. Die Preisabstufung für Rüben soll dazu dienen, daß bei den Anbauern Spezialisierungseffekte eintreten können; die „mageren" (auch ‚halbfett' genannten) Rübenmindestpreise sollen für Landwirte mit relativ hohen Produktionskosten keinen Anreiz zum Anbau mehr bieten, sondern nur für rationell und unter günstigsten Voraussetzungen arbeitende Betriebe interessant sein[48]. Für die Rüben der B-Quote

EWG-Abkommen, unterzeichnet am 31. 10. 1979 in Lomé und dazugehörige Dokumente, hrsg. vom AKP-EWG-Ministerrat, Brüssel (o. J.), auch: BTDrS 8/3927.

[43] Zu den Verfahren VO (EWG) 300/73.

[44] Art. 26 VO 3330/74; für diesen Zucker besteht weder eine Ankaufspflicht, noch wird ein Lagerausgleichsbetrag gewährt; es gibt keine Denaturierungsprämien, Produktionserstattungen oder Ausfuhrerstattungen; normalerweise wird aber auch keine Ausfuhrabschöpfung erhoben.

[45] Art. 4 und 5 VO 3330/74.

[46] Art. 28 - 30 VO 3330/74.

[47] Art. 6 VO 3330/74; zu Einzelheiten vgl. VO 2497/69, ABl EG Nr. L 316 vom 17. 12. 1969, S. 15.

[48] So die Begründungen der Preisverordnungen für die einzelnen Zuckerwirtschaftsjahre, z. .B VO Nr. 432/68, ABl EG Nr. L 89 v. 10. 4. 1968, 767/69,

(d. s. die außerhalb der Grundquote, aber innerhalb der Höchstquote gehandelten Rüben) wird die am Ende des Wirtschaftsjahres erst feststellbare Produktionsabgabe der Fabriken auf die Rübenlieferpreise in einem gewissen Rahmen umgerechnet, so daß auch die Rübenerzeuger dann erst endgültig den ihnen zustehenden Rübenpreis erfahren[49].

Die Erfahrungen mit einer Zuckermangellage auf dem Weltmarkt 1974 haben dazu geführt, eine Mindestlagerpflicht (10 % der Produktion) der Fabrikationsunternehmen einzuführen[50].

Anläßlich der Neuverhandlungen über die Fortführung der Zuckermarktordnung hatte die Kommission vorgeschlagen, die einzelnen Unternehmensquoten unmittelbar durch die Kommission festsetzen zu lassen. Sie hat sich damit nicht durchsetzen können: die Quotenverteilung im innerstaatlichen Bereich bleibt weiterhin den Mitgliedstaaten vorbehalten[51].

Man kann die EWG-Zuckermarktordnung als ein die Systeme nationaler Marktordnungen und internationaler Marktregulierung integrierendes Ordnungssystem charakterisieren. Die Quotenregelung gibt davon eine Anschauung. Die länderweise Verteilung der Grundmengen entspricht internationaler Praxis auf dem Rohstoffsektor Zucker[52]. Die nationale Attribution der Quoten an einzelne Unternehmen, verbunden mit der Mindestpreisregelung für Zuckerrüben, d. h. der Durchgriff auf die Erzeuger-Stufe, entspricht einzelstaatlichen Marktordnungen.

Die übernationale Ausgleichsfunktion der gemeinschaftlichen Garantiemenge im Rahmen der B-Quote (Produktionsabgaben nur bei Überschreiten der Garantiemenge insgesamt) ohne zwischenstaatliche Quotenverschiebung trägt der Konstruktion eines gemeinsamen Zuckermarktes Rechnung.

ABl EG Nr. L 100 v. 28. 4. 1969, S. 6; Nr. 1206/70 ABl EG Nr. L 141 v. 29. 6. 1970, S. 30; zuletzt: VO 1593/80 ABl EG Nr. L 160 v. 26. 6. 1980, S. 14.

[49] Vgl. Art. 27 (4) VO 3330/74; instruktive Beispiele dazu bei Bujard, S. 65 ff.; dort auch zu dem ausnahmsweise einsetzbaren Mischpreissystem (Art. 32 der GrundVO), das in den Benelux-Ländern Anwendung gefunden hat; dazu auch Henning Elsmann, Die Marktordnung für Zucker, Göttingen 1975, S. 191.

[50] Art. 18 VO 3330/74.

[51] Elsmann, S. 199; die deutsche Durchführungsvorschrift zum EWG-Zukkermarkt findet sich im Gesetz zur Durchführung der Gemeinsamen Marktorganisationen, BGBl I 1972, S. 1617, § 23 (Quotenaufteilung); s. auch die Meldeverordnung Zucker v. 20. 3. 1980, BGBl I 1980, S. 335; Zur Abgrenzung der Befugnisse der EWG und der Mitgliedstaaten im europäischen Agrarrecht s. auch Urt. des EuGH vom 30. 11. 78, RS 31/78, in: RIW/AWD 1979, H. 11, S. 770 ff.

[52] s. oben B. II.

3. Der Ausgleichsfonds

Die Finanzierung der regulierten Agrarmärkte der EWG erfolgt durch den Europäischen Ausrichtungs- und Garantiefonds für die Landwirtschaft (EAGFL). Der EAGFL entwickelt das Ausgleichslagersystem internationaler Rohstoffabkommen[53] in Kombination mit Strukturverbesserungsfonds[54] weiter zu einem umfassenden Instrument der Finanzierung von Interventionen und Ausrichtungsmaßnahmen. In Art. 40 EWGV vorgesehen, wurde die Errichtung des Fonds 1962 im Zuge der Agrarbeschlüsse des Ministerrats beschlossen[55], 1964 in die Abteilungen Garantie für die Marktausgaben und die Abteilung Ausrichtung für die Strukturausgaben aufgeteilt[56]. Die endgültige Finanzierungsregelung für den EAGFL beruht auf der VO Nr. 729/70[57].

Die Abteilung Garantie des EAGFL finanziert die Erstattungen bei der Ausfuhr nach dritten Ländern[58] und die Interventionen zur Regulierung der Agrarmärkte[59]. Anders als bei den Fonds der internationalen Rohstoffabkommen ist die Interventionspflicht nicht beschränkt, eine Weiterentwicklung des Gedankens der gemeinschaftlichen Finanzierung von Überschüssen, wie sie im internationalen Bereich von Rohstoffproduzenten gewünscht werden mag[60], aber wohl nur in einer regionalen Integration auf der Basis des Ausgleichs von Agrarhandels- mit Industrie-Exportinteressen zu verwirklichen ist[61]. Die multilateralen Kontrakte der Weizenabkommen bezogen sich nur auf bestimmte Mengen, die Interventionsmöglichkeiten der Buffer Stocks der Zinn- und Kakao-Abkommen sind mengenmäßig begrenzt durch die zum Ankauf der Rohstoffe den Fonds zur Verfügung gestellten Finanzmittel.

Die vollständige finanzielle Solidarität[62] der Mitgliedstaaten wird dadurch betont, daß der Fonds einen Teil des Haushalts der EWG darstellt und die primäre Finanzierungsquelle das Aufkommen an Ab-

---

[53] Etwa für Zinn und Kakao, s. oben B. III und V.

[54] Nach dem Zuckerabkommen z. B. s. oben B. II.

[55] VO (EWG) Nr. 25 v. 14. 1. 1962.

[56] VO (EWG) Nr. 17 v. 15. 2. 1964, ABl EG Nr. 34 v. 27. 2. 64.

[57] Vom 21. 4. 1970, ABl EG Nr. L 94 v. 28. 4. 1970.

[58] Art. 1 (2) und Art. 2 VO 729/70.

[59] Art. 1 (2) und Art. 3 VO 729/70.

[60] s. oben B. VII.

[61] Georg Cordts, Finanzierung des EWG-Agrarmarktes, in: KSE 10, 189 bis 209 (198), bezeichnet die EWG wegen der Marktordnungen als eine „agrarpolitische Gesellschaft mit unbegrenzter Nachschußpflicht".

[62] Kommission der EG, Europäischer Ausrichtungs- und Garantiefonds für die Landwirtschaft — EAGFL, Brüssel - Luxemburg 1978, S. 18.

schöpfungen auf die von Drittländern in die EWG importierten Agrarprodukte darstellen sollte[63].

Das Finanzierungsprinzip internationaler Rohstoffonds, daß vor allem die an der Intervention interessierten Staaten, d. h. dort die Exportstaaten, die Mittel bereitstellen, wird in der EWG aufgehoben; dennoch zeigte sich in der Anfangsphase ein Restbestand dieses Interessenprinzips: soweit das Aufkommen an Abschöpfungen nicht ausreichte, wurde der Finanzierungsbedarf gedeckt nach einem Verteilungsmaßstab, der von dem allgemeinen Haushalts-Aufbringungsschlüssel abwich zugunsten Italiens[64], dem Land, das am wenigsten von Agrarmarkt-Interventionen nach dem EWG-Verfahren profitierte, weil es auf Importe angewiesen und kein Produzent von Überschüssen war. Seit 1971 bestehen die Einnahmen der Gemeinschaft einschließlich der Fondsbeiträge aus den Abschöpfungen und anderen Importabgaben nach den Agrarmarktordnungen, den Zöllen nach dem Gemeinsamen Zolltarif der EG und einem Anteil an der von den Mitgliedstaaten erhobenen Mehrwertsteuer[65].

Die Abteilung Ausrichtung des EAGFL unterstützt die Finanzierung von Agrarstrukturmaßnahmen im Rahmen der Ziele der gemeinsamen Agrarpolitik. Mit seinen genau umrissenen Programmen und Interventionsmodalitäten geht er weit über die Ansätze im internationalen Rohstoffbereich[66] hinaus; hier bedeutet gemeinsame Agrarpolitik gleichzeitig gemeinsame Sozialpolitik[67]; für diesen Bereich der Agrarpolitik sind die verfügbaren Mittel aber wiederum mengenmäßig begrenzt[68].

---

[63] VO Nr. 130/66/EWG v. 26. 7. 1966.

[64] Art. 11 (3) VO 130/66; s. auch Volkmar Götz, Die Finanzierung der gemeinsamen Agrarpolitik, in KSE 10, 169 - 188 (175).

[65] Vgl. VO 2/71, ABl EG L 3 v. 5. 1. 1971 und ABl EG L 94 v. 28. 4. 1970; für die Zölle galt eine Übergangsfrist bis zum 1. 1. 1975 und für die Mehrwertsteuer bis 1. 1. 1978; außerdem gibt es verschiedene Ausgleichsmechanismen, um unverhältnismäßige Belastungen für einzelne Länder und für die neuen Mitgliedstaaten zu vermeiden; s. dazu EAGFL, S. 41.

[66] z. B. des geplanten Diversifizierungsfonds (Special Fund) des Zuckerabkommens von 1977, Art. 49 ff.

[67] Zu Einzelheiten vgl. EAGFL, S. 52 ff.; eine Übersicht über Maßnahmen der EWG-Agrarstrukturpolitik findet sich in: Bull EG, Beilage 17/73; s. auch Kommission, 12. Gesamtbericht über die Tätigkeit der EG, Brüssel-Luxemburg 1979, S. 196 ff.; diese EWG-Strukturpolitik hat wesentlich regionalpolitische Bedeutung, dazu: Rolf Lösch / Bernd Meinunger, Notwendigkeit und Möglichkeiten einer Koordinierung von Agrarpolitik und Regionalpolitik, in: Regionalpolitik und Agrarpolitik in Europa (Beihefte zur Konjunkturpolitik, H. 22), Berlin 1975, S. 66 ff. und die Beiträge unter Abschnitt II, Regional- und Strukturpolitik, in: Der Agrarsektor im Integrationsprozeß, hrsg. v. Winfried von Urff (FS f. Hermann Priebe), Baden-Baden 1975, S. 247 ff.; Baade / Fendt, S. 104 ff.

[68] s. EAGFL, S. 62 f.

II. Organe, Funktionen und Verfahren

Die Agrarverwaltung der EWG ist in die supranationale Organisation der Europäischen Gemeinschaften integriert. Organe, Aufgabenverteilung und Verfahrensweisen des EWG-Vertrags bilden die Grundlage für die Organisation der Agrarverwaltung; darüber hinaus haben sich nach dem EWGV noch nicht vorgesehene „Hilfsorgane" in der Praxis der zwischenstaatlichen Zusammenarbeit der EWG entwickelt, die nach ihrer Zusammensetzung, ihrer Aufgabe und in ihrem Zusammenwirken mit den vertragsmäßigen Organen dem Beispiel internationaler, sektoraler Wirtschaftsverwaltung entsprechen, typisch auch und gerade für zwischenstaatliche Rohstofforganisationen sind.

Dominante Gesetzgebungs- und Entscheidungsorgane sind die Ministerräte[69], im Agrarsektor der Agrarministerrat, die mit Rahmenvorschriften und Einzelentscheidungen die Leitlinien und Eckdaten für die Europäischen Gemeinschaften setzen.

Den Räten zugeordnet, aber mit der umfassenden Funktion der Vorbereitung der Arbeiten des Rates und ihm besonders übertragener Aufgaben betraut, erfüllt der Ausschuß der Ständigen Vertreter der Mitgliedstaaten (AStV)[70] die praktischen Tätigkeiten eines Verwaltungsrats internationaler Plenarorgane. Er besteht aus Vertretern der Regierungen der Mitgliedstaaten im Botschafterrang, ergänzt um Fachbeamte der Ministerien.

Ministerrat und AStV bedienen sich des Ratssekretariats zur internen Verwaltungsarbeit.

Die Kommission der EG repräsentiert den Fach- und Sachverstand der Gemeinschaft in einer Behörde, die nach dem EWGV[71] kollegial von einem unabhängigen Gremium von 13 Mitgliedern geführt wird, in der Praxis aber eine ressortmäßige Gliederung aufweist. Sie arbeitet Vorschläge zur Entscheidung im Rat aus, besitzt eigene Verwaltungsbefugnisse und trifft bestimmte Maßnahmen, vor allem die Agrarverwaltung betreffend, eingebunden in ein Verwaltungsausschußverfahren, das Fachbeamte der Mitgliedstaaten an der Entscheidungsfindung beteiligt.

Die Rechtskontrolle in letzter Instanz über Errichtung und Durchführung der Agrarmarktordnungen obliegt dem Gerichtshof (EuGH)[72];

[69] Art. 145 ff. EWGV; Art. 1 - 8 des Vertrages zur Einsetzung eines gemeinsamen Rates und einer gemeinsamen Kommission der Europäischen Gemeinschaften v. 8. 4. 1965, BGBl 1965 II, S. 1454 (Fusionsvertrag).

[70] Art. 4 des FusV; nach französischer Bezeichnung Comité des Représentants Permanents: Coreper.

[71] Art. 155 ff. EWGV; Art. 9 - 19 FusV.

[72] Art. 164 - 188 EWGV; zum EuGH: G. Vandersanden / A. Barav, Contentieux Communautaire, Brüssel 1977.

verglichen mit den internationalen Rohstofforganisationen übernimmt er die Funktion der letztendlichen Streitentscheidung, die dort den Ratsausschüssen zum Schlichtungsversuch und den Rohstoffräten selbst entscheidend anvertraut ist[73].

Die Versammlung[74] (Europäisches Parlament[75]) als das parlamentarische und der Wirtschafts- und Sozialausschuß (WSA)[76] als das ständische Organ werden an der Agrarmarktverwaltung nur im Wege der Anhörung durch den Rat bei einzelnen, besonders wichtigen Entscheidungen in der Vorbereitungsphase beteiligt[77].

1. Der Rat in der Verwaltungsorganisation der Agrarmärkte

Die Räte der EWG tagen je nach der anstehenden Tagesordnung in verschiedener, ressortmäßig ausgerichteter Zusammensetzung[78]. In Fragen der Agrarmarktordnungen treten die Landwirtschaftsminister als Agrarministerrat zusammen, ihrer Funktion nach dort den Rohstoffräten entsprechend. Wie bei den internationalen Rohstofforganisationen kann der Rat aber auch als Regierungskonferenz fungieren[79]; die

---

[73] Dem Internationalen Gerichtshof (IGH) werden solche Entscheidungen nicht anvertraut; die Praxis der internationalen (Handels-)Organisationen vertraut eher dem Verhandeln, dem Ausbalancieren ökonomischer Interessen, als der (textinterpretierenden) Rechtshandlung; die Rechtssuche ist dort ein prozeßhaftes Miteinander-Verfahren, keine Entscheidensfindung eines unabhängigen juristischen Organs.

[74] Art. 137 - 144 EWGV.

[75] Die Bezeichnung Europäisches Parlament hat sich die Versammlung selbst zugelegt.

[76] Art. 193 ff. EWGV; zur Ausschaltung des WSA bereits bei der Erarbeitung der Agrarmarktordnungen s. Andreas Leitolf, Das Einwirken der Wirtschaftsverbände auf die Agrarmarktorganisation der EWG, Baden-Baden 1971, S. 105 ff.; zum WSA im einzelnen s. Hans-Günther Brüske, Der Wirtschafts- und Sozialausschuß der Europäischen Gemeinschaften, (o. O.) 1979.

[77] Vgl. z. B. Art. 43 (2) EWGV und Art. 3 (6) VO 2727/75; das nunmehr direkt gewählte Parlament möchte seine Kompetenzen indessen ausweiten, vgl. die Entschließung (des EP) über die Beziehungen zwischen dem Europäischen Parlament und der Kommission der Gemeinschaft im Hinblick auf ihre Neuwahl, angenommen vom EP in der Sitzung v. 17. 4. 1980 (Ratsdokument 6426/80, ASSRE 98 v. 18. 4. 1980).

[78] Vgl. zur Zusammensetzung Art. 2 FusV.

[79] Dazu Hans Peter Ipsen, Europäisches Gemeinschaftsrecht, Tübingen 1972, S. 341 f.; neuerdings Rainer Frohn, Die Rolle zwischenstaatlicher Vereinbarungen im System der Europäischen Gemeinschaften, Frankfurt/Main, Bern, Las Vegas 1979, S. 52 ff.; die Benennung als „die im Rat vereinigten Vertreter der Mitgliedstaaten" oder „Europäischer Rat" macht die unterschiedliche Funktion derselben agierenden dann deutlich; s. z. B. den Beschluß vom 12. 5. 1960 (Beschleunigungsbeschluß), ABl EG 1960, 1217; vgl. auch Guidotto Graf Henckel von Donnersmarck, Planimmanente Krisensteuerung in der Europäischen Wirtschaftsgemeinschaft, Frankfurt a. M. 1971, S. 77 ff.; die Beschlüsse der Ministerräte binden die Mitgliedstaaten ohne Ratifikation, wie die der Rohstoffräte für ihren Funktionsbereich. Die Funktion des

Rohstoffabkommen pflegen auf solchen Konferenzen abgeschlossen und/oder verlängert zu werden; die Agrarmarktordnungen der EWG wurden auf der Landwirtschaftsministerkonferenz in Stresa 1958 ausgehandelt[80], die als Konferenz der Mitgliedstaaten gemäß Art. 43 (1) EWGV einberufen wurde[81]. Darüber hinaus arbeitet der Rat wie die Rohstoffräte als Lenkungs-, Leitungs- und Verwaltungsorgan der Marktordnungen und bestimmt die Landwirtschaftspolitik der EWG.

Die Struktur des EWG-Vertrags lehnt sich an die des Vertrags über die Europäische Gemeinschaft für Kohle und Stahl an; die Aufgaben — und damit Machtbefugnis — zwischen den Organen Rat und Hohe Behörde bzw. Kommission werden umgekehrt verteilt, d. h. der Rat wird das Zentrum der Entscheidungsgewalt in der EWG und nicht, wie in der Montanunion, die unabhängige Kommission — Hohe Behörde[82].

Waren in dem EGKS-Vertrag dem Rat Befugnisse übertragen, „insbesondere um die Tätigkeit der Hohen Behörde und der für die allgemeine Wirtschaftspolitik ihrer Länder verantwortlichen Regierungen aufeinander abzustimmen" (Art. 26 (1) EGKSV)[83], so lautet der ent-

---

Art. 43 EWGV, der dieses ratifikationslose Abschlußverfahren für den Agrarsektor bestimmt, erfüllt Art. 235 EWGV für die übrigen, weniger konkret definierten Wirtschafts- und Verwaltungssektoren (s. u. S. 137/143 ff.).

[80] Dokumente der Landwirtschaftskonferenz der Mitgliedstaaten der EWG.

[81] Im hochpolitischen Bereich benennt sich die Konferenz der Mitgliedstaaten seit dem Pariser Gipfeltreffen von 1974 Europäischer Rat, in dem die Staats- und Regierungschefs regelmäßig zusammentreffen, vgl. Kommuniqué der Konferenz der Regierungschefs der neun Mitgliedstaaten der Europäischen Gemeinschaft in Paris am 9./10. Dez. 1974, Text im Bull EG 12-1974, S. 7 ff. Ziff. 3; aber auch die Ressort-Minister tagen neben ihren Treffen als Ministerrat auch als Regierungskonferenz; vgl. dazu Sigismund Buerstedde, Der Ministerrat im konstitutionellen System der Europäischen Gemeinschaften, Bruges 1964, S. 131.

[82] Vgl. „Bericht Vedel", Bull EG 1972 Beilage 4, S. 23; Karl Heinrich Friauf, Die Staatenvertretung in supranationalen Gemeinschaften, Marburg 1960, S. 16; Ophüls hielt das Vertauschen der Gewichte zwischen Rat und Kommission für bloß formal und äußerliche Zurückhaltung nach den vorhergegangenen, gescheiterten Unionsplänen (Europäische Verteidigungsgemeinschaft „EVG" und Europäische Politische Gemeinschaft „EPG"), vgl. Carl F. Ophüls, Zur ideengeschichtlichen Herkunft der Gemeinschaftsverfassung, in: Probleme des europäischen Rechts (FS Walter Hallstein), Frankfurt 1966, S. 387 - 413 (403); Hahn schon sieht die Hohe Behörde in der Praxis mehr an den Rat gebunden, als nach dem EGKSV zu vermuten stand, s. Hugo J. Hahn, Funktionenteilung im Verfassungsrecht europäischer Organisationen, Baden-Baden 1977, S. 66 ff.; zu den vertraglich vorgesehenen Kompetenzattributionen nach EWG und EGKS s. die Auflistungen bei Alois Riklin, Die Europäische Gemeinschaft im System der Staatenverbindungen, Bern 1972, S. 245 ff. u. Heinhard Steiger, Staatlichkeit und Überstaatlichkeit, Berlin 1966, S. 89 ff.

[83] Ein Rat oder anderes diplomatisches Organ war in den ursprünglichen Vorschlägen Schumans gar nicht vorgesehen; erst in den Verhandlungen wurde er zur Sicherung des Mitspracherechts der Mitgliedstaaten und als gewisses Gegengewicht gegen die Befugnisse der Hohen Behörde eingeführt,

sprechende Passus im EWG-Vertrag, daß „der Rat für die Abstimmung der Wirtschaftspolitik der Mitgliedstaaten" zu sorgen habe, daneben und darüber hinaus aber, daß „der Rat eine Entscheidungsbefugnis" besitzt (Art. 145 EWGV). Diese Entscheidungsbefugnis, die sich in Einzelermächtigungen ausdrückt, besteht aber auch darin, daß dem Rat, wie in den internationalen Rohstoffabkommen auch, die Entscheidung über notwendige Vertragsergänzungen obliegt (Art. 235 EWGV) und er ebenso vorgeschlagene Vertragsänderungen wie Beitrittsanträge überprüft (Art. 236, 237 EWGV), bevor sie einer Regierungskonferenz zum Vertragsabschluß überwiesen und nach dem üblichen Ratifikationsverfahren in Kraft gesetzt werden können[84].

Für den Agrarsektor ist die dominierende Rolle des Rates bereits in den Vorschriften des Landwirtschaftsteils des EWG-Vertrags (Art. 38 bis 47 EWGV) angelegt[85]; die Grundverordnungen zur Errichtung der gemeinsamen Agrarmärkte, die Verordnungen des Rates sind[86], behalten alle praktisch wichtigen Regelungen materieller Art wie die politischen Grundentscheidungen dem (Agrar-)Rat vor[87].

Wie die Rohstofräte kennen die Räte der EG eine Stimmenwägung der institutionell zusammentretenden Regierungsvertreter. Diese Gewichtung war bei dem EGKS-Vertrag ursprünglich nur verdeckt vorhanden: jedem Mitgliedsland stand eine Stimme zu; eine nach dem Vertrag erforderliche Zustimmung des Rates galt jedoch als erteilt, wenn die absolute Mehrheit der Mitgliedstaaten einschließlich der Stimme des Vertreters eines Mitgliedstaates, der mindestens ein Sechstel des Gesamtwertes der Kohle- und Stahlproduktion in der Gemeinschaft repräsentierte, zustimmte. Bei Stimmengleichheit, und wenn die Hohe Behörde ihren Vorschlag nach einer zweiten Beratung aufrecht erhielt, mußten die Vertreter von zwei Mitgliedstaaten dieser Qualifikation,

---

vgl. Rudolf L. Bindschedler, Rechtsfragen der europäischen Einigung, Basel 1954, S. 220; das hängt mit der beabsichtigten kriegswirtschaftlichen ‚Neutralisierung' des Kohle- und Stahlsektors zusammen, der der einzelstaatlichen Verfügung entzogen werden sollte. Nach den Erfahrungen der EGKS kann bei vielen Eingriffen in die Märkte praktisch auf die (organisierte) Mitwirkung der Regierungen nicht verzichtet werden, wenn eine solche Gemeinschaft erfolgreich arbeiten soll, so Friauf.

84 Dazu auch Werner Meng, Das Recht der Internationalen Organisationen — eine Entwicklungsstufe des Völkerrechts, Baden-Baden 1979, S. 90 ff.

85 Friedrich Ebeling, Die EWG-Getreidemarktordnung unter besonderer Berücksichtigung der Schutzklausel, Hamburg, 1969, S. 88 ff.

86 Hier nur die Beispiele VO (EWG) Nr. 2727/75 des Rates (Getreide) und VO (EWG) Nr. 3330/74 des Rates (Zucker).

87 Giancarlo Olmi, The Role of Community and National Institutions in the Implementation of the Common Agricultural Policy, in: European Integration, ed. by Michael Hodges, Harmondsworth, Baltimore, Ringwood 1972, S. 241 - 264 (262).

d. h. Frankreichs und Deutschlands, zustimmen[88]. Diese beiden Länder werden im Vertrag jedoch nicht namentlich benannt; die Beschreibung der Qualifikation (ein Sechstel Kohle- und Stahlproduktion) macht aber gleichzeitig die sachliche Berechtigung des verstärkten Stimmengewichts deutlich[89], ein sachlicher Anknüpfungspunkt für gewichtete Stimmenverteilung, wie er sich auch in den internationalen Rohstoffabkommen entwickelt hat, in dem den Ländern mit größerer (Export-) Produktion oder größerem Verbrauch entsprechend größeres Stimmengewicht im Rat eingeräumt wurde. Der EWG-Vertrag erweitert und differenziert diese Stimmgewichtung, seinem Charakter als multisektoraler Integration entsprechend: grundsätzlich geht er von dem Staatengleichheitsprinzip des "one state — one vote" aus[90]; bestimmt das Gemeinschaftsrecht aber, daß eine qualifizierte Mehrheit für einen Rechtsbeschluß erforderlich sei, so wie der Vertrag dies für den Agrarsektor seit dem Beginn der dritten Stufe der Verwirklichung des Gemeinsamen Marktes vorsieht[91], so werden die Stimmen der Mitgliedstaaten im Rat im Verhältnis 10 : 5 : 3 : 2 gewogen[92]; sind Beschlüsse auf Vorschlag der Kommission zu fassen, so bilden 41 Stimmen die geforderte Mehrheit; in anderen Fällen müssen mindestens 6 Mitgliedstaaten hinter diesen 41 Stimmen stehen. Die Gewichtung der Stimmen für dieses vom EWG-Vertrag vorgesehene Abstimmungsverfahren verläßt den für universelle, generelle Unionen traditionellen Grundsatz der Gleichheit souveräner Staaten; andererseits kann sie sich nicht nur auf sektorale Einflußgrößen wie z. B. bei technisch-wirtschaftlichen Unionen, u. a. die Rohstoffabkommen, stützen, weil der EWG-Vertrag nicht nur einzelne Sektoren, sondern ganze Wirtschaftszweige erfaßt; Wirtschafts- und Bevölkerungszahlen allein hätten außerdem den großen

[88] Art. 28 EGKSV; nach dem Beitritt Englands, Irlands und Dänemarks umfaßt der entsprechende Vertragstext jetzt 2 Staaten mit je 1/8 der Kohle- und Stahlproduktion bzw. für die 2. Variante: 3 Staaten mit je 1/8 der Kohle- und Stahlproduktion, d. h. Frankreich, Deutschland und England müssen in diesem Fall zustimmen.

[89] Carl Friedrich Ophüls, Die Mehrheitsbeschlüsse der Räte in den Europäischen Gemeinschaften, in EuR 1966, 193 ff. (219).

[90] Art. 148 (1) EWGV.

[91] Art. 43 (2) i. V. m. Art. 8 EWGV; der Übergang von der einstimmigen Beschlußfassung zum Mehrheitsentscheid sollte danach 1966 eintreten.

[92] Deutschland, Frankreich, Italien, Vereinigtes Königreich je 10 Stimmen, Belgien und die Niederlande je 5, Dänemark und Irland je 3 und Luxemburg 2 Stimmen, s. Art. 148 (2) EWGV; zu Überlegungen über Stimmgewichtszumessung in den EG vgl. Bulletin der EG, Beilage 2/78 (Die Übergangszeit und die institutionellen Folgen der Erweiterung), S. 10 ff.; zu der Anpassung nach dem Beitritt Griechenlands s. Dokumente betreffend den Beitritt Griechenlands zu den EG, ABl EG Nr. L 291 v. 19. 11. 1979, S. 19; für die Sechser-Gemeinschaft vor 1972 war das Verhältnis 4 (D, F, I) : 2 (B, NL) : 1 (Lux); die Montanunion hat diese Stimmgewichtung nur für Abstimmungen in Haushaltsfragen mit dem Fusionsvertrag (Art. 8 FusV) in Art. 28 EGKSV übernommen.

Staaten ein unvertretbares Übergewicht gebracht[93]; die Stimmgewichtung läßt sich so als ein zwischenstaatlicher Kompromiß über eine Interessenverschränkung begreifen; sie folgt daher der Übung in den Räten internationaler sektoraler Verwaltungsorganisationen[94], gestaltet das Prinzip des Mitspracherechts nach Interessenanteilen indes so komplex, wie es die politisch-wirtschaftliche Situation des europäischen Staatengefüges erfordert.

In den Rohstoffräten verhindert das Interesse an der weiteren Teilnahme der übrigen Vertragspartner, daß Abstimmungen in wichtigen Fragen ohne besondere Rücksicht auf deren Interessen mehrheitlich gefällt werden[95]. Mit der EWG hat man das Gemeinschaftsinteresse, das als die Interessen aller Mitgliedstaaten umgreifend verstanden werden konnte, bei Mehrheitsentscheidungen in dem Mitwirken und dem Einfluß der Kommission vertreten gesehen[96]; als die Kommission die ihr nach den Verträgen vermeintlich zustehende Macht demonstrativ zu nutzen versuchte und die Gefahr bestand, daß mit Beginn der dritten Integrationsstufe einzelne Mitgliedstaaten im Zusammenwirken von Kommissionsvorschlag mit qualifizierten Mehrheiten im Rat überstimmt werden könnten, bestand Frankreich, nachdem es sich an der Ratsarbeit zunächst ein halbes Jahr nicht beteiligt hatte[97], auf einer Modifizierung des Abstimmungsverfahrens. In dem Luxemburger Kompromiß von 1966 betont die französische Delegation, daß bei sehr wichtigen Interessen eines Partners an der zur Abstimmung stehenden Frage so lange verhandelt werden müsse, bis ein einstimmiges Einvernehmen erzielt worden sei[98]. Man mag die Rechtsverbindlichkeit dieser

[93] W. U. von Hassell, Formen der Beschlußfassung des Rates der Europäischen Wirtschaftsgemeinschaft, in: Formen der Willensbildung in den europäischen Organisationen, hrsg. von Gerda Zellenthin, Frankfurt/M., Bonn 1965, S. 89 - 104 (94).

[94] Die für die ‚kleinen' Staaten in den Rohstoffabkommen auch eine gewisse Mindest-Stimmenzahl im Rat (meist 5 Grundstimmen) vorsehen; eine unmittelbare Anknüpfung des Stimmrechts an das einzelstaatliche Beteiligungsinteresse, nämlich nach dem Aufbringungsschlüssel der Finanzbeiträge sah noch die ursprüngliche Vertragsfassung für den Sozialfonds vor, vgl. dazu die alte Fassung von Art. 203 (5) mit 200 (2) EWGV; dazu von Hassel, S. 95 und Bora Ljubisavljevic, Les Problèmes de la Pondération dans les Institutions Européennes, Leyde 1959, S. 171 ff.

[95] s. oben C. III. 1.

[96] Hartwig Bülck, Zur Systematik der Europäischen Wirtschaftsgemeinschaften, in: Berichte der Deutschen Gesellschaft für Völkerrecht, H. 3 (1959), S. 66 - 115 (106 f.); s. auch Werner Meng, S. 105.

[97] Über Hintergründe und Ablauf der EWG-Krise 1965/66 vgl. Dirk Läufer, Krisen in den Europäischen und Atlantischen Organisationen, Berlin 1974, S. 259 ff.

[98] II des Textes. Die Beschlüsse zu Abstimmungsfragen lauten (EA 1966, D. 85):
„I. Stehen bei Beschlüssen, die mit Mehrheit auf Vorschlag der Kommission gefaßt werden können, sehr wichtige Interessen eines oder mehrerer

Beschlüsse für zweifelhaft halten[99], in der Praxis hat sich daraus für Ratsabstimmungen die Übung entwickelt, wichtige Fragen nur noch einstimmig zu beschließen[100]. Dieses Erfordernis einstimmiger Beschlußfassung im Rat wurde teilweise als „Verfassungsgrundlage" für die Beitritte Englands und Dänemarks zu den EG betrachtet[101]. Nicht nur, daß — mit Ausnahme des Haushaltsbereichs — der Rat generell auf Mehrheitsentscheidungen verzichtet[102], nachdem sich außer Frankreich auch andere Mitgliedstaaten unter Bezugnahme auf das Argument der Gegenseitigkeit auf „sehr wichtige Interessen" beriefen[103], auf allen Ebenen einschließlich der der Ständigen Vertreter und der Sachverständigen verzichtete man im voraus auf jedes nicht einstimmige Ver-

---

Partner auf dem Spiel, so werden sich die Mitglieder des Rats innerhalb eines angemessenen Zeitraums bemühen, zu Lösungen zu gelangen, die von allen Mitgliedern des Rats unter Wahrung ihrer gegenseitigen Interessen und der Interessen der Gemeinschaft gemäß Artikel 2 des Vertrags angenommen werden können.

II. Hinsichtlich des vorstehenden Absatzes ist die französische Delegation der Auffassung, daß bei sehr wichtigen Interessen die Erörterung fortgesetzt werden muß, bis ein einstimmiges Einvernehmen erzielt worden ist.

III. Die sechs Delegationen stellen fest, daß in der Frage, was geschehen sollte, wenn die Verständigungsbemühungen nicht vollständig zum Ziel führen, weiterhin unterschiedliche Meinungen bestehen.

IV. Die sechs Delegationen sind jedoch der Auffassung, daß diese unterschiedlichen Meinungen nicht verhindern, daß die Arbeiten der Gemeinschaft nach dem normalen Verfahren wieder aufgenommen werden,".

An der Beilegung der Krise waren vor allem auch die Industrie- und Agrarverbände, auch die französischen, interessiert, denen es nicht so sehr auf im nationalen, primären Interesse veränderte Abstimmungsregeln des Rats ankam, als auf die Fortentwicklung der Wirtschaftsintegration (Zoll-, Agrarunion); zu deren Stellungnahmen (und Pressionen) vgl. Gerald Braun, Die Rolle der Wirtschaftsverbände im agrarpolitischen Entscheidungsprozeß der Europäischen Wirtschaftsgemeinschaft, Berlin 1972, S. 239 ff.

[99] Als 'Agreement to disagree' oder wegen fehlender Vertragsänderungskompetenz z. B., vgl. dazu die Bemerkungen bei Carl Friedrich Ophüls, Die Mehrheitsbeschlüsse der Räte in den Europäischen Gemeinschaften, in: EuR 1966, 193 ff. (224 ff.); Pierre-Henri Teitgen, La Décision dans la Communauté Economique Européenne, in: Receuil des Cours, 1971 III, 589 - 689 (650 ff.); Vlad Constantinesco, Compétences et Pouvoirs dans les Communautés Européennes, Paris 1974, 375; auch D. Lasok / J. W. Bridge, An Introduction to the Law and Institutions of the European Communities, 2. nd. ed., London 1976, S. 127; Hallstein spielte die Bedeutung des Luxemburger Kompromisses herunter und wollte nichtsdestoweniger neue und weitere Bereiche an Gemeinschaftspolitiken für Mehrheitsbeschlüsse erschließen, vgl. Walter Hallstein, Der unvollendete Bundesstaat, Düsseldorf, Wien 1969, S. 64.

[100] Ernst-Werner Fuß, Rechtsformen und besondere Wesenszüge der Integration in Westeuropa, in: Rechtsfragen der Integration in Ost und West, hrsg. von Otto Wolff von Amerongen, Berlin 1976, S. 33 - 42 (36 f.); zu den Agrarpreisbeschlüssen Volkmar Götz, Die Finanzierung der gemeinsamen Agrarpolitik, KSE 10, S. 187; Werner Meng, S. 108.

[101] Vgl. Christoph Sasse, Regierungen, Parlamente, Ministerrat, Bonn 1975, S. 141 und Fn. 135.

[102] Sasse, S. 136 f.

[103] Berichte Vedel, Bulletin der EG, Beilage 4-1972, S. 27.

fahren, unabhängig von der Wichtigkeit der jeweils betroffenen nationalen Interessen[104].

Ob sich diese Praxis nach den Beschlüssen der Pariser Gipfelkonferenz (Regierungschefs)[105] an die vorgesehenen Verfahren der Vertragstexte annähern kann, bleibt jedenfalls bezüglich „sehr wichtiger" Fragen weiter abzuwarten[106]. Bisher handelt es sich wohl nur um vorsichtige Versuche, in unwesentlichen und unwichtigen Fragen wieder zu Mehrheitsbeschlüssen zu kommen[107]. Ansatzweise wird eine solche Modifizierung dadurch praktiziert, daß zwar nicht formell Mehrheitsentscheidungen getroffen werden (abgesehen von Haushaltsbeschlüssen), sondern indem ein oder mehrere Mitgliedstaaten sich bei der Abstimmung ihrer Stimme enthalten und so darauf verzichten, ihren abweichenden Standpunkt geltend zu machen[108].

Selbstverständlich, und so zwischenstaatlicher Verwaltungspraxis sektoraler Integrationen entsprechend, kann daraus kein systematisches Niederstimmen von Mindermeinungen möglich werden[109], wie es etwa in gefestigten bundesstaatlichen Verbänden erlaubt wäre. Als Ausweg aus gegenseitigen Blockierungsmöglichkeiten bieten sich diplomatischem Brauch entsprechende Verhandlungsverfahren an, die ggfs. nach Marathon-Sitzungen zu einem package deal — besonders im Zusammenhang mit Agrarfragen — führen und so einen diplomatischen Inter-

---

[104] Bericht Vedel; um einen formellen Rechtsbruch zu vermeiden, wird eine Mehrheitsentscheidung u. a. dadurch verhindert, daß die französische Delegation eine in die Minderheit geratene Delegation zu einer Äußerung darüber veranlaßt, ob es sich für den betroffenen Staat um eine lebenswichtige Frage handelt. Wird dies bejaht von der in Bedrängnis geratenen anderen Delegation, der kaum etwas anderes übrig bliebe, enthält sich die französische Delegation der Stimme, so daß keine Mehrheit mehr zustandekommt, vgl. Klaus Meyer, Die Integration und ihre Institutionen, in: Außenpolitik, 1971, 646 - 659 (648).

[105] Text des Kommuniqué der Konferenz der Regierungschefs der neun Mitgliedstaaten der EG in Paris vom 9./10. Dez. 1974, in: Bull BReg Nr. 152, 1537 ff. v. 13. 12. 1974 und Bull EG 12-1974, Ziff. 1104, S. 7 ff.; auch EA 1975 D 41.

[106] Dazu: EP, Bericht über die interinstitutionellen Beziehungen (Lord Reay), Dok. 148/78 v. 30. 5. 1978, PE 50.948/endg. S. 12 ff. und Bull EG, Beilage 2/78 (Die Übergangszeit und die institutionellen Folgen der Erweiterung) mit Überlegungen zu einer begrenzten Anwendung der Mehrheitsregel bei weniger wichtigen Materien, S. 13 ff.

[107] Sasse, Regierungen, S. 136 ff.

[108] Vgl. Ratsbeschluß vom 25. Juni 1974 in: Bull EG 6-1974, S. 135 f. und Sasse, S. 273 (Stellungnahme Wischnewski v. 27. Juni 1974 vor dem EP: Gentleman's Agreement zu der Anregung, von der Stimmenthaltung Gebrauch zu machen und auf diesem Umweg zu Beschlüssen jedenfalls in den Fällen zu gelangen, in denen sich eine breite Mehrheit abzeichnet. Vgl. auch Wolfgang Harbrecht, Die Europäische Gemeinschaft, Stuttgart, New York, 1978, S. 92.

[109] Sasse, S. 139/140; vgl. auch oben die Entscheidungspraxis in internationalen Rohstofforganisationen, S. 113.

essenausgleich herbeiführen[110]. Verbesserungsvorschläge zum Entscheidungsverfahren des Rates[111] verkennen bisweilen die politischen Implikationen außen- und innenpolitischer Art, die den Verhandlungskonzepten und Spielräumen der Minister im Rat als internationales Entscheidungsorgan zugrunde liegen.

Die in Rohstoffräten wenig differenzierte Ermächtigung der Räte, Entscheidungen, auch genereller Art, zu erlassen, entwickelt sich in den europäischen Organisationen zu nach Verfahrensvorschriften, Rechtsformen und materieller Reichweite definierten Rechtssetzungsakten.

Nach dem Pariser Montan-Vertrag kleideten sich seine Rechtsakte vorrangig in die Form der Zustimmung zu den Maßnahmen der Hohen Behörde[112]; für bestimmte, besonders wichtige und unmittelbar in die nationalen Gesetzgebungskompetenzen eingreifende Rechtsakte ist aber auch hier ein einstimmiger Beschluß des Rates, auf Vorschlag der HB, vorgeschrieben[113]. Und für die Fälle, in denen die Hohe Behörde nicht oder nicht im Sinne des Rates handelt, kann der Rat diese zum Handeln

---

[110] Dazu Ernst-Werner Fuß, Rechtsformen, S. 36/37; Vlad Constantinesco, Compétences, S. 362 ff.; Henry G. Schermers, International Institutional Law, Vol. II, Leyden 1972, S. 324 und Bericht Vedel, S. 28, mit der Anmerkung, daß Marathon-Sitzungen und package deal anscheinend auch einem Gemeinschaftsrahmen nicht so fremd seien (!); zur Theorie des package deal auch Ulrich Koester, EG-Agrarpolitik in der Sackgasse, Baden-Baden 1977, S. 169 ff.; dazu auch Walter Hallstein, Die Europäische Gemeinschaft, Düsseldorf, Wien, 1973, S. 65; Leontin-Jean Constantinesco, Das Recht der Europäischen Gemeinschaften, Bd. I, Baden-Baden 1977, S. 530; Andreas Sattler, Die Europäischen Gemeinschaften an der Schwelle zur Wirtschafts- und Währungsunion, Tübingen 1972, S. 139; zum gemeinschaftsfestigendem Aspekt des Konsensverfahrens s. jetzt: Annette Matthias, Integrationsrechtliche Probleme im Recht der Europäischen Gemeinschaften — Das Problem der Willensverschränkung — Berlin 1979, S. 44 f.; im historischen Bezug: Hans Dichgans, Montanunion, Menschen und Institutionen, Düsseldorf, Wien 1980, S. 99.

[111] Etwa bei Koester, S. 169 ff. mit quantitativen Kostenberechnungen zu Konsensfindungstechniken; Koester empfiehlt größere Verhandlungspakete unter Einschluß jeweils anderer Politiken und allgemeiner wirtschaftspolitischer Fragestellungen (S. 172); Franzmeyer / Machowski wollen das Beschlußverfahren dadurch dynamisieren, daß die divergierenden nationalen Interessen transparent gemacht und ebenfalls die jeweiligen vorrangigen Interessen miteinander in Entscheidungsverfahren verknüpft werden, als ‚do ut des' s. Fritz Franzmeyer / Heinrich Machowski, Willensbildung und Entscheidungsprozesse in der Europäischen Gemeinschaft und im Rat für Gegenseitige Wirtschaftshilfe — ein Vergleich, in: EA 2/1973, S. 47 - 60 (50/51).

[112] z. B. bei der Einführung von Erzeugungsquoten, Art. 58 EGKS-V, bei Befreiungen vom Kartellverbot, Art. 66 § 3 und für besondere Maßnahmen wie der Schaffung finanzieller Einrichtungen (Art. 53 EGKSV), Vergabe von Krediten (Art. 54) und Arbeitsplatz- und Umschulungsfinanzierungen (Art. 56); auch für vertragsmäßig nicht vorgesehene Maßnahmen der HB ist die (einstimmige) Zustimmung des Rats vorgeschrieben (Art. 95 EGKSV).

[113] z. B. Festsetzung von Mindest- und Höchstsätzen für Zölle, Art. 72 EGKSV; Verteilung bei Mangellagen, Art. 59, 2 EGKSV.

auffordern[114] und ggfs. selbst die entsprechenden Rechtsakte erlassen[115], in einzelnen Fällen auch ohne vorherige Aufforderung der HB, tätig zu werden[116].

Besonders deutlich wird der international zwischenstaatliche Charakter des Montanvertrags in den Regelungsbereichen, in denen es nicht um die Neutralisierung der (kriegswichtigen) Montanproduktion geht, nämlich bei der Festlegung der inneren Organisation, der Festlegung des Sitzes der Organisation[117], der Festsetzung der Gehälter der Bediensteten[118], der Bestellung der Rechnungsprüfer[119], der Überschreitung der Höchstgrenze für die finanziellen Beiträge der betroffenen Unternehmen[120] und wenn Vertragsänderungen selbst ins Auge gefaßt werden sollen[121].

Im EWG-Vertrag — und damit auch für die Verwaltung der Agrarmärkte — erschließt sich die dominante Stellung des Rates augenfällig auch aus der Zuweisung der Funktionen im einzelnen. Nicht nur, daß der Rat im Vertragstext vor die Kommission (entspr. HB) gerückt ist, ihm sind auch nicht nur die Grundentscheidungen über die zu verfolgenden Sektor-Politiken zugewiesen[122], sondern ihm sind generell auch die gleichen Rechtssetzungsformen wie der Kommission an die Hand gegeben, die nach dem Montanvertrag nur der Hohen Behörde als Verwaltungsinstrumentarium zustanden[123]. Das sind generell Verordnungen, die allgemeine Geltung haben, in allen ihren Teilen verbindlich sind und in jedem Mitgliedstaat unmittelbar gelten[124], Richtlinien, die für die Mitgliedstaaten, an die sie gerichtet sind, hinsichtlich des

---

[114] Art. 61 EGKSV, der Rat kann die HB auffordern, Mindest- und Höchstpreise festzusetzen, wenn diese nicht die Initiative ergreift; Art. 58, Rat kann HB aufgeben, ein Quotensystem einzuführen.

[115] z. B. zur Einführung von Ausfuhrbeschränkungen auf Vorschlag einer Mitgliedsregierung, Art. 59 EGKSV.

[116] Ergänzung der Produktlisten (der vom EGKSV erfaßten Waren), Art. 81.

[117] Der Sitz wird durch Übereinkommen der Regierungen festgelegt, Art. 77 EGKSV.

[118] Art. 29 EGKSV.

[119] Art. 78 § 6 EGKSV.

[120] Art. 50.2, wenn die Umlagen auf über 1 % angehoben werden sollen.

[121] Art. 96 EGKS, die auf Vorschlag von Mitgliedsregierungen oder der HB im Rat vorgeprüft, ggfs. empfohlen und dann in einer Regierungskonferenz verhandelt, abgeschlossen und schließlich ratifiziert werden müssen.

[122] Vgl. für den Agrarbereich den Art. 43 EWGV, dementsprechend die Grundverordnungen (EWG) Nr. 2727/75 und Nr. 3330/74 des Rates (Weizen und Zucker); nach Ebeling, S. 95 „Rahmengesetze".

[123] Art. 189 EWGV und Art. 43 (2) EWGV speziell für die Agrarmarktverwaltung (i. V. m. den einzelnen Grundverordnungen); die Benennung der Rechtsakte variiert allerdings, vgl. Art. 14 EGKSV wegen der der HB zugeordneten Rechtsakte.

[124] Art. 189 (2) EWGV.

Ziels verbindlich sind, den innerstaatlichen Stellen jedoch die Wahl der Form und Mittel überlassen[125]; Entscheidungen, die für diejenigen verbindlich sind, die sie bezeichnen[126] und nicht verbindliche Empfehlungen und Stellungnahmen[127].

Der Ministerrat der EWG ist also multifunktional zur Rechtssetzung ermächtigt, nicht beschränkt auf generell-abstrakte oder individuell-konkrete Rechtsakte (oder Mischformen)[128]. Ungeachtet der Benennung kennen internationale (Rohstoff-)Organisationen solche Rechtssetzungsbefugnisse ihrer Räte, soweit es sich um in innerstaatliches Recht umzusetzende generell-konkrete oder generell-abstrakte Maßnahmen handelt; das sind die Entscheidungen über Kontingents- und Bevorratungsmaßnahmen und die Verordnungen zur Kontrolle und statistischen Erfassung des internationalen Rohstoffhandels[129]. Sie selbst sind die Weiterentwicklung der bilateralen Verwaltungsabkommen der Zwischenkriegszeit[130], mit denen vor allem die USA ihre Handelsbeziehungen nach der Weltwirtschaftskrise umzuordnen versuchten, indem sie multilateralisiert ihren Anwendungsbereich sekundärer Wirtschaftsverwaltung ausdehnen[131]. Die direkte Rechtsgeltung der EWG-Entscheidungen und Verordnungen in den Mitgliedstaaten und für die Rechtsunterworfenen (die Marktbürger) bedeutet die Weiterentwicklung internationaler Rechtssetzungstechniken in der supranationalen, multisektoralen, interfunktionalen Integration der europäischen Regionalorganisationen der EG[132].

Die Entscheidungskompetenzen und Funktionen des Rates in der Agrarverwaltung der EWG lassen sich unterteilen in die Grundent-

---

[125] Art. 189 (3) EWGV.

[126] Art. 189 (4) EWGV.

[127] Art. 189 (5) EWGV.

[128] Vgl. dazu: Bindschedler, Rechtsfragen, S. 240 und Klaus Heising, Die Gewaltenteilung nach dem Bonner Grundgesetz und nach dem Vertrag zur Gründung der Europäischen Wirtschaftsgemeinschaft, Münster 1969.

[129] Vgl. oben C. III. 1 und C. III. 3. (Ursprungsregeln, Abgabensysteme).

[130] Dazu Bülck, Zur Systematik der Europäischen Wirtschaftsgemeinschaften, S. 95 f.

[131] So wie auch das GATT zunächst vor allem ein Anwendungsbeispiel der multilateralisierten Meistbegünstigungsklausel darstellte, formal durch „vorläufige" Inkraftsetzung eine Ratifikation entbehrlich machend; s. Bülck, S. 81 und Fn. 42.

[132] Die Richtlinie, die nur dem Ziel nach verbindlich ist, die Umsetzung aber den einzelnen Mitgliedstaaten überläßt, knüpft dagegen an die völkerrechtliche Praxis der Transformationsbedürftigkeit international beschlossener Rechtsnormen an; dazu Albert Bleckmann, Europarecht, Köln, Berlin, Bonn, München 1976, S. 51 f.; Verdross / Simma, Universelles Völkerrecht, Berlin 1976, S. 430 ff. (442) zum völkerrechtlichen Verfahren allgemein; andererseits der EuGH, der einzelnen Richtlinien i. V. m. dem EWGV und dessen zeitlichen Bestimmungen direkte Anwendbarkeit zuerkannt hat, vgl. etwa EuGH RS 9/70 Smlg. Bd. XVI, S. 825.

scheidungen über die Errichtung und Gestaltung von Agrarmarktorganisationen überhaupt[133], die Festlegung der Eckdaten für die Agrarmärkte generell[134] und für die konkret verwalteten Produkte nach den Vorschriften der Agrarmarktverordnungen[135], und in die Rechtssetzung zur Definition von Entscheidungsregeln für von der Kommission allein oder zusammen mit den Verwaltungsausschüssen zu treffende Ausführungsverordnungen oder Einzelentscheidungen[136].

Natürlich hat der Rat sich auch die Durchführungsbestimmungen für spezifische, noch nicht festgelegte Interventionsmaßnahmen vorbehalten[137] und die Entscheidung über besondere Schutzmaßnahmen[138]. Er ist als Gesetzgebungs- und Verwaltungsorgan, wie die Rohstofffräte, oberste Instanz. Das zeigt sich auch im Verfahren bei der Einführung von Schutzmaßnahmen[139] und nach dem Verwaltungsausschußverfahren[140], bei deren Anwendung der Rat jeweils nach einer Entscheidung der Kommission in der gleichen Sache befaßt werden kann, mit dem Recht der Abänderung der Kommissionsentscheidung[141].

2. Die Funktion des Verwaltungsrats in Coreper und Sonderausschuß Landwirtschaft

Die Römischen Verträge sahen einen Ständigen Ausschuß der Räte nicht vor. Aber bereits weniger als einen Monat nach dem Inkrafttreten des EWG-Vertrages beschloß der Ministerrat, einen Ausschuß der Ständigen Vertreter (AStV)[142] einzurichten[143]. Die Notwendigkeit der Ein-

[133] Nach Art. 43 ff. EWGV; dazu gehört auch die innere Organisation der Agrarmärkte, auch die Zuständigkeitsverteilung selbst.

[134] Nach Art. 44 EWGV z. B. zu Mindestpreissystemen, nach Art. 42 zu Beihilfen und Art. 45 zu Erstattungen.

[135] z. B. nach Art. 3 VO (EWG) Nr. 2727/75 und Art. 2 ff. VO (EWG) Nr. 3330/74 die div. Preise für Getreide und Zucker.

[136] z. B. auf dem Getreidesektor Regeln über das Schwellenpreissystem (Art. 5 (5)) und Grundregeln für die Intervention (Art. 7 (4) VO 2727/75); auf dem Zuckersektor: Art. 16, Grundregeln für Abschöpfungssystem; Art. 17, Grundregeln für Einfuhrsubventionen; Art. 19, Grundregeln für Ausfuhrerstattung; Art. 24 (3), Grundregelung für Quotensystem und Art. 30, für Quotendifferenzierung sowie nach Art. 6 die Rahmenvorschriften für Kauf, Lieferung, Abnahme und Bezahlung von Zuckerrüben (jew. VO 3330/74).

[137] Art. 8 VO 2727/75; Art. 10 VO 3330/74.

[138] Art. 19/20 VO 2727/75; Art. 22 VO 3330/74; entsprechend wird der Rat ständig von der Kommission auf dem laufenden gehalten, Art. 24 VO 2727/75.

[139] Art. 19/20 VO 2727/75 und Art. 22 VO 3330/74.

[140] Art. 26 VO 2727/75 und Art. 36 VO 3330/74.

[141] Zum Verwaltungsausschußverfahren s. weiter unten D. II. 4.

[142] Nach der französischen Bezeichnung „Comité des Représentants Permanents" auch als Coreper abgekürzt.

[143] Edouard Poullet / Gérard Deprez, Struktur und Macht der EG-Kommission, Bonn 1976, S. 126; vgl. Art. 16 der vorläufigen Geschäftsordnung der

richtung einer solchen Vertretung des Rats ergab sich daraus, daß die Minister nicht ständig tagen konnten, während der Vertrag dem Rat tatsächlich Aufgaben eines ständigen Organs übertragen hatte[144] und vor den Ratsentscheidungen intensive Verhandlungen notwendig sind[145].

Deswegen wurde einem Ausschuß die Aufgabe übertragen, „die Arbeiten des Rates vorzubereiten und die ihm vom Rat übertragenen Aufträge auszuführen“[146]. Im Fusionsvertrag von 1965 wurde der AStV vertragsrechtlich institutionalisiert[147], seine Aufgaben und Befugnisse aber erst mit der Geschäftsordnung des Rates der EG von 1979 näher umschrieben[148]. Die Einrichtung eines solchen koordinierenden ‚Organs‘ unterhalb der Ebene der Minister, die im Rat zusammentreten, ist aber keine genuine Schöpfung der EWG; sie beruht auf der Erfahrung aus der Arbeit anderer internationaler und europäischer Wirtschaftsorganisationen[149]. Bereits der OEEC[150]-Ministerrat, der nicht dauernd tagen konnte, unterhielt Permanent Representatives in Paris, die ständig Kontakt miteinander und zu ihren Entsende-Regierungen pflegten[151].

Räte, Text in: Sigismund Buerstedde, Der Ministerrat im konstitutionellen System der Europäischen Gemeinschaften, Bruges 1964, im Anhang; grundlegend zum AStV: Emile Noel, Der Ausschuß der Ständigen Vertreter, in: EuR 1967, S. 24 - 54; Jean J. A. Salmon, Le rôle des representations permanentes, in: La decision dans les Communantés européennes, Bruxelles 1969, S. 57 - 73; ders., Les représentations et missions permanentes auprès de la CEE et de l'Euratom, in: Michel Virally / Pierre Gerbet / Jean Salmon, Les Missions Permanentes auprès des Organisations Internationales, Bruxelles 1971, S. 561 - 830; Emil Noel / Henri Etienne, Zur Entwicklung der europäischen Institutionen: der Ausschuß der Ständigen Vertreter und die Vertiefung der Gemeinschaften, in: EuR 1972, S. 137 - 158; T. P. J. N. van Rijn, Le Comité des Représentants Permanents dans les Communautés élargies, in: CDE 1972, S. 637.

144 So von Hassell, S. 97.

145 Klaus Meyer, Die Integration und ihre Institutionen, in: Außenpolitik, 1971,S. 649; dazu auch Salmon in Virally / Gerbet / Salmon, S. 664 f., der auch auf entsprechende Erfahrungen mit der Montanunion hinweist; auch Vedel Report, S. 28; zu Einrichtung anderer neuer Organe, die in den Verträgen nicht vorgesehen waren, vgl. R. H. Lauwaars, Auxiliary Organs and Agencies in the EEC, in: CLMR, Vol. 16 (1979), S. 365 - 387.

146 Vgl. die vorläufige Geschäftsordnung der Räte bei Buerstedde.

147 Art. 4 des Fusionsvertrages.

148 Ratsbeschluß (79/868/EGKS, EWG, Euratom) vom 24. Juli 1979, ABl EG Nr. L 268 v. 25. 10. 1979, S. 1 - 3, s. Art. 16.

149 Lasok / Bridge führen den AStV auf die gemeinsamen Erfahrungen europäischer Organisationen (in OEEC, Europarat, WEU und NATO) zurück, S. 120 f.

150 Text des Abkommens über die Europäische Wirtschaftliche Zusammenarbeit — Organization for European Economic Cooperation (OEEC) — in: EA 1948, S. 1345 ff.; Verträge der BRD, Bd. 1 Nr. A 1, S. 3 ff. und bei Hugo J. Hahn / Albrecht Weber, Die OECD, Baden-Baden 1976, S. 409 ff.

151 Alexander Elkin, The Organization for European Economic Co-operation — Its Structure and Powers, in: European Yearbook, Vol. IV (1958), S. 102.

Die Aufgaben und Befugnisse des AStV in Brüssel sind jedoch weitergesteckt, als die Bezeichnung als Repräsentanz mit Informationsaufgaben erkennen läßt. Er übernimmt tatsächlich auch die Aufgaben eines Verwaltungsrates, entsprechend den Hauptausschüssen oder Exekutiv-Ausschüssen internationaler Organisationen, wie er in Rohstofforganisationen eingerichtet ist und auch in der OEEC vorgesehen war[152]. Die geringe Zahl der Mitglieder der EWG und die Struktur des Ministerrats der EWG verboten es allerdings, nach Art eines Ausschusses aus dem Kreis der Mitglieder ein engeres Organ zu bilden, so daß in diesem Ausschuß alle Mitglieder vertreten sein können[153]. In seinen Funktionen zeigt er das typische Doppelgesicht internationaler Verwaltungsräte[154]: er bereitet die Arbeit des Hauptorgans (des Ministerrats) vor und ist für die sorgfältige Prüfung der an diesen weitergeleiteten Vorlagen verantwortlich; gegenüber den Verwaltungsorganen und nachgeordneten Beschlußgremien dringt er auf politische Anpassung und ggfs. Umgestaltung der Vorschläge, bevor sie zur Billigung dem Hauptbeschlußorgan unterbreitet werden[155].

Der multisektoralen Wirtschaftsintegration der EG entsprechend, sind der AStV selbst und die einzelnen Ständigen Missionen horizontal und vertikal differenziert.

Ihrer vermittelnden Aufgabe gemäß sind die Leiter der Ständigen Vertretungen, die wie Gesandtschaften verschiedene Ministerien bündeln, Staatenvertreter im Botschaftsrang[156]. Ihnen zur Seite steht ein Stab hochrangiger Fachbeamter aus den verschiedenen Ressorts zur Bearbeitung der fachbezogenen Probleme[157]. Gleichrangig zum AStV und mit ihm koordiniert, aber mit eigenständiger Funktion arbeitet der Sonderausschuß Landwirtschaft, der nur für die Bearbeitung der landwirtschaftlichen (Rohstoff-)Marktverwaltungen zuständig ist[158]. Der

[152] Zu den Verwaltungsräten der Rohstofforganisationen s. oben S. 115 ff.; bei der OEEC s. Art. 16 des Vertrags.

[153] Vgl. Buerstedde, S. 138.

[154] Dazu Hugo J. Hahn, Funktionenteilung im Verfassungsrecht europäischer Organisationen, Baden-Baden 1977, S. 60.

[155] Für die OEEC vgl. dazu Rule 25 (a) und (b) der Rules of Procedurs, in: OEEC, Rules of Procedure of the Organization, Paris 1956 und OECE, Organisation Européenne de Cooperation Economique — Historique et Structure, Paris 1957, S. 14; zur Beschreibung dieser Verfahrenstechnik: Elkin, S. 103 ff. und Karl Schilling, Der Europäische Wirtschaftsrat (OEEC) und das Abkommen über die Europäische Zahlungsunion (EZU), in: EA 1952, S. 4878.

[156] Ipsen, Europarecht, S. 342 ff.

[157] Roy Pryce, The Politics of the European Community, London 1973, S. 68; Feld beziffert die Beamtenstäbe des AStV auf 400 Mitarbeiter, s. Werner J. Feld, Implementation of the European Community's Common Agricultural Policy: expectations, fears, failures, in: International Organization, Vol. 33, 3 (1979), S. 346; zu den Unterschieden in der Besetzung der Ständigen Vertretungen (Diplomaten/Fachbeamte) vgl. Poullet / Deprez, S. 128 Fn. 14.

AStV ist vertikal untergliedert in eine politische Ebene (AStV Teil 2), eine fachlich-administrative Ebene (AStV Teil 1) und in spezielle Arbeitsgruppen und Untergruppen.

Der AStV (Teil 2) ist besetzt mit den Botschaftern selbst oder deren Stellvertretern. Sie behandeln die politisch heiklen Fragen und vor allem alle die Außenbeziehungen der Gemeinschaften betreffenden Fragen[159]. Im AStV (Teil 1) werden die wesentlich technischen oder hauptsächlich wirtschaftlichen Probleme verhandelt[160]. Von ihm vor allem werden Arbeitsgruppen eingesetzt[161], in denen die Beamten der Ständigen Vertretungen von Beamten aus den Hauptstädten unterstützt Fachfragen beraten[162]. Das dem Sonderausschuß Landwirtschaft vom Rat übertragene Mandat entspricht insgesamt den Aufgaben des AStV, beschränkt auf die Vorbereitung des Agrarrates und der Behandlung von Agrarfragen[163].

Der Vorsitz in AStV und den Arbeitsgruppen rotiert entsprechend dem Ratsvorsitz[164]. Administrativ wird der AStV vom Ratssekretariat betreut[165]. Nach den Vertragstexten selbst und im abgeleiteten Recht sind konkrete Funktionszuteilungen an diesen Verwaltungsrat nicht zu finden[166]. Seine Stellvertreterfunktion für die Räte im Vorbereitungsverfahren für dessen Rechtsakte geben ihm den Handlungsrahmen, und die direkte Rückkopplung an die Verwaltungen der Mitgliedsländer verschaffen ihm politisch und fachlich Kompetenz. Natürlich basiert die starke Stellung des AStV[167] darauf, daß vor den Ratsentscheidungen intensive Verhandlungen notwendig sind und die Minister selbst sich nur selten und partiell der Europapolitik widmen können[168]. So neh-

---

158 Eingerichtet durch Beschluß der im Rat vereinigten Vertreter der Regierungen der Mitgliedstaaten der EWG über die beschleunigte Verwirklichung der Vertragsziele v. 12. Mai 1960, ABl EG 1960, S. 1217 v. 12. 9. 1960, Art. 5; dazu auch Feld, S. 346; Pryce, S. 68; Rolf Remus, Kommission und Rat im Willensbildungsprozeß der EWG, Meisenheim am Glan, 1969, S. 139 f.; Salmon in Virally / Gerbet / Salmon, S. 700, 705 ff.

159 Poullet / Deprez, S. 130; Harbrecht, S. 89; vgl. auch Noel / Etienne, S. 146.

160 Noel / Etienne, S. 146 f.; Harbrecht, S. 89 f.; Poullet / Deprez, S. 127 ff.

161 Gem. Art. 16 (2) der GO des Rates.

162 Poullet / Deprez, S. 128 ff.; Sasse, Regierungen, S. 167 ff.

163 Salmon in Virally / Gerbet / Salmon, S. 700, 706.

164 Poullet / Deprez, S. 128; Sasse, S. 167.

165 Salmon, S. 658.

166 Abgesehen von der allgemeinen Aufgabenzuweisung, die Arbeit der Räte vorzubereiten, vgl. Art. 16 der GO des Rates und die Einsetzung des Sonderausschusses Landwirtschaft von 1960, ABl EG 1960, S. 1217, Art. 5.

167 Die Ausführungen gelten gleichermaßen für den Sonderausschuß Landwirtschaft, der ja insofern gleiche Funktionen, hier als Rohstoff-Verwaltungsrat, hat.

168 Klaus Meyer, Die Integration, in Außenpolitik, 1971, S. 649.

men die Ständigen Vertreter üblicherweise auch an den Ratssitzungen teil[169]. Besondere Bedeutung (außerhalb des vom Vertrag vorgesehenen Verfahrens) gewinnt der Verwaltungsrat AStV aber durch seine verfahrensmäßig fundierte Filterfunktion. So wie die Verwaltungsräte (Exekutiv-Ausschüsse) von OEEC und Rohstofforganisationen den Räten Vorlagen u. a. auch der Sekretariate zur Annahme empfehlen, selektiert er die Vorlagen der Kommission in einem speziellen Verfahren in A- und B-Punkte vor. Die A-Punkte pflegen vom Rat ohne Aussprache verabschiedet zu werden. Formell nimmt damit zwar der Rat den Rechtssetzungsakt vor, faktisch obliegt die Entscheidung über die Annahme eines Vorschlags hier jedoch dem AStV[170]. Mehrheitsbeschlüsse sind in diesem Verfahren des AStV (und seiner Untergruppen) und des Sonderausschusses Landwirtschaft nicht vorgesehen. Das informelle Konsensverfahren hier, daß so lange verhandelt wird, bis Einstimmigkeit der Mitgliedstaaten und der Kommission hergestellt wird, verstärkt, besonders im Zusammenhang damit, daß der AStV auch die Tagesordnungen der Räte vorverhandelt[171], die Tendenz, in schwierigen Fragen Paket-Vorschläge zu schnüren, die dann insgesamt dem Rat zur Verabschiedung vorgelegt werden können[172]. Der neue Bericht über die Europäischen Organe[173] unterstreicht die Bedeutung dieser Verhandlungen (möglichst innerhalb klarer Weisungen) für den Fortgang des Gemeinschaftsprozesses, ohne die der Rat seinen Verwaltungsaufgaben gar nicht nachkommen könnte[174]. Dennoch hat sich der

---

[169] Christoph Sasse, Die Zukunft der Verfassung der Europäischen Gemeinschaft, in: EA 1972, S. 87 (93); s. auch den Bericht des Dreier-Ausschusses an den Europäischen Rat über die Europäischen Organe, o. O., Oktober 1979, S. 52 f.

[170] Dazu Poullet / Deprez, S. 130 f.; Remus, S. 210 ff. (215); Bericht Vedel, S. 28 f.; aus diesem Aspekt heraus wohl auch die Bezeichnung des AStV als „kleiner Ministerrat", so Bleckmann, Europarecht, S. 22, „Junior Congress" bei Henry G. Schermers, International Institutional Law, Vol. I, Leiden 1972, S. 160 oder „dédoublement du Conseil" bei Vlad Constantinesco, Compétences, S. 338; s. dort auch S. 344, „un pouvoir de décision veritable".

[171] Poullet / Deprez, S. 132; s. aber auch Art. 2 der GO des Rates, wonach der Präsident die Tagesordnungspunkte festlegt, neuerdings häufig gewichtet nach dem Programm seiner Präsidentschaft.

[172] Roy Pryce, The Politics of the European Community, London 1973, S. 67; bisweilen sollen sogar Tagesordnungspunkte dem Rat als A-Punkte vorgelegt werden, wenn keine Einigung in der Sache erzielt worden ist, wenn z. B. die Kommission gegen die Stimmen der Mitgliedstaaten ihren Vorschlag aufrecht erhalten hat oder ein Mitgliedstaat sich enthalten hat oder gegen die Vorlage gestimmt hat. Das kann aber nur selten geschehen und wenn alle Vertreter wegen der geringen Bedeutung der Angelegenheit auf eine Erörterung auf Ministerebene verzichten, vgl. Noel / Etienne, S. 146.

[173] Des Dreier-Ausschusses an den Europäischen Rat, S. 49.

[174] Dazu auch Pryce, S. 69; Sasse, Regierungen, S. 184 und Annette Matthias, S. 47 ff.; am 30. 9., 1. und 2. 10. 1980 fand die 1000. Sitzung des AStV statt (gegenüber ca. 650 Tagungen der Räte). Eine informative Würdigung

Rat als Hauptentscheidungsorgan die Möglichkeit offen gelassen, auch ggfs. auf die A-Punkte näher einzugehen. Dann wird der Punkt zunächst von der Tagesordnung abgesetzt und nach neuer Vorbereitung ggfs. beraten[175].

Fragen von politischer Brisanz und solche Probleme auch technischer und administrativer Art, über die der AStV sich nicht hat einig werden können, werden dem Rat als B-Punkte vorgelegt[176]. Über sie wird dann im Rat verhandelt bzw. gemäß dem oben beschriebenen Verfahren entschieden[177]. Im Landwirtschaftsbereich werden wichtige Verfahrens- und Sachfragen auf der dem AStV nebengeordneten Ebene des Sonderausschusses Landwirtschaft vorbehandelt und ggfs. faktisch entschieden. Die grundlegenden Entscheidungen, die Festlegung der Eckdaten, der Preise der landwirtschaftlichen Erzeugnisse z. B., pflegen zu den B-Punkten zu gehören, über die der Agrarministerrat meist nur nach langen Debatten (Marathon-Sitzungen) und im package deal zu Entscheidungen gelangt[178].

3. Die Differenzierung und Integration der Sekretariatsfunktion in Kommission und Ratssekretariat

a) Das Ratssekretariat

In den Gründungsverträgen der Europäischen Gemeinschaften wird ein spezielles Rats-Sekretariat nicht erwähnt. Aber bereits auf der Eröffnungstagung des Ministerrats der Montanunion wurde ein Generalsekretär ernannt, der mit Hilfe eines kleinen Verwaltungsstabs die technische Vorbereitung der Ratstagungen übernehmen sollte[179]. Die Räte der EWG und Euratom übernahmen diese Sekretariatseinrich-

---

enthält die Mitteilung an die Presse des Generalsekretariats des Rates der Europäischen Gemeinschaften v. 29. 9. 1980, Dok. 9912/80 (Presse 129).

[175] Art. 2 (7) der GO des Rates.

[176] Mit Berichten des AStV über Sachstand versehen, ggfs. mit Kompromißvorschlägen von Präsidentschaft oder Formulierungshilfen des Sekretariats.

[177] Es kommt vor, daß solche Punkte auch wieder zu weiteren Verhandlungen auf die Ebene des AStV zurückverwiesen werden, wenn auch im Rat keine Einigung hergestellt werden kann. Dann sind zunächst die Fachbeamten wieder am Zuge, Pryce, S. 67.

[178] Zu Entscheidungsvorbehalten des Rates auch Noel / Etienne, S. 145; zum „Agrarpaket 1980", das mit dem britischen Nettobeitrag zum Haushalt und der zukünftigen Fischereipolitik verknüpft wurde, vgl. Bulletin der Bundesregierung Nr. 68 / S. 573 v. 10. Juni 1980, Bulletin der EG (Kommission) Nr. 5-1980, Ziff. 1.1.1. - 1.1.18 und die ABl EG Nrn. L 140 v. 5. 6. 80, L 146 v. 12. 6., L 160 v. 26. 6., L 166 v. 1. 7. , L 172 v. 5. 7., L 174 v. 9. 7., L 183 v. 16. 7., L 184 v. 17. 7. und L 185 v. 18. 7. 1980.

[179] Rolf Remus, Kommission und Rat im Willensbildungsprozeß der EWG, Meisenheim am Glan, 1969, S. 126.

tung[180], dabei aber nicht nur auf die Praxis der EGKS aufbauend, sondern die übliche Hilfsorganisation internationaler Organisationen, wie sie z. B. für die Rohstoffräte und ihre Verwaltungseinrichtungen selbstverständlich sind, in die europäischen Verwaltungen einbringend.

Entsprechend wird der Generalsekretär durch einstimmigen Beschluß vom Rat ernannt[181], das Generalsekretariat untersteht der Aufsicht des Rates, und der Rat entscheidet über die Organisation des Sekretariats[182]. Seine offiziellen Verwaltungsfunktionen erstrecken sich auf die Verwaltung der dem Rat zur Verfügung stehenden finanziellen Mittel[183], des Entwurfs und der Gegenzeichnung der Protokolle der Ratstagungen[184], der Mitunterzeichnung der Rechtsakte des Rates[185] und der Veröffentlichung der Rechtsakte des Rates im Amtsblatt der Europäischen Gemeinschaften[186]. Darüber hinaus übermittelt das Sekretariat die Ratsakte an die Mitgliedstaaten und die Kommission[187], notifiziert sie ggfs. im Auftrage des Präsidenten und fungiert generell als die ‚Postzentrale' (Informationszentrale) des Rates[188].

Die vom Ratssekretariat tatsächlich wahrgenommenen Aufgaben sind mit dieser Aufzählung indes nicht erschöpft: das Sekretariat wird auch in Anspruch genommen als juristischer Berater[189], „Gedächtnis" des Rates, und es ist mit der Redaktion der Texte des AStV befaßt. Seine unabhängige Stellung neben Mitgliedstaaten und Kommission drängt das Sekretariat bisweilen in die Position des Mediators, eine typische Aufgabe internationaler Sekretariate, weil es weder an der ursprünglichen Ausarbeitung von Kommissionsvorlagen beteiligt, noch nationale Interessen zu verteidigen hat: bei der Suche nach Kompromissen kann es sich so durch Kompromißvorschläge beteiligen und wird entsprechend um die Ausarbeitung von Texten gebeten[190]; seine Kenntnis des ‚Apparats' und der Mitgliedstaaten aus neutraler Sicht

---

[180] Art. 17 der Vorläufigen Geschäftsordnung der Räte und Art. 17 der GO von 1979.

[181] Art. 17 I der GO.

[182] Art. 17 II der GO.

[183] Art. 17 III und IV GO.

[184] Art. 7 GO.

[185] Art. 9 GO.

[186] Art. 13 GO; zu den einzelnen Punkten bis hierher auch Buerstedde, S. 120.

[187] Art. 15 GO.

[188] Vgl. Art. 20 der GO.

[189] Vgl. dazu Daniel Vignes, Le rôle du Secrétariat des Conseils, in: La décision dans les Communautés europénnes, S. 79 ff.; z. B. auch für institutionelle Fragen; das Sekretariat war auch beteiligt an der Schaffung der Verwaltungsausschüsse.

[190] Vignes, S. 79 ff.; Vlad Constantinesco, Compétences, S. 348.

lassen den Rückgriff auf solche internationale Verfahren höchst effektiv erscheinen[191].

b) Die Kommission

Die Kommission der Europäischen Gemeinschaften erfüllt die übrig bleibenden Funktionen internationaler Sekretariate (Statistik, Initiativfunktion, delegierte Verwaltungsaufgaben) und entwickelt sie gleichzeitig weiter (konkretes Vorschlagsrecht, unabhängiges Expertengremium, eigene Rechtssetzungsbefugnisse), nicht nur, wie die Organisation insgesamt selbst, multisektoral, sondern in ausdifferenzierten Verwaltungsbefugnissen und multifunktionalen Rechtssetzungsaufgaben.

Die Kommission der Gemeinschaften besteht aus 13 Mitgliedern, die aufgrund ihrer allgemeinen Befähigung ausgewählt werden[192]. Sie müssen Staatsangehörige der Mitgliedstaaten sein, wobei der Kommission mindestens ein Staatsangehöriger jedes Mitgliedstaats angehören muß, jedoch nicht mehr als zwei die gleiche Staatsangehörigkeit aufweisen dürfen[193]. Sie werden von den Regierungen der Mitgliedstaaten in gegenseitigem Einvernehmen für 4 Jahre ernannt[194].

Besondere Betonung hat die Stellung der Kommission als völlig unabhängiges Gremium zur Erfüllung zwischenstaatlicher Verwaltungsaufgaben gefunden: die Kommissare müssen ihre Tätigkeit in voller Unabhängigkeit zum allgemeinen Wohl der Gemeinschaften ausüben und dürfen Weisungen weder von Regierungen noch von anderen Stellen weder anfordern noch entgegennehmen[195]. Die Mitgliedstaaten ihrerseits sind verpflichtet, diesen Grundsatz zu achten und dürfen keinerlei Beeinflussungsversuche (etwa „ihrer Kommissare“) unternehmen[196]. Diese Unabhängigkeit wird u. a. dadurch untermauert, daß

---

[191] Vgl. Bericht über die Europäischen Organe, S. 42.

[192] Art. 10 (1) des Fusionsvertrags.

[193] Art. 10 (1) UAbs 3 des FusV; in der Praxis stellen die vier großen Mitgliedstaaten (Deutschland, Frankreich, Italien und Vereinigtes Königreich) 2 Kommissare, die übrigen je einen.

[194] Art. 11 FusV; bei der Neubesetzung der Kommission zum 1. 1. 1977 wurde erstmals auf ein Verfahren nach einem Vorschlag Tindemanns zurückgegriffen: der Präsident der Kommission wird danach vom Europäischen Rat ernannt und bereitet mit den Mitgliedstaaten die Ratstagung vor, auf der die übrigen Mitglieder der Kommission ernannt werden; das sollte die Homogenität der Kommission stärken; die Erfahrungen zeigen, daß sich die Regierungen in ihre Wahl dennoch nicht hineinreden lassen; vgl. dazu Harbrecht, S. 74 ff.; der Vorschlag ist in: Leo Tindemans, Die Europäische Union, Bericht an den Europäischen Rat, Brüssel, Dezember 1975, (Tindemans-Bericht) enthalten (S. 27 f.).

[195] Vgl. oben dazu die Stellung der internationalen Beamten der Rohstoffsekretariate.

[196] Art. 10 (2) FusV.

die Kommissare nur durch den Europäischen Gerichtshof wegen Pflichtverletzung ihres Amtes enthoben werden können[197].

Die Institutionalisierung eines solchen Expertengremiums in den Aufbau zwischenstaatlicher Verwaltungskörperschaften findet sich, noch ausgeprägter, in der ‚neutralen' Hohen Behörde der Montanunion, die ganz dezidiert die Aufgabe hat, für die Erreichung der im EGKS-Vertrag festgelegten Zwecke zu sorgen[198]. Ihre Mitglieder wurden[199] für 6 Jahre ernannt[200], allerdings mit der zusätzlichen Maßgabe, daß nur 8 Mitglieder (von 9) von den Regierungen im Einvernehmen bestellt wurden, das neunte Mitglied aber mit einer Mehrheit von 5 Stimmen von den zuvor bestimmten Mitgliedern kooptiert wurde[201].

In der europäischen diplomatischen Tradition finden sich Vorläufer solcher unabhängigen, weisungsfreien, mit Experten besetzten Organe[202]. Das Lenkungsdirektorium der OEEC für die Steuerung der Handelspolitik (Handels-Direktorium)[203] bestand z. B. aus 7 Mitgliedern, die aufgrund ihrer Kenntnis handelspolitischer Fragen und wegen ihres Ansehens, das sie sich dazu erworden hatten, ausgewählt und vom Rat ernannt wurden. Sie handelten deshalb nicht als Regierungsvertreter, sondern als nicht weisungsgebundene Sachverständige[204]. Das Handels-Direktorium beschloß seine Vorschläge, die an den OEEC-Rat gerichtet wurden, mit Stimmenmehrheit[205], und konnte alle Fragen der Auslegung und Anwendung von Ratsbeschlüssen zur Handelspolitik und die entsprechenden Regeln prüfen[206] und entsprechende Berichte verfassen[207]. Wegen seiner fachlichen Kompetenz und Durchsetzungskraft und seiner schnellen Entscheidungsfähigkeit in schwierigen Lagen wurde diesem Steering Board for Trade hohe Effektivität zugemessen[208]. Mit ihm wurden Sekretariatsfunktionen (Vorschläge, Berichte) auf die

---

[197] Art. 10 (2) UAbs 3 FusV; ein politisches Mißtrauensvotum kann dagegen vom Europäischen Parlament eingebracht werden, vgl. Art. 144 EWGV.

[198] Art. 8 ff. EGKSV; (einzige Behörde für ein begrenztes Sachgebiet), so Carl Friedrich Ophüls, Zur Ideengeschichtlichen Herkunft der Gemeinschaftsverfassung, in: Festschrift für Hallstein, Frankfurt/M. 1966, S. 390 ff.

[199] Bis der Fusionsvertrag die Kommission verschmolz.

[200] Art. 9 EGKSV.

[201] Art. 10 EGKSV.

[202] Vgl. Hartwig Bülck, Bandbreite Europa, in: Standorte im Zeitstrom, Festschrift für Arnold Gehlen, Frankfurt/M. 1974, S. 11 ff.

[203] OEEC, Beschluß des Rates über die Errichtung eines Ausschusses für die Steuerung der Handelspolitik, vom 18. 4. 1975, Text in: BAnz Nr. 151/1952 vom 7. 8. 1952, Neufassung Artikel 35 des Kodex der Liberalisierung.

[204] Vgl. Alexander Elkin, The Organization for European Economic Cooperation, Its Structure and Powers, in: European Yearbook, Vol. IV (1958), S. 107, 137.

[205] Art. 35 f. des Kodex.

[206] Art. 36 a des Kodex.

[207] Art. 37 und 38 des Kodex.

Ebene der Durchsetzung unabhängigen Sachverstands hinaufgehoben, so die Sekretariatsbefugnisse ausweitend[209], wie das bei den technischen Unionen für eng begrenzte Aufgabengebiete die technische Rationalität der zu behandelnden Fragen schon seit der Jahrhundertwende erfordert hatte[210].

Bei den internationalen Rohstofforganisationen finden sich Ansatzpunkte für solche Fachgremien mit Verwaltungsfunktionen in der Zuckerkommission des Brüsseler Zuckerabkommens von 1902[211], ansonsten in den Fachausschüssen mit Beschlußkompetenz, soweit sie an die sachliche Vorarbeit des Sekretariats und die Handlungsanweisungen der zugrunde liegenden Abkommen angebunden sind[212].

In der Hohen Behörde der Montanunion hatte sich das Prinzip der weisungsfreien zwischenstaatlichen Lenkung einzelner Wirtschaftssektoren zu einer direkten, überstaatlichen Verwaltung des Kohle- und Stahlmarktes Westeuropas weiterentwickelt, politisch begründet in dem Bestreben, diese kriegswichtigen Produktionszweige auf einer supranationalen Ebene zu „neutralisieren".

Das kommt zum Ausdruck in den ihr zugemessenen Rechtsetzungs- und Verwaltungsbefugnissen: Die Hohe Behörde erläßt Entscheidungen, die in allen ihren Teilen verbindlich sind, spricht Empfehlungen aus, die hinsichtlich der Ziele verbindlich sind oder gibt Stellungnahmen ab, die nicht verbindlich sind[213].

Ihre Beschlüsse trifft sie mit der Mehrheit ihrer Mitglieder[214], sie regelt ihre innere Organisation selbst[215]. Die Hohe Behörde der Montanunion hat umfangreiche Kontroll- und Überwachungsaufgaben. Sie kann Auskünfte einholen und Nachprüfungen vornehmen, ggfs. gegen Unternehmen der Kohle- und Stahlindustrie, die ihre Auskunftspflich-

---

208 Elkin, S. 108 und 137; gleiches gilt für das Direktorium für den Dienstleistungsverkehr und vor allem das Direktorium der Europäischen Zahlungsunion, Elkin, S. 108 ff.

209 Seidl-Hohenveldern, Das Recht der Internationalen Organisationen einschließlich der supranationalen Gemeinschaften, 2. Aufl. Köln, Berlin, Bonn, München 1971, S. 108 ff.; entsprechend bezeichnet Heinhard Steiger, Staatlichkeit und Überstaatlichkeit, Berlin 1966, S. 98, Kommissionen als Direktorien.

210 Dazu Bülck, S. 11 f.; vgl. auch dens., Zur Systematik der Europäischen Wirtschaftsgemeinschaften, S. 88 ff. und ders., Verwaltungsgemeinschaften, Internationale, in: Strupp-Schlochauer, WVR, 2. Aufl., Berlin 1962, Bd. II, S. 567 f.

211 s. o. u. A; W. Kaufmann behauptete, sie sei weniger diplomatischen Weisungen als der Zweckbestimmung des Unionsgedankens verpflichtet.

212 s. o. unter B und C.

213 Art. 14 EGKSV.

214 Art. 13 EGKSV.

215 Art. 16 EGKSV.

ten verletzen, Geldbußen verhängen[216]. Wenn sie diskriminierende Geschäftspraktiken feststellt, kann sie Empfehlungen an die Regierungen und Entscheidungen gegenüber Unternehmen treffen, gegen letztere ggfs. verbunden mit Geldbußen[217]. Die Hohe Behörde handhabt die Kartellüberwachung und besitzt entsprechende Eingriffsmöglichkeiten[218]. Sie überwacht sogar die Löhne der Arbeitnehmer und die begleitenden Sozialleistungen[219].

Für den Kohle- und Stahlsektor fungiert sie außerdem als generelle Informationszentrale, sie untersucht Marktentwicklungen, erstellt Programme für die Erzeugung, Ausfuhr und Einfuhr und gibt allgemeine Ziele vor[220].

Die Hohe Behörde besitzt allgemein ein Initiativrecht und hat eine entsprechende Pflicht, in bestimmten Lagen Verwaltungsmaßnahmen zu treffen oder dem Rat vorzuschlagen. Das gilt für die Festsetzung von Erzeugungsquoten[221], die Regelung von Verteilung und Verwendung der EGKS-Produkte bei Mangellagen; wenn der Rat nicht einstimmig anders entscheidet, legt die Hohe Behörde selbst die Verteilung nach Maßgabe des bisherigen Verbrauchs fest und bestimmt die Ausfuhranteile[222]. Die Hohe Behörde setzt nach Anhörung des Rats und des beratenden Ausschusses ggfs. Höchst- und Mindestpreise fest[223] und kann Ausgleichszahlungen genehmigen[224]. Sie beschließt über Investitionsprogramme und Arbeitsplatzumschichtungshilfen[225]. Letztendlich hat sie sogar ein Initiativrecht (Vorschlagsrecht) für Vertragsänderungen, über die ggfs. eine Vertragskonferenz der Mitgliedstaaten entscheidet[226].

Solch umfangreiche Rechtssetzungs- und Verwaltungsbefugnisse der Hohen Behörde im Verhältnis zum Rat der EGKS werden der Kommis-

---

[216] Art. 47 EGKSV.

[217] Art. 63, 64 EGKSV.

[218] Art. 65 ff. EGKSV.

[219] Art. 68 EGKSV.

[220] Art. 46 EGKSV.

[221] Art. 58 EGKSV; eine „vergessene“ Vorschrift, die plötzlich neue Aktualität in der Stahlkrise 1980 gewann. Die Bundesregierung hatte erwogen, zur Verhinderung der Krisenmaßnahmen auf die Luxemburger Beschlüsse von 1965/66 zurückzugreifen; aus politischen Überlegungen wurde letztlich darauf verzichtet. Zu den „Stahlbeschlüssen“ vgl. Mitteilung (10804/80) des Rates der Europäischen Gemeinschaften (Generalsekretariat) an die Presse über die 665. Ratstagung am 30. 10. 1980 in Luxemburg.

[222] Art. 59 EGKSV.

[223] Art. 61 EGKSV.

[224] Art. 62 EGKSV.

[225] Art. 54 und 56 EGKSV.

[226] Art. 96 EGKSV; für Vertragsänderungen gilt der völkerrechtliche Ratifikationsvorbehalt.

sion der EWG nicht übertragen. Das Verhältnis von Rat und Kommission kehrt sich um[227]; in der EWG ist der Rat das dominante Legislativ- und — mit seinen Hilfsorganen AStV und Sekretariat — Verwaltungsorgan. Dennoch sind der Kommission nach dem Vertrag mannigfaltige Verwaltungs- und Rechtssetzungsaufgaben zugedacht. Sie soll für die Anwendung des Vertrages und der abgeleiteten Rechtsakte Sorge tragen, Empfehlungen und Stellungnahmen dazu abgeben, gemäß dem EWGV in eigener Zuständigkeit Entscheidungen treffen und die ihr vom Rat übertragenen Befugnisse ausüben[228]. Wie der Rat bedient sie sich dabei des Instrumentariums des Art. 189 EWGV, der Verordnung, Richtlinie, Entscheidung, Empfehlung oder Stellungnahme. Im einzelnen hat sie Kontroll- und Überwachungspflichten[229], sie dient als Informationszentrale[230], sie hat ein Initiativrecht — Vorschlagsrecht für Ratsbeschlüsse — für die einzelnen Gemeinschaftspolitiken[231], und sie ist in einzelnen Bereichen zum Erlaß von Rechtsakten aus eigener vertragsmäßiger Kompetenz, ohne Einschaltung des Rates befugt[232].

Die Funktionsverteilungen zwischen Rat und Kommission und beider Hilfsorgane im einzelnen sind in den nicht mehr übersehbaren vertragsausfüllenden Verordnungen des Rates getroffen.

Für den Sektor landwirtschaftlicher Rohstoffe, beispielhaft an Getreide- und Zuckermarkt zu zeigen, ergeben sich für die Kommission vor allem Verwaltungsaufgaben und Entscheidungen, die auf numerischer Basis routinemäßig zu treffen sind. Dazu gehört z. B. die Fest-

[227] Das drückt sich schon aus in der Reihenfolge der Nennung von Rat und Kommission bzw. Hohe Behörde in den Verträgen, vgl. einerseits Art. 8 ff. EGKSV (Hohe Behörde) und Art. 26 ff. EGKSV (Rat) und andererseits Art. 145 EWGV (RAT) und Art. 155 ff. EWGV (Kommission).

[228] Art. 155 EWGV.

[229] Vgl. z. B. Art. 25/26 zum Zollbereich; Art. 93 bezüglich Beihilfen; nach Delegation im Bereich der Sozialpolitik, Art. 121 EWGV.

[230] Veröffentlichung der jährlichen Gesamtberichte, Art. 18; Informationspflichten bezüglich Kapitalbewegungen, Art. 72; Wettbewerbsfragen, Art. 89; Zahlungsbilanzen, Art. 108 ff.; Zollpolitik, Art. 111; Sozialpolitik, Art. 118; dazu kann die Kommission alle erforderlichen Auskünfte einholen, Art. 213 EWGV.

[231] z. B. in den Bereichen Zollpolitik, Art. 12 ff.; zur Freizügigkeit der Arbeitnehmer, Art. 48 ff.; Niederlassungsfreiheit, Art. 52 ff.; Dienstleistungsfreiheit, Art. 59 ff.; freier Kapitalverkehr, Art. 67 ff.; Verkehrspolitik, Art. 74 ff.; Wettbewerbspolitik, Art. 85 ff.; Steuerharmonisierung, Art. 93; Rechtsangleichung, Art. 100 ff.; Konjunkturpolitik, Art. 103; Handelspolitik, Art. 110 ff.; Sozialpolitik, Art. 117 ff.; Empfehlungen zur Koordinierung der Währungspolitik, Art. 105 EWGV; auch ein Initiativrecht bez. Vertragsänderungen, Art. 236 EWGV. Wegen Art. 149 früher auch dezidiert als Initiativmonopol verstanden, so Hallstein, Der unvollendete Bundesstaat, S. 56.

[232] z. B. Art. 89, 90 EWGV bei Wettbewerbsverletzungen und unzulässigen Subventionen (Art. 93 EWGV).

setzung der Abschöpfungsbeträge nach vorgegebenen Kriterien[233], im übrigen ist die Kommission weitgehend an die Zusammenarbeit mit den Verwaltungsausschüssen für die einzelnen Marktordnungen angebunden[234].

Die Kommission erfüllt Kontroll- und Überwachungspflichten[235] und dient auch im Agrarbereich als Sammel- und Austauschstelle für Marktinformationen[236]. In Krisenzeiten, d. h. bei akuten Marktstörungen und bei dringlichen Maßnahmen hat sie ein erstes Zugriffsrecht, ist jedoch späteren Änderungswünschen des Rates unterworfen[237].

Im Gegensatz zu der strikten Linienorganisation des Generalsekretariats[238] hat die Kommission für ihre innere Organisation eine Kollegialverfassung[239]. Eine Zuteilung der Aufgaben nach Ressortprinzipien ist nach den Vertragstexten nicht vorgesehen. Dennoch gibt es wegen der vielen verschiedenen Gemeinschaftspolitiken eine Aufteilung der Verantwortungsbereiche innerhalb der Kommission unter Berücksichtigung der besonderen sachlichen Entscheidungskompetenz der Kommissare. Zur Entscheidungsfindung greift die Kommission entweder auf ein schriftliches Umlaufverfahren zurück, oder sie bedient sich zur Entscheidungsvorbereitung der Arbeit der Kabinette (nach französischem Vorbild), indem die Kabinettchefs unter Vorsitz des Generalsekretärs der Kommission die Punkte vorentscheiden, die von den Kommissaren ohne Erörterung verabschiedet werden können; die Kommissare selbst diskutieren dann nur noch die wichtigen Entscheidungen, die in der Runde der Kabinettchefs strittig geblieben sind[240].

---

[233] Art. 13, 14 d. GetreideVO; Art. 15, 17 der ZuckerVO, vgl. dazu Günther Jaenicke, Institutionelle Probleme des Agrarmarktes in der EWG, in KSE 10, S. 128 ff.

[234] Dazu weiter unten unter 4.

[235] Art. 22 GetreideVO, Art. 41 ZuckerVO, Kontrolle verbotener Beihilfen.

[236] Art. 24 GetreideVO und Art. 34 ZuckerVO; dem dient auch das Einfuhr- und Ausfuhr-Lizenzsystem, das der Kommission einen ständigen Überblick über die Marktbewegungen im Außenhandel vermittelt; vgl. auch Remus, S. 163 ff.

[237] Vgl. z. B. Art. 17, 19 und 22 ZuckerVO; dazu auch Giancarlo Olmi, The Role of Community and National Institutions in the Implementation of the Common Agricultural Policy, in: European Integration, ed. by Michel Hodges, Harmondsworth, Baltimore, Ringwood, 1972, S. 259; s. auch Ebeling, S. 100 f.

[238] Art. 17 der GO des Rates; der Generalsekretär untersteht der Aufsicht des Rates, und das Sekretariat untersteht dem Generalsekretär; Art. 17 (2) der GO: der Rat entscheidet über die Organisation des Generalsekretariats.

[239] Beschlüsse der Kommission werden mit Mehrheit ihrer Mitglieder gefaßt, Art. 17 FusV; vgl. auch die GO der Kom. d. EWG v. 9. 1. 1963, ABl EG 1963/181 und die vorläufige GO der gemeinsamen Kommission der Europäischen Gemeinschaften v. 6. 7. 1967, ABl EG Nr. 147/1967, S. 1 f.; Texte auch bei Remus, S. 287 ff.; zum Verfahren s. auch Albert Bleckmann, Europarecht, S. 29 ff.; Léontin-Jean Constantinesco, Das Recht der Europäischen Gemeinschaften, Baden-Baden 1977, S. 394 ff.

Eine herausgehobene Stellung in dieser Funktionenverteilung innerhalb der Kommission kommt der Verwaltung der agrarischen Rohstoffmärkte zu. Zunächst führte man das sogenannte Agritelexverfahren ein, um die laufenden Agrarverwaltungsmaßnahmen (z. T. tägliche Neufestsetzung der Abschöpfungen bei der Einfuhr und Erstattungen bei der Ausfuhr) bewältigen zu können. Danach gab das zuständige Kommissionsmitglied seinen Vorschlag über Fernschreiber an die anderen Kommissare durch. Diese konnten dann innerhalb 30 Minuten (!) ggfs. einen Vorbehalt anmelden und die Behandlung des Vorschlags in einer gemeinschaftlichen Sitzung verlangen[241]. Schließlich gab die Kommission für diese Entscheidungen ein Mandat an den Vorsitzenden der Gruppe Landwirtschaftsfragen der Kommission (damals Kommissar Sicco L. Mansholt) bzw. sogar an einzelne Beamte der Generaldirektion Landwirtschaft zum Erlaß solcher Verwaltungsmaßnahmen, der bzw. die im Namen der Kommission und in ihrer Verantwortung handelten[242].

Gleichwohl ist nicht zu verkennen, daß die Verselbständigung dieses Rohstoffverwaltungsbereichs sich in der konkreten alleinigen Entscheidungskompetenz der Kommission nur auf den engen, numerisch kalkulierbaren Sektor von Abschöpfungen und Erstattungen bezieht; im übrigen erfüllt sie verwaltungsmäßig unabhängig klassische Aufgaben internationaler Rohstoffsekretariate, indem sie Informationen sammelt, auswertet und veröffentlicht, Untersuchungen durchführt und für die Überwachung der Marktentwicklung und des Handelsaustausches verantwortlich ist.

---

[240] Ein A- und B-Punkte-Verfahren analog dem Ratsverfahren also innerhalb des mit verteilten Kompetenzen agierenden Kollegialorgans Kommission; zu Aufgabenverteilung und Entscheidungsverfahren vgl. Harbrecht, S. 77 ff.; Lasok / Bridge, S. 110 ff.; Poullet / Deprez, S. 52 ff.; Remus, S. 55 ff.; Altiero Spinelli, Agenda pour l'Europe, Paris 1972, S. 74 f.; zur Kritik an der zersplitterten Verwaltungsstruktur der Kommission: Hans Scheuer / Ulrich Weinstock, Administrative Strukturen der Europäischen Gemeinschaft, Bonn 1977, S. 76 ff.; zur Rolle und Arbeitsweise der Kabinette s. Vorschläge für eine Reform der Kommission der Europäischen Gemeinschaften und ihrer Dienststellen, Bericht erstellt unter Vorsitz von Dirk Spierenburg, Brüssel, September 1979 (Spierenburg-Bericht), S. 19 ff.; dort auch zur Notwendigkeit der Ressorteinteilung, S. 8 f.; vgl. auch die neue Untersuchung zur Rolle der Kommission in: Helmut Schmitt von Sydow / Georg Rosenbach, Organe der erweiterten Europäischen Gemeinschaften — Die Kommission, Baden-Baden 1980.

[241] Vgl. Ebeling, EWG-Getreidemarkt, S. 101.

[242] Beschluß vom 3. 4. 1968, ABl EG Nr. L 89/1968, S. 13; dazu Ebeling, S. 101; Klaus Otto Nass, Die Träger der Agrarpolitik in der EWG, in: Die Willensbildung in der Agrarpolitik, hrsg. von H. G. Schlotter, München, Bern, Wien 1971, S. 184; ders., Institutionelle Probleme des Agrarmarktes, in KSE 10, S. 158 ff.; mit quantifizierten Beispielen, S. 161; Poullet / Deprez sprechen bez. der GD VI (Lw) als strategischem Gemeinschaftsbereich wegen der guten personellen und sachlichen Ausstattung und seiner Durchschlagkraft von dem ‚Agrar-Imperium', S. 41.

Wo es um weitergehende Verwaltungs- und Legislativkompetenzen in den laufenden Geschäften geht und wo nationale Interessen berührt werden, haben der Rat und die Mitgliedstaaten von einer vollen Delegation der Eingriffsbefugnisse an die unabhängige Kommission abgesehen: sie haben ihr die Verwaltungsausschüsse zur Seite gestellt.

4. Das supranationale Entscheidungsorgan und die nationalen Interessen: die Kommission und die Verwaltungsausschüsse

Die Verwaltungsausschüsse (VA, für die einzelnen Marktordnungsprodukte)[243] verdanken ihre Einrichtung einem Kompromiß: einerseits sollte die Durchführung der Marktorganisationen der Kommission überlassen werden, weil der Rat, der die politischen (und verwaltungsmäßigen) Grundentscheidungen trifft, für die Entscheidung von Detailfragen kaum das geeignete Organ wäre; andererseits fürchteten die Mitgliedstaaten, daß dann den nationalen Verwaltungen zu wenig Einflußmöglichkeiten in der Durchführung der (damals zukünftigen) gemeinsamen Agrarpolitik verbliebe. Man folgte schließlich einem modifizierten französischen Vorschlag, der Kommission diese beratenden Ausschüsse ohne direkte eigene Entscheidungsbefugnis zur Seite zu stellen[244].

Die Verwaltungsausschüsse setzten sich aus Vertretern der Mitgliedstaaten, in der Regel Ministerialbeamte, und einem Kommissionsvertreter, der den Vorsitz führt, zusammen[245]. Der Ausschuß gibt Stellungnahmen zu den Vorschlägen der Kommission zu Rechtssetzungs- oder Verwaltungsmaßnahmen ab[246]. Im VA werden die Stimmen der Mitgliedstaaten nach Art. 148 II EWGV gewogen, der Vorsitzende nimmt an der Abstimmung nicht teil[247]. Die Stellungnahme kommt mit einer

---

[243] Aber auch für andere Verwaltungssektoren, z. B. Zoll- und Außenwirtschaftsfragen.

[244] Dazu Helmut Schmitt von Sydow, Die Verwaltungs- und Regelungsausschußverfahren der Europäischen Wirtschaftsgemeinschaft, Heule, Brüssel, Namur 1973, S. 42 ff.; W. U. von Hassell, Formen der Beschlußfassung des Rates der Europäischen Wirtschaftsgemeinschaft, in: Formen der Willensbildung in den europäischen Organisationen, hrsg. von Gerda Zellentin, Frankfurt/M., Bonn 1965, S. 102; Werner J. Feld, Implementation of the European Community's Common Agricultural Policy: expectations, fears, failures, in: International Organization (33, 3) 1979, S. 346, mit Hinweis auf jährl. Anzahl von ca. 2000 VO'en der Kommission zur Verwaltung der gemeinsamen Agrarmärkte; s. auch Olmi, S. 263; Vlad Constantinesco, Compétences ..., S. 353 f.; der EuGH hat ihre Rechtmäßigkeit im Verwaltungszusammenhang der EWG bestätigt, vgl. RS 25/70, Slg. Bd. XVI, S. 1161, 1210.

[245] Vgl. z. B. Art. 25 GetreideVO (2727/75) und Art. 35 der ZuckerVO (3330/74).

[246] Art. 26 (2) GetreideVO; Art. 36 (2) ZuckerVO.

[247] Art. 25 (2) GetreideVO; Art. 35 (2) ZuckerVO.

Mehrheit von 41 Stimmen zustande[248]. Danach erläßt die Kommission eine Maßnahme, die sofort anwendbar ist. Wenn diese Maßnahme nicht mit der Stellungnahme des Verwaltungsausschusses übereinstimmt, wird sie dem Rat vorgelegt. Der Rat kann dann ggfs. anders (endgültig) entscheiden[249]. Die letzte Wendung zeigt, daß die VAe nicht zu selbständigen Entscheidungen befugt sind, andererseits aber auch nicht nur beratende Aufgaben wahrnehmen. Wenn sie negativ Stellung nehmen, kann der Rat die Kommissionsentscheidung aufheben. Sie sind also teilweise konstitutiv am Rechtssetzungsverfahren der Gemeinschaft beteiligt[250]; wie in anderen internationalen Organisationen, speziell Rohstofforganisationen, kann das Leitorgan (Rat) die Beschlüsse anderer Organe aufheben, wenn sie seinen Intentionen zuwiderlaufen[251]. Es kommt allerdings sehr selten zu negativen Stellungnahmen[252]; das liegt daran, daß der Kommissionsvertreter bestrebt ist, für die Kommissionsvorlage die Unterstützung der Mitgliedstaaten zu gewinnen, deswegen auf Einwände und Vorschläge der Staatenvertreter weitgehend eingeht, so daß der endgültige Vorschlag oft nicht mehr der Kommissionsvorlage entspricht, sondern einen Kompromiß darstellt, der in Zusammenarbeit von Kommission und Mitgliedstaaten gefunden wurde[253].

Im Verwaltungsausschußverfahren werden, meist nach vorgegebenen Grundregeln des Rates, z. B. Interventionsorte festgelegt[254] und die Schwellenpreise bestimmt[255], nach der Zuckermarktordnung die Durchführungsbestimmungen für die Zahlung der Rübenmindestpreise und für Lagerkostenvergütung ermittelt[256]. Die Durchführungsbestimmungen der Interventionsregeln[257], für die Abschöpfungen und ihre Berechnungsmodalitäten[258], die Vorausfestsetzungen[259] und die Erstattungsverfahren[260] werden nach diesem Verfahren erlassen, und schnell zu treffende Maßnahmen bei Marktstörungen werden so zwischen Kom-

[248] Art. 26 (2) GetreideVO; Art. 36 (2) ZuckerVO.

[249] Art. 26 (3) GetreideVO; Art. 36 (3) ZuckerVO.

[250] Erich Wirsing, Aufgaben und Stellung der Kommission in der Verfassungsstruktur der EWG, in: Formen der Willensbildung in den europäischen Gemeinschaften, hrsg. von Gerda Zellentin, S. 72.

[251] Vgl. oben C. III. 2. und Hahn, Funktionenteilung, S. 63.

[252] Vgl. z. B. Kommission (EGKS, EWG, EAG), Zwölfter Gesamtbericht über die Tätigkeit der Europäischen Gemeinschaften 1978, Brüssel - Luxemburg 1979, S. 193.

[253] Olmi, S. 263.

[254] Art. 4 (8) GetreideVO.

[255] Art. 5 (6) GetreideVO.

[256] Art. 5 (3) und 8 (2) ZuckerVO.

[257] Art. 7 (5) GetreideVO; Art. 9 (6) ZuckerVO.

[258] Art. 13 (4) GetreideVO; Art. 15 (2) ZuckerVO.

[259] Art. 15 (5) GetreideVO; Art. 16 (5) ZuckerVO.

[260] Art. 16 GetreideVO; Art. 19 (4) ZuckerVO.

mission und Mitgliedstaaten abgestimmt[261]. Auf dem Zuckersektor kommen die Durchführungsvorschriften für die Quotenregelung hinzu[262]. Der engen Zusammenarbeit zwischen Kommission und Mitgliedstaaten dient auch die Festlegung der Regeln über den Informationsaustausch und der Veröffentlichung der gesammelten Daten[263].

Das Verwaltungsausschußverfahren findet auch Anwendung bei der Verwaltung des Europäischen Ausrichtungs- und Garantiefonds für die Landwirtschaft (EAGFL). Wie die Buffer Stocks der Rohstoffabkommen finanziert dieser Fonds die Marktinterventionen und stellt darüber hinaus Finanzmittel für Strukturmaßnahmen zur Verfügung[264].

Der hauptsächliche Unterschied und damit die bedeutende Weiterentwicklung (wenngleich ökonomisch umstritten) zu den Buffer Stocks stellt die unbegrenzte Nachschußpflicht aus dem Gemeinschaftshaushalt dar[265]. Die multilateralen Kontrakte der Weizenabkommen mit ihren Preisrahmen bezogen sich lediglich auf bestimmte Mengen. Auch die Interventionsmöglichkeiten der Buffer Stocks der Zinn- und Kakao-Abkommen sind mengenmäßig begrenzt durch die zum Ankauf der Rohstoffe den Fonds zur Verfügung gestellten monetären Ressourcen.

Verwaltet wird der EAGFL von der Kommission[266], die ein eigenes Kontrollrecht ausübt[267], die Mittel für Erstattungen und Interventionen zur Verfügung stellt[268], jährliche Finanzberichte erstellt[269] und die Se-

---

[261] Art. 19 (3) GetreideVO; Art. 17 (5) ZuckerVO.

[262] Art. 24 (ZuckerVO); vgl. auch die Art. 27 (7), 30 (4) und 31 (4) der ZuckerVO.

[263] Art. 24 GetreideVO bzw. Art. 34 ZuckerVO; zum Verwaltungsausschußverfahren s. auch Christoph Bertram, Das Verwaltungsausschußverfahren der EWG, Bonn 1967.

[264] Das letztere wird in Rohstoffabkommen ebenfalls angestrebt, hat sich aber in dieser Form noch nicht durchsetzen lassen, vgl. oben B. III. und V.; im Gemeinsamen (Rohstoff-)Fonds sind dafür Finanzmittel aber ebenfalls vorgesehen, s. oben B. VII., Übersicht zur EWG-Agrarstrukturpolitik, s. oben Fn. 67.

[265] Georg Cordts, Finanzierung des EWG-Agrarmarktes, in: Agrarrecht der EWG, KSE 10, S. 198: „agrarpolitische Gesellschaft mit unbeschränkter Nachschußpflicht". Der ursprüngliche Aufbringungsschlüssel für die Finanzierung zeigte deutlich die Interessenverteilung und den Kompensationsgedanken zwischen Industrie- und Landwirtschaftssektoren, vgl. Volkmar Götz, Die Finanzierung der gemeinsamen Agrarpolitik, KSE 10, S. 175 f. (Pooling der Agrarüberschüsse) und analog dem Kakao-Abkommen (Stamps-System): Wer außerhalb der Organisation kauft, zahlt die vereinbarten Abgaben (Beiträge bzw. Zölle und Abschöpfungen); s. zur Verwaltung des EAGFL auch: Kommission der EG, EAGFL, Brüssel - Luxemburg 1978.

[266] Generaldirektion VI, Direktion F (GD VI F).

[267] Art. 9 der VO (EWG) 729/70 des Rates.

[268] Art. 4 VO 729/70.

[269] Art. 10 VO 729/70.

kretariatsgeschäfte des Fonds-Ausschusses führt[270]. Wie in der gesamten Verwaltung der Agrarmärkte hat der Rat auch für den EAGFL die grundlegenden Verwaltungsregeln beschlossen[271]; darüber hinaus kann er auf Vorschlag der Kommission Einzelheiten festlegen[272], die Grundregeln zur Kontrolle der Ausrichtungsmaßnahmen und ihre Ziele bestimmen[273].

Die unmittelbare Durchführung und Kontrolle der Maßnahmen im Rahmen der EAGFL obliegt den Mitgliedstaaten[274]. Die erforderliche Zusammenarbeit mit (und Kontrolle der) Kommission ist an den Fondsausschuß delegiert. Seine Zusammensetzung und seine Verfahrensregeln entsprechen den anderen Verwaltungsausschüssen der Agrarmarktordnungen[275]. Der Fonds-Ausschuß wird regelmäßig über die Tätigkeit des Fonds (Haushaltsvorausschätzungen und Berichte) unterrichtet[276], er wird angehört bezüglich der Zahlungen der Kommission an die Mitgliedstaaten[277], und er bestimmt die Durchführungsregeln zur Rechnungslegung der Mitgliedstaaten[278].

Die Verwaltungsausschüsse sind nicht eigentlich Hilfsorgan der Räte (wie etwa der AStV), weil sie an die Kommission angebunden sind. Als zwischenstaatliche Institutionen dazu ausersehen, die administrativen Befugnisse der Kommission zu schwächen[279], bedeuten sie aber eine Verstärkung der nationalen Beteiligung an den konkreten Verwaltungsaufgaben der Gemeinschaft; die Rekursmöglichkeit an den Rat, wenn der VA eine negative Stellungnahme abgibt, macht den Ausschuß aber zu einem dem Rat vorgeschalteten Kontroll- und Prüforgan mit Warnfunktion für die Kommission[280]. Die Weiterentwicklung aus den internationalen Fachausschüssen für Einzelfragen, die ebenfalls mit den Sekretariaten zusammenarbeiten, zeigt sich aber darin, daß die vorzubereitende Entscheidung eine Maßnahme der Kommission, nicht ein nach außen wirkender Beschluß des Ausschusses ist, und daß auch in der Befassung des Rates (nach Vorbereitung im AStV) die Kommis-

[270] Art. 15 VO 729/70.

[271] s. die VO 729/70 selbst und die VO'en 25/62 und 17/64 (EWG).

[272] Art. 2 (2) und 3 (2) der VO 729/70.

[273] Art. 6, 8, 9 (3) VO 729/70.

[274] Art. 4 und 8 der VO 729/70; (zentrale Finanzierung, dezentrale (nationale) Leistung).

[275] Vgl. Art. 11, 12, 13 der VO 729/70.

[276] Art. 14 VO 729/70.

[277] Art. 5 VO 729/70.

[278] Art. 5 der VO 729/70; zur Rechnungslegung und Prüfung durch die Kommission vgl. die Rechnungsabschlüsse für *1973*, ABl EG Nr. L 278 vom 7. 11. *1979*, für die BRD S. 13 f.

[279] Buerstedde, S. 123.

[280] Schmitt von Sydow, S. 103.

sionsmaßnahme bestehen bleibt, wenn im Rat nicht eine anders entscheidende Mehrheit zustandekommt[281].

Die lenkende Verwaltung der EWG-Agrarmärkte wickelt sich also ab im Zusammenspiel von Rat und AStV, Kommission und Verwaltungsausschüssen.

Der Rat (Agrarrat), der die Verordnungen zur Herstellung der Gemeinsamen Agrarmärkte — auf Vorschlag der Kommission — erlassen hat, übernimmt auch in der konkreten Verwaltung der Marktorganisationen wesentliche Entscheidungsfunktionen. Er setzt die Eckdaten (Preise, Beihilfen), und er gibt die grundlegenden Entscheidungsregeln vor, nach denen die Kommission zusammen mit den Verwaltungsausschüssen oder allein ihre Verwaltungsmaßnahmen zu treffen hat[282]. Die Kommission allein hat im wesentlichen Entscheidungsbefugnisse für numerisch ableitbare (berechenbare) Detailfragen (Abschöpfungen, Prämien, interimistische Berichtigungsentscheidungen). Die übrigen, in ihrer wirtschaftspolitischen Bedeutung zwischen den Grundentscheidungen des Rates und den Verwaltungsfestsetzungen der Kommission anzusiedelnden Entscheidungen werden nach Anhörung der Verwaltungsausschüsse getroffen. Diese Maßnahmen können ihrerseits in Definitionen zur Festlegung von Entscheidungsregeln und in Einzelentscheidungen unterteilt werden[283], wobei den Einzelentscheidungen Handlungsanweisungen des Rats zugrunde liegen und die Entscheidungsregeln den Rahmen der Grundregeln des Rats ausfüllen. Die fundamentale Funktionenverteilung internationaler Organisation von Rohstoffmärkten bleibt aufrecht erhalten, aber weiter aufgefächert (differenziert): der Rat trifft die Grundentscheidungen und stellt die grundlegenden Entscheidungsregeln auf, und das Verwaltungsorgan (Sekretariat/Kommission/VA) ermittelt daraus abgeleitete Einzelfestsetzungen im Sinne von Feststellungen.

Die verwaltungsmäßige Durchführung selbst verbleibt wie bei den Rohstoffabkommen in der Verwaltungssphäre der Mitgliedstaaten[284],

[281] Dazu Ebeling, EWG-Getreidemarkt, S. 111: bei starken Interessengegensätzen zwischen den Mitgliedstaaten gewährleistet dieses Verfahren die effektive Funktion des EWG-Getreidemarktes (funktionierte selbst 1965!); vgl. auch „Bericht Vedel", S. 29; Matthias, S. 53 ff.

[282] Für die Definition von Grundregeln oder Durchführungsbestimmungen s. z. B. Art. 3 (7), Art. 4, Art. 5 (5) a), Art. 7 (4), Art. 11 (3), Art. 13 (3), Art. 15 (4), Art. 16 (5), Art. 19 (2); zu den ‚Eckdaten' s. Art. 3 (6), Art. 5 (5) b), Art. 6 (2), Art. 9 (1), Art. 11 (3) und Art. 15 (4) der GetreideVO (2727/75).

[283] Entscheidungsregeln/Durchführungsbestimmungen: Art. 7 (5), 8 (4), Art. 9 (6), Art. 12 (2), Art. 15 (5), Art. 16 (6) und Art. 19 (3) VO 2727/75; Einzelentscheide: Art. 5 (6), Art. 16 (2) VO 2727/75 z. B.

[284] s. z. B. oben D. I. 2. (S. 129 f.).

die allerdings mit ihren Maßnahmen einer generellen Überwachung durch die Kommission unterliegen[285].

5. Inter- und supranationale Entscheidungsfindung: Agrarmarathon und package deal

a) Die begrenzte Bedeutung von Stimmenwägung und Abstimmungen im Entscheidungsprozeß

Für die Praxis des interinstitutionellen Entscheidungsprozesses soll noch einmal auf die begrenzte Bedeutung der vertraglich vorgesehenen Stimmenwägung bei den Entscheidungen innerhalb der Organe der EWG hingewiesen werden. Außer in Haushaltsangelegenheiten wird im Rat, entsprechend im AStV[286], und ebenfalls bei den der Kommission zugeordneten Verwaltungsausschüssen von dem den Delegierten vertraglich oder nach den Marktordnungen zufallenden Stimmgewicht nur mit äußerster Zurückhaltung Gebrauch gemacht. Darin macht sich das Element internationaler, koordinierender Verwaltung, wie in den Rohstofforganisationen, bemerkbar. Das ist indes keine europäische Rückentwicklung, sondern eher die adäquate Anpassung eines Verwaltungssystems an vorgegebene international-rechtliche Strukturen, die eine wirtschaftliche Teilintegration solange nicht aufzulösen vermag, wie die primär-politischen Grundlagen der Politik im national-staatlichen Urgrund verankert sind.

b) Der Entscheidungsprozeß als innerorganisatorisches multilaterales bargaining

Nach dem EWGV[287] und übernommen in die Marktordnungen des Agrarbereichs[288], steht der Kommission ein umfassendes Initiativrecht für die in der EWG zu erlassenden Rechtssetzungsakte zu. Dieses Initiativrecht galt als eine der wesentlichen autonomen Befugnisse der

[285] s. oben D. II. 3. b.; zu den daraus entstehenden Rechtsfragen s. H. A. H. Audretsch, Supervision in European Community Law, Amsterdam, New York, Oxford 1978, Dieter Bandell, Die Aufsicht der Europäischen Gemeinschaften über die Mitgliedstaaten, verglichen mit der Bundesaufsicht und unter Berücksichtigung der internationalen Kontrolle, Köln 1965 und Hans-Werner Rengeling, Rechtsgrundsätze beim Verwaltungsvollzug des Europäischen Gemeinschaftsrechts, Köln, Berlin, Bonn, München 1977. Zur praktischen Durchführung s. M. Kneilmann, Die innerstaatliche Durchführung der gemeinsamen EWG-Agrarmarktorganisationen, in: Agrarrecht 1979, 127 - 129.

[286] Für den Stimmenwägung auch gar nicht vorgesehen ist.

[287] Vgl. etwa Art. 43 ff. i. V. m. Art. 149 EWGV.

[288] Nach den Verordnungen zur Errichtung der Gemeinsamen Agrarmärkte, beispielhaft die Getreide- und Zuckerverordnungen, s. oben unter D. I. 1. und 2.

Kommission zur Fortentwicklung und Durchsetzung der Gemeinschaftspolitiken, u. a. für die agrarischen Rohstoffsektoren[289]. In internationalen Organisationen ist ein solches Initiativrecht der Sekretariate allerdings nicht durchweg vertraglich verankert, praktisch hat sich der versammelte Sachverstand in den unabhängigen neutralen und deshalb zu Vermittlungsdiensten fähigen Sekretariaten indes auch in Vorschlägen für im Interesse der Organisationen und der beteiligten Staaten nützlichen Regelungen an die Räte niedergeschlagen[290].

Das autonome Vorschlagsrecht der Kommission der EWG, von dem nach dem Vertrag die Handlungsfähigkeit des Rates abzuhängen schien[291] und das dem Rat den Rahmen seines Handelns stecken sollte[292], wurde mit den Luxemburger Beschlüssen in Konsultationsverpflichtungen eingebunden[293].

Seitdem werden Vorschläge der Kommission und alle sonstigen offiziellen Akte, die die Kommission an den Rat und an die Mitgliedstaaten richtet, erst veröffentlicht, nachdem diese damit förmlich befaßt worden sind; darüber hinaus hielt der Rat es für wünschenswert, daß die Kommission, bevor sie einen Vorschlag von besonderer Bedeutung annimmt, über die Ständigen Vertretungen mit den Regierungen der Mitgliedstaaten Fühlung nimmt[294].

Zusammen mit der Einstimmigkeitsregel nach den Luxemburger Beschlüssen für wesentliche Fragen relativiert diese Konsultationsklausel das Vorschlagsrecht der Kommission, weil der Rat einstimmig ohnehin von den Vorschlägen der Kommission abweichen kann[295].

---

[289] Friedrich Ebeling, Die EWG-Getreidemarktordnung unter besonderer Berücksichtigung der Schutzklausel, Hamburg 1969, S. 99.

[290] s. oben C. III. 3.; Hahn, Funktionenteilung, S. 56 ff.; Karl Zemanek, Das Vertragsrecht der internationalen Organisationen, Wien 1957, S. 40; Schermers, International Institutional Law, Bd. I, S. 184 ff. und Bd. II, S. 307 ff.; Ignaz Seidl-Hohenveldern, Planung im Rahmen internationaler Rohstoffabkommen, in: Planung IV, S. 289.

[291] s. auch Carl Friedrich Ophüls, Die Mehrheitsbeschlüsse der Räte in den Europäischen Gemeinschaften, EuR 1966, S. 221.

[292] Klaus Meyer, Die Integration ..., S. 654/55; Erich Wirsing, Aufgaben und Stellung der Kommission in der Verfassungsstruktur der EWG, in Formen der Willensbildung in den europäischen Organisationen, S. 58; Carl F. Ophüls, EuR 1966, S. 221.

[293] Vgl. Nrn. 1 und 2 der Ratsentschließung v. 29. 1. 1966 über die Zusammenarbeit zwischen Rat und Kommission, Text in: EA 1966, D 86; das geschah auf Forderung Frankreichs deswegen, weil die Kommission unter Hallstein sich wie die zukünftige Europäische (Verwaltungs-)-Regierung gerierte und Funktionsverlagerungen zu ihren und zugunsten des EP anstrebte, vgl. Lindberg 233 ff.; zu der Haltung Hallsteins s. Walter Hallstein, Die verfassungsrechtliche Stellung der Kommission in der Europäischen Wirtschaftsgemeinschaft, in: Führung und Bildung in der heutigen Welt, Stuttgart 1964, S. 52 - 60 (59).

[294] Ratsentschließung v. 29. 1. 1966.

[295] Art. 149 EWGV; Bericht Vedel.

Das hat zu einer veränderten Konstellation des Machtgewichts zugunsten des Rates (und der Mitgliedstaaten) geführt[296], indem Kommissionsvorschläge im ständigen Kontakt mit den Ratsausschüssen und Untergruppen — koordiniert durch den AStV und damit den nationalen Regierungsvertretern — abgestimmt werden und in diesem Verfahren für Verhandlung offen und ggfs. korrigierbar bleiben[297].

Die Kommission droht dadurch in die Position einer bloßen Clearing-Stelle zu geraten[298].

In der Praxis verläuft das Rechtssetzungsverfahren in der EWG so, daß, je nach Wertigkeit der anstehenden Regelung und Zugehörigkeit zu bestimmten einzelnen Politiken, zunächst die Verwaltungsausschüsse (soweit vorgesehen)[299] befaßt werden und danach, manchmal auch gleichzeitig, Expertengruppen des AStV (des Rates), der Regierungen und/oder aus interessierten Verbänden und unabhängigen Sachverständigenorganisationen konsultiert werden. Erst nachdem deren Stellungnahmen vorliegen und die Vorlagen im Lichte dieser Anmerkungen und Erkenntnisse überprüft und überarbeitet wurden, wird der AStV selbst förmlich eingeschaltet über die Ratsvorlage. Auch auf dieser Ebene können erneut Arbeitsgruppen des AStV (nationale Beamte) hinzugezogen werden, bevor der Rat vom AStV im A- oder B-Punkte-Verfahren mit dem Vorschlag befaßt wird[300]. Rückverweisungen vom Rat an den AStV und dessen Expertengruppen sind, besonders wenn die Vorlage als B-Punkt auf der Tagesordnung des Rates erscheint, nicht ausgeschlossen[301].

---

[296] Bericht Vedel, S. 32; s. auch Michael H. Carl, Die Kompetenzverschiebungen zwischen Kommission und Rat der EWG auf dem Gebiet der Außenbeziehungen, Freiburg i. Br. 1974, S. 78 ff., der das auf die Verzahnung mit den beteiligten nationalen Verwaltungen zurückführt; im Bericht über die Europäischen Organe wird das auch mit neuen, nicht im Vertrag vorgesehenen Politiken begründet, s. S. 64 ff.

[297] Gegen Verhandlungen mit den verschiedenen nationalen Experten über Vorschläge der Kommission wendet sich der Bericht über die Europäischen Organe, der eine (erneuerte) größere Unabhängigkeit der Kommission fordert, S. 72; Gottfried Zieger, Rechtsformen und besondere Wesenszüge der Integration Westeuropas, in: Rechtsfragen der Integration in Ost und West, S. 55, betont dagegen den Pragmatismus, mit dem auch die Funktionenverteilung in der EG Kompromissen unterliegt; ein gutes Beispiel für die sich weiter entwickelnde institutionalisierte Interessenkoordination zwischen Kommission, AStV/Mitgliedstaaten und Rat findet sich bei Stephen Taylor, Die Europäischen Gemeinschaften als Verhandlungspartner im Nord-Süd-Dialog, in: EA 1977, 721 - 730.

[298] Wolfgang Harbrecht, Die Europäische Gemeinschaft, S. 85; s. auch Sasse, Regierungen ..., S. 136 ff., Kommissionsvorschläge als bloße Diskussionsgrundlage.

[299] Für die Verwaltung der Agrarmärkte durchgehend institutionalisiert.

[300] Bericht über die Europäischen Organe, S. 31: „Regierungsverhandlungen“.

Der Kommissionsvorschlag wird in all diesen Gremien geprüft, diskutiert und ggfs. mit Änderungsvorschlägen versehen, wobei die Kommission flexibel auf die Vorstellungen der Staatenvertreter eingeht[302]. Wird in den Verhandlungen keine eindeutige und übereinstimmende Stellungnahme erzielt, kommt es häufig dazu, daß die Präsidialmacht im Rahmen der Ständigen Vertretungen das Ratssekretariat um die Ausarbeitung von Kompromißvorschlägen bittet[303] und so einstimmig den Vorschlag der Kommission abändert[304].

Zusammenfassend ist zu bemerken, daß die präliminaren Verhandlungen, in denen divergierende Interessen gegeneinander aufgewogen und ausbalanciert werden, und verschiedene Vorschläge im Sinne eines package deal miteinander verschnürt werden können[305], das Vorschlagsrecht der Kommission relativieren und Verhandlungsstrategien internationaler Provenienz in der EWG in die Vorhand geraten[306]; diese Modifizierung wird inzwischen auch weithin akzeptiert, weil sie sich jedenfalls als effektiv erwiesen hat[307].

Die Unterscheidung von politics und administration gewinnt in der EWG Bestätigung und neue Ausdruckskraft[308], Planung und politische

---

[301] Ein informatives Schaubild dazu in: Heinz Kramer, Die Rolle der Sozialpartner im Entscheidungsprozeß der EG, Beilage zu ‚Das Parlament' Nr. 22/77 v. 4. 6. 1977; dazu auch Rolf Remus, Kommission und Rat im Willensbildungsprozeß der EWG, S. 180 ff.; der ehemalige Kommissionspräsident Jean Rey merkte dazu an, daß die Kommission bisweilen auf „Überredungskünste" angewiesen sei, um die Mitgliedstaaten davon zu überzeugen, daß ihre Vorschläge gut seien und angenommen zu werden verdienten, s. Poullet / Deprez, Struktur und Macht der EG-Kommission, S. 100.

[302] Das muß die Kommission schon deswegen, weil bei ihr nicht immer hinreichende Kenntnis darüber besteht, welche nationalen Vorschriften aufgrund ihrer Vorschläge ggfs. zu ändern sind, vgl. Hans Scheuer / Ulrich Weinstock, Administrative Strukturen der EG, S. 26, Fn. 18; Roy Pryce, The Politics of the European Community, S. 67, beschreibt das als "mutually adjustment of positions"; W. U. von Hassell, S. 92; Bertram, Verwaltungsausschußverfahren, S. 61 ff.

Zur Notwendigkeit besonderer Flexibilität internationaler Verwaltungen schon Donald C. Stone, The Application of Scientific Management Principles to International Administration, in: The American Political Science Review, Vol. XLII (1948), S. 917.

[303] Das hier die klassisch neutrale Haltung einzunehmen imstande ist, weil es keine spezifischen Interessen zu vertreten hat und sich mit der Vorlage in keines Beteiligten Interesse identifiziert, vgl. Vlad Constantinesco, Compétences, S. 348.

[304] Bericht über die Europäischen Organe, S. 66; bisweilen „schmoren" Entwürfe der Kommission dann auf dieser Ebene jahrelang, s. Franzmeyer / Machowski, S. 50.

[305] Dazu Vlad Constantinesco, Compétences, S. 364 f. und Annette Matthias, S. 45 f.

[306] Alexander Boguslawski, Nationalstaat und Integration in Westeuropa, Konstanz 1976, S. 36 ff., kontrastiert daran das ‚Vertragsmodell' gegen die Realität des Entscheidungsweges in der EWG.

[307] Bericht über die Europäischen Organe, S. 21.

Entscheidung scheinen verwischt[309], aber bloße Verwaltungskompetenz in laufenden Angelegenheiten und politische Entscheidung sind aufs Ende deutlich voneinander abgehoben[310].

c) Wirtschaftspolitische Interdependenz und nationale Primärordnung

Die EWG setzt sich ab mit ihren Agrarverwaltungssektoren von den internationalen Rohstofforganisationen durch die Komplexität ihrer Verwaltungsstrukturen und -verfahren, der hochgradig institutionalisierten Koordinierungsarbeit und dem quantitativen Ausmaß ihrer Konsultativbeziehungen. Wie weit sich die supranationalen Fortentwicklungen für die zwischenstaatlichen Verwaltungseinheiten verwerten lassen, bleibt abzuwarten.

Das Zusammenspiel der einzelstaatlichen und zwischenstaatlichen Verwaltungen und das Durchschlagen nationaler Interessen auf das interinstitutionelle Gefüge der supranationalen Organisationsstruktur machen zugleich die funktionale Interdependenz des wirtschafts-politischen Sekundärsystems auf dieser Ebene deutlich und beweisen gleichzeitig seine Angebundenheit und Abhängigkeit an und von den nationalen Primärordnungen[311].

---

[308] Dazu David Coombes, The Organization of the Commission, in: European Integration, S. 229 f.; zu der Unterscheidung Hartwig Bülck, Abhängigkeit und Selbständigkeit der Verwaltung, in: Verwaltung, hrsg. von Fritz Morstein Marx, Berlin 1965, S. 63 f.; die Gegenposition de Gaulle's: „insbesondere fehlt der Kommission die politische Berufung (vocation publique); daher kann man ihr keinesfalls die Entscheidung etwa über das Schicksal der französischen Landwirtschaft oder der französischen Industrie überlassen", zit. n. Karl Carstens, Das politische Element in den Europäischen Gemeinschaften, in: Probleme des Europäischen Rechts (FS f. Walter Hallstein), Frankfurt/M. 1966, S. 102; vgl. auch Remus, S. 273.

[309] Die Römischen Verträge selbst sind Planverträge, nach denen der Gemeinsame Markt stufenweise in einzelnen Planabschnitten hergestellt worden ist, vgl. dazu Hartwig Bülck, Zur Systematik der Europäischen Wirtschaftsgemeinschaft, Berichte der Deutschen Gesellschaft für Völkerrecht, Heft 3 (1959), S. 66 - 115 (92 ff.) und ders., Bandbreite Europa, S. 2 f.; Helmut Haeckel, Der Faktor Zeit in der Verwirklichung der Europäischen Gemeinschaftsverträge, Hamburg 1965; s. im übrigen Guidotto Graf Henckel von Donnersmarck, S. 11 ff., zur Implementation von Planung in der EWG, Wolfgang Hielscher, Möglichkeiten und Probleme mittelfristiger Planung in der EWG, Mainz 1967, S. 27 ff., David Coombes, The Organization of the Commission, in: European Integration, S. 238 f.; Werner J. Feld, Implementation, S. 345, Bericht Vedel, S. 77.

[310] s. oben D. II.

[311] Für eher generelle (und spekulative) Entwicklungsmöglichkeiten der EG vgl. Ulrich Everling, Überlegungen zum Fortgang der europäischen Integration, in: EA 1979, S. 737 - 746; Hans Möller, Wohin treibt die EG? — Eine mittelfristige Prognose, in: Wirtschaftsdienst 1980/VII, S. 319 - 322 und Rudolf Hrbek, Ein falsches Bild von der Gemeinschaft, Wirtschaftsdienst 1980/VII, S. 323 - 326.

Die Europäische Wirtschaftsgemeinschaft mit ihrem Kernbereich agrarischer Rohstoffverwaltung stellt in Intensität und Komplexität die regionalisierte Weiterentwicklung der sektoralen internationalen Rohstoffverwaltungsorganisationen dar, kann aber in der verwaltungswissenschaftlichen Betrachtung trotz des behaupteten präföderalen Ansatzes nicht verleugnen, wie sehr Struktur, Verwaltungsmittel und Verfahrensweisen im Völkerrecht entwickelten Prinzipien folgen.

Schlußthesen

1. Internationale Rohstoffabkommen und europäische Agrarverwaltung haben sich aus verbandsprivaten nationalen und internationalen Erzeugerzusammenschlüssen und national-staatlichen Bewirtschaftungsmaßnahmen entwickelt.

2. Die elementaren Verwaltungsformen beruhen auf den Erfahrungen der Vorläufertypen.

3. Sektorale Absatzkrisen im Verbund mit internationalen Wirtschaftsstockungen waren der Anlaß für ihre Entstehung und führten später zur Fortentwicklung der organisatorischen Strukturen.

4. Die wechselseitigen Abhängigkeiten in einer verflochtenen internationalen Wirtschaft ließen sektorale Integrationen entstehen, die ihre markante Ausprägung in Regionalorganisationen erfahren.

5. Durch differenzierte Stimmgewichtung und damit Interessenabwägung wird versucht, eine Gleichgewichtslage (Marktersatz) herzustellen.

6. Eine neomerkantilistische Lenkungs- und Verteilungswirtschaft überlagert dabei die Prinzipien (geordneter) Marktwirtschaften.

7. Diesen Verteilungssystemen verbindet sich in immer stärkerem Ausmaß der über die Handelsbeziehungen hinausgehende Ausgleichsgedanke umfassender Entwicklungshilfe.

8. Im Vergleich zu international-sektoralen Rohstoffabkommen entwickeln die regional-multisektoralen Marktorganisationen eine ungleich höhere Verwaltungsdichte.

9. Die Verwaltungsstrukturen und -verfahren zeigen jedoch ihre Herkunft aus völkerrechtlichem Grund, dessen Gewicht sich in der Praxis der europäischen Agrarorganisation durchgesetzt hat.

Literaturverzeichnis

Adebahr, Hubertus: Gemeinsamer Rohstoff-Fonds, Zwischen politischem Erfolg und wirtschaftlichem Fehlschlag, in: Wirtschaftsdienst 1979/XII, S. 616 - 622

Adler, John H.: The Political Economy of Delinking, in: Intereconomics, May/June 1980, S. 136 - 143

Ahooja-Patel, Krishna: The International Sugar Agreement 1968, in: JWTL Vol. 3 (1969), S. 218 ff.

Alexandrowics, Charles Henry: World Economic Agencies, London 1962

Amuzegar, Jahangir: The North-South dialogue: From Conflict to Compromise, in: Foreign Affairs, Vol. 54 (1976, 3), S. 547 - 562

Apel, Eberhard: Die Kontingentierung der deutschen Zuckerwirtschaft, Diss. Köln 1933 (Emsdetten 1934)

Arndt, Hans-Joachim: Die Figur des Plans als Utopie des Bewahrens, in: Säkularisation und Utopie (Festschrift für Ernst Forsthoff), Stuttgart, Berlin, Köln, Mainz 1967, S. 119 ff.

Audretsch, H. A. H.: Supervision in European Community Law, Amsterdam, New York, Oxford 1978

Avramović, Dragoslav: Common Fund: Why and of What Kind?, in: JWTL Vol 12, No. 5, Sept/Oct 1978, S. 375 ff.

Axt, Heinz-Jürgen: Staat, multinationale Konzerne und politische Union in Westeuropa, Köln 1978

Ayberk, Ural: Le méchanisme de la prise des décisions communautaires en matière de relations internationales, Bruxelles 1978

Baade, Fritz / *Fendt,* Franz: Die deutsche Landwirtschaft im Ringen um den Agrarmarkt Europas, Baden-Baden 1971

Bail, Theodor / *Hutter,* Hans / *Schädel,* Walter: Zollrecht der BRD und der EG, Bonn, LsblSmlg., Stand Okt. 1979

Balassa, Bela: The "New Protectionism" and the International Economy, in: JWTL Vol. 12, No. 5, Sept/Oct 1978, S. 409 ff.

Bandell, Dieter: Die Aufsicht der Europäischen Gemeinschaften über die Mitgliedstaaten, verglichen mit der Bundesaufsicht und unter Berücksichtigung der internationalen Kontrolle, Köln 1965

Baranyai, Leopold / *Mills,* Joseph C.: International Commodity Agreements, Mexico 1963

Barkman, Kerstin: The International Tin Agreements, in: JWTL Vol. 9 (1975), S. 495 - 524

Baron, Stefan: Zur Instabilität auf den internationalen Rohstoffmärkten, in: Die Weltwirtschaft, 1977, S. 175 ff.

— Weniger Inflation durch Rohstoffpreisstabilisierung?, in: Die Weltwirtschaft, 1978, S. 47 ff.

Baron, Stefan / *Glismann,* Hans H. / *Stecher,* Bernd: Internationale Rohstoffpolitik — Ziele, Mittel, Kosten, Tübingen 1977

— Ökonomische Implikationen einer Neuen Weltwirtschaftsordnung, Forschungsauftrag des BMWi an das Institut für Weltwirtschaft an der Universität Kiel, Kiel 1977

Bateman, Leslie: The rubber market in historical perspektive, in: European Rubber Journal, February 1978, S. 15 ff.

Beatus, Hans Jürgen: Interessengruppen in internationalen Organisationen, Göttingen 1967

Becher, Karl: Völkerrechtliche Aspekte einer „Neuen internationalen Wirtschaftsordnung", in: Deutsche Außenpolitik (DDR) 1978, S. 66 ff.

Behrman, Jack N.: International Sectoral Integration, in: JWTL Vol. 6 (1972), S. 269 - 283

Behrman, Jere R.: International commodity agreements: an evaluation of the unctad integrated commodity programme, Washington, D. C. 1977

Bellanger, François: Contributions à l'etude de la nature juridique des „Accords de Luxembourg" du 29 janvier 1966, in: NTIR 1968, S. 179 ff. (Nederlands Tijdschrift voor internationaal Recht)

Bentler, Bengt / *Bieber,* Roland / *Pipkorn,* Jörn / *Streil,* Jochen: Die Europäische Gemeinschaft — Rechtsordnung und Politik —, Baden-Baden 1979

Bergsten, C. Fred: Ein umfassendes Programm für internationale Rohstoff-Fragen, in: Eur. Arch. 1977, S. 711 ff.

— Forging a Sound Commodity Policy, in: Wireless Bulletin from Washington, International Communication Agency, Embassy of the United States of America, No. 67 v. 9. 4. 1980 (Bonn), S. 23 - 25

Bericht des Dreier-Ausschusses an den Europäischen Rat über die Europäischen Organe, o. O., Oktober 1979 (zit.: Bericht über die Europäischen Organe)

Bertram, Christoph: Das Verwaltungsausschußverfahren der EWG, Bonn 1967

Bidwell, Percy Wells: Raw materials, New York, 1958

Bilfinger, Carl: Vom politischen und nicht-politischen Recht in organisatorischen Kollektivverträgen — Schumann-Plan und Organisation der Welt, in: Zeitschrift für ausländisches öffentliches Recht und Völkerrecht (ZaöRV), Bd. XIII (1950), S. 615 ff.

Binder, Anneliese: Internationale Regulierungen auf dem Weltweizenmarkt, Kiel 1952

Bindschedler, Rudolf L.: Rechtsfragen der europäischen Einigung, Basel 1954

Birschel, Hermann: Die Bedeutung der Brüsseler Zucker-Konvention für Deutschland, Berlin 1909

Blau, Gerda / *Meade,* J. E.: International Commodity Arrangements in: UN, Trade and Development, Proceedings of the UNCTAD, New York 1964 (E/CONF. 46/141)

Bleckmann, Albert: Europarecht, 2. Aufl., Köln, Berlin, Bonn, München 1978

Boeck, Klaus: Die währungspolitischen Forderungen der Entwicklungsländer, Hamburg 1978

Böck, Gottlieb: Der Devisenbeitrag internationaler Rohstoffvereinbarungen, Freiburg 1973

Boehmer, Götz von: Völkerrechtliche Regelung Europäischer Landwirtschaftlicher Fragen, Diss. Bonn 1958

Boguslawski, Alexander: Nationalstaat und Integration in Westeuropa, Konstanz 1976

Bohrisch, Alexander: Internationale Rohstoffabkommen auf dem Kaffeemarkt nach dem 2. Weltkrieg, Diss. Göttingen 1965

Bolz, Reinhardt / *Hinz*, Manfred O. / *Paech*, Norman / *Wohlmuth*, Karl (Hrsg.): Kooperation oder Konfrontation? Materialien zur Rohstoffpolitik, Bonn 1975

Bonazza, Patrick: Die Rohstoffpolitik, Studie unter Leitung von Patrick Bonazza, Bd. 1.2 Bruxelles: Agence Européenne d'Informations / European News Agency (1976)

Börner, Bodo: Das Interventionssystem der landwirtschaftlichen Marktordnungen der EWG, in: Agrarrecht der EWG, Kölner Schriften zum Europarecht (KSE), Bd. 10, Köln 1969, S. 1 - 55

Bourrelier, P. / *Callot*, F. / *Diethrich*, R. / *Hugon*, J.-P.: Matières premières minérale et relations internationales, Lausanne 1975

Brandt, Hartmut / *Kampffmeyer*, Thomas / *Lembke*, Hans H. / *Radke*, Detlef: Das integrierte Rohstoffprogramm, Berlin 1978

Brandt, Hartmut: A New International Grains Agreement — Problems and Approaches for Solution —, Berlin 1976

Brauch, Günter: Neue Weltwirtschaftsordnung und die USA, in: Außenpolitik, 1978, S. 173 ff.

Braun, Gerald: Die Rolle der Wirtschaftsverbände im agrarpolitischen Entscheidungsprozeß der Europäischen Wirtschaftsgemeinschaft, Berlin 1972

Brehme, Gerhard: Souveränität der jungen Nationalstaaten über Naturreichtümer, Berlin (Ost) 1967

Brook, Ezriel M.: High Fructose Corn Syrup: Its Significance as a Sugar Substitute and its Impact on the Sugar Outlook, in: F. O. Lichts Internationales Zuckerwirtschaftliches Jahr- und Adreßbuch 1977, E 5, Ratzeburg 1977

Brook, Ezriel M. / *Grilli*, Enzo R. / *Waelbroeck*, Jean: Commodity Price Stabilization and the Developing Countries: The Problem of Choice (World Bank Staff Working Paper No. 262), Washington D. C. 1977

Brown, C. P.: Primary Commodity Control, Kuala Lumpur 1975

Brusatti, Alois: Wirtschafts- und Sozialgeschichte des industriellen Zeitalters, Graz, Wien, Köln 1967

Brüske, Hans Günther: Der Wirtschafts- und Sozialausschuß der Europäischen Gemeinschaften, o. O., 1979

Buchholz, Hans Eberhard: Agrarmarkt: EWG-Marktordnungen, in HdWW, Bd. 1 (1977), S. 87 ff.

Bülck, Hartwig: Abhängigkeit und Selbständigkeit der Verwaltung, in: Verwaltung, hrsg. von Fritz Morstein Marx, Berlin 1965

— Der Aufbau der osteuropäischen Wirtschaftsgemeinschaft, in: Festschrift für Rudolf Laun, Göttingen, 1962,S. 25 ff.

— Bandbreite Europa, in: Standorte im Zeitstrom, Festschrift für Arnold Gehlen, Frankfurt/M. 1974, S. 1 ff.

— Föderalismus als internationales Ordnungsprinzip, in: VVDStL, Heft 21 (1965)

— Zur Systematik der Europäischen Wirtschaftsgemeinschaften, in: Berichte der Deutschen Gesellschaft für Völkerrecht (H. 3), Karlsruhe 1959, S. 66 bis 115

— Die Techniken der internationalen und regionalen Integration, in: AöR, Beiheft 1, 1974 (Sonderheft: Deutsche öffentlich-rechtliche Landesberichte zum IX. Internationalen Kongreß für Rechtsvergleichung, Teheran, 27. 9. bis 4. 10. 1974, S. 1 - 17)

— Verwaltungsgemeinschaften, internationale, in: Strupp-Schlochauer, Wörterbuch des Völkerrechts, 2. Aufl. 1962, Bd. III, S. 564 ff.

— Wirtschaftsverfassungs- und Wirtschaftsverwaltungsrecht in nationaler und übernationaler Sicht, in: Staat und Wirtschaft im nationalen und übernationalen Recht, Schriftenreihe der Hochschule Speyer, Bd. 22, Berlin 1964

Buerstedde, Sigismund: Der Ministerrat im konstitutionellen System der Europäischen Gemeinschaften, Bruges 1964

Bujard, Helmut: Der Interessenteneinfluß auf die Europäische Zuckerpolitik, Baden-Baden 1974

Carl, Michael H.: Die Kompetenzverschiebungen zwischen Kommission und Rat der EWG auf dem Gebiet der Außenbeziehungen, Freiburg/Br. 1974

Carr, Jonathan: Die Europäische Gemeinschaft und der Nord-Süd-Dialog, in: Europa und der Nord-Süd-Dialog, hrsg. von Wolfgang Wessels, Bonn 1977, S. 11 ff.

Carstens, Karl: Das politische Element in den Europäischen Gemeinschaften, in: Probleme des Europäischen Rechts, Festschrift für Walter Hallstein, Frankfurt/M. 1966, S. 96 - 115

Chhabra, Jasbir / *Grilli*, Enzo / *Pollak*, Peter: The World Tin Economy: An Econometric Analysis, World Bank Staff Commodity Paper No. 1, June 1978

Cizkovsky, Milan: Internationale Koordinierung der Volkswirtschaftspläne im Comecon, in: Planung IV, hrsg. von Joseph H. Kaiser, Baden-Baden 1970

Coing, Helmut: Artikel: Europäische Zahlungsunion (EZU), in: Strupp-Schlochauer, WVR Bd. I (1960), S. 484 - 487

Colliard, Claude-Albert: Institutions des relations internationales, Paris 1974

Constantinesco, Léontin-Jean: Das Recht der Europäischen Gemeinschaften, Bd. I, Baden-Baden 1977

Constantinesco, Vlad: Compétences et Pouvoirs dans les Communautés Européennes, Paris 1974

Coombes, David: The Organization of the Commission, in: European Integration ed. by Michael Hodges, Harmondsworth, Baltimore, Ringwood 1974, S. 224 - 240

Cordts, Georg: Finanzierung des EWG-Agrarmarktes, in: Agrarrecht der EWG, Kölner Schriften zum Europarecht, Bd. 10 (KSE 10), Köln, Berlin, Bonn, München 1969, S. 189 - 209

Coret, Alain: Les accords internationaux relatifs aux produits de base: l'évolution dépuis 1965, in: Journal de Droit International 1969, S. 575 bis 609

Dahm, Georg: Völkerrecht, Bd. II, Stuttgart 1961

Dams, Theodor / *Grohs*, Gerhard: Kontroversen in der internationalen Rohstoffpolitik, München, Mainz 1977

Dauses, Manfred A.: Die Beteiligung der EG an multilateralen Völkerrechtsübereinkommen, in: EuR 1979, 138

Däubler, Wolfgang / *Wohlmuth*, Karl (Hrsg.): Transnationale Konzerne und Weltwirtschaftsordnung, Baden-Baden 1978

Debus, Ludwig: Voraussetzungen für die Wirksamkeit internationaler Rohstoffabkommen, abgeleitet aus den Erfahrungen mit den Weltzuckerabkommen, Hannover 1976

Dewitz, Wedige von: Die multilateralen GATT-Verhandlungen, in: Wirtschaftsdienst 1979, 346 ff.

Dichgans, Hans: Montanunion, Menschen und Institutionen, Düsseldorf, Wien 1980

Dickschat, S. A.: Die rechtliche Wertung der Erklärungen des Ministerrats der Europäischen Wirtschaftsgemeinschaft v. 29. Januar 1966, in: Arch VR 1966/67, S. 412 ff.

Donges, Jürgen B.: Kritik der Pläne für eine neue internationale Rohstoffpolitik, in: Die Versorgung der Weltwirtschaft mit Rohstoffen (Beihefte der Konjunkturpolitik, H. 23), Berlin 1976, S. 77 ff.

Dürr, Ernst: Soziale Marktwirtschaft als Beitrag zu einer neuen Weltwirtschaftsordnung, in: Soziale Marktwirtschaft als nationale und internationale Ordnung, Bonn 1978, S. 93 ff.

Ebeling, Friedrich: Die EWG-Getreidemarktordnung unter besonderer Berücksichtigung der Schutzklausel, Hamburg 1969

Edwards, John: The International Tin Agreement, in: JWTL Vol. 3 (1969), S. 237

Ehle, Joachim Friedrich: Die Konkurrenzsituation zwischen Zucker aus Rüben und Zucker aus Mais in der BRD, Kiel 1976

Eisemann, Pierre Michel: L'Accord International sur le Cacao, in: Annuaire Français de Droit International, XXI (1975), S. 738 ff.

Eling, Ludger: 10 Jahre ASEAN — Probleme und Trends, St. Augustin 1977 (Konrad-Adenauer-Stiftung)

Elkin, Alexander: The Organization for European Economic Co-operation, Its Structure and Powers, in: European Yearbook (EY), Vol. IV (1958), S. 96 bis 149

El-Zaim, Issaam: Problems of Technology Transfer, Vienna 1978 (occasional paper 78/6 des vienna institute for development)

Elsmann, Henning: Die Marktordnung für Zucker, Göttingen 1975

Epstein, Mieczyslaw: La réglementation international d'un marché de matière première, l'example du cartel international de l'étain, Fribourg 1943

Erler, Georg: Grundprobleme des internationalen Wirtschaftsrechts, Göttingen 1956

Esters, Günther / *Tietzel,* Manfred: Internationaler Rohstoffhandel und Entwicklungspolitik, in: Günther Esters (Hrsg.), Nord-Süd-Politik, Bonn-Bad Godesberg 1977

Eulenburg, Franz: Großraumwirtschaft und Autarkie, Jena 1932

Die Europäische Freihandelsassoziation, Struktur, Regeln und Arbeitsweise, hrsg. v. EFTA-Sekretariat, Genf 1976

Everling, Ulrich: Überlegungen zum Fortgang der europäischen Integration, in: Europa-Archiv 1979, S. 737 - 746

Facius, Friedrich: Wirtschaft und Staat. Die Entwicklung der staatlichen Wirtschaftsverwaltung in Deutschland vom 17. Jahrhundert bis 1945, Boppard 1959

FAO: Functions of a world food reserve-scope and limitations, FAO Commodity Policy Studies No. 10, Rome 1956

Fawcett, J. E. S.: The function of law in international commodity agreements, in: The British year book of international law 1970 (44), London, New York, Toronto 1971, S. 157 ff.

Feld, Werner J.: Implementation of the European Community's Common Agricultural Policy: expectations, fears, failures, in: International Organization (33, 3) 1979, S. 335 - 363

Fischer, Georges: Les Associations des Pays Exportateurs de Produits de Base, in: Annuaire Français de Droit International (AFDI), XXII (1976), S. 528 - 562

Fischer, Peter: Rohstofflenkung und Monopolisierungstendenzen im internationalen Wirtschaftsrecht, in: Österreichische Zeitschrift für Wirtschaftsrecht, 3. Jg. 1976, S. 65 ff.

Fleischer, Johannes: Internationale Rohstoffabkommen als weltwirtschaftliches Ordnungsproblem, Duisburg 1976

Flory, Maurice: Droit International du Développement, Paris 1977

Flory, Thiébault: L'Accord International sur le Sucre du 7 Octobre 1977, in: AFDI, XXIII (1977), S. 671 ff.

Fox, William: TIN, The Working of a Commodity Agreement, London 1974

Fragen einer neuen Weltwirtschaftsordnung, Gutachten des wissenschaftlichen Beirats beim Bundesministerium für Wirtschaft, hrsg. v. BMWi, Bonn, Göttingen 1976

Frantz, Ulrich: 25 Jahre Welthandelspolitik, Berlin 1975

Franzmeyer, Fritz / *Machowski,* Heinrich: Willensbildung und Entscheidungsprozesse in der Europäischen Gemeinschaft und im Rat für Gegenseitige Wirtschaftshilfe — Ein Vergleich, in: EA 2 (1973), S. 47 - 60

Freund, Rudolf: Strukturwandlungen der internationalen Zuckerwirtschaft, in: Weltwirtschaftliches Archiv, Bd. 28 (1928 II), 1'-52', Chronik und Archivalien

Freyer, Hans: Theorie des gegenwärtigen Zeitalters, Stuttgart 1958

Friauf, Karl Heinrich: Die Staatenvertretung in supranationalen Gemeinschaften, Marburg 1960

Friedrich, Günter: Gemeinsamer Markt in Ostafrika und Zentralamerika — Ein Vergleich, Hamburg 1975

Frohn, Rainer: Die Rolle zwischenstaatlicher Vereinbarungen im System der Europäischen Gemeinschaften, Frankfurt/M., Bern, Las Vegas 1979

Furrer, Willy: Internationale Produktions- und Absatz-Regelung von Kaffee, Tee und Kakao, Bern 1952

Fuß, Ernst-Werner: Rechtsformen und besondere Wesenszüge der Integration in Westeuropa, in: Rechtsfragen der Integration in Ost und West, hrsg. v. Otto Wolff von Amerongen, Berlin 1976, S. 33 - 42

Gaeb, Wilhelm: Die internationalen Kartellbestrebungen in der Nachkriegszeit, Köln 1933

Gaese, Ernst Ferdinand Hartmut: Der Einfluß europäischer Integrationsbestrebungen auf die Entwicklung des Agrarprotektionismus in westeuropäischen Industrieländern nach dem zweiten Weltkrieg, Hohenheim 1973

Galtung, Johan: Poor Countries vs. Rich; Poor People vs. Rich; Whom will the New International Economic Order benefit? Vienna institute for development, occasional paper 77/4

GATT: Activities in 1978, Geneva 1979

Gatz, Werner: Ansätze für eine internationale Agrarpolitik, hrsg.: Kommission der EG, Hausmitteilungen über Landwirtschaft, Brüssel 1968

Gemmill, Gordon: The World Sugar Economy: An Econometric Analysis of Production and Policies, East Lansing (Michigan State University), 1976

Gentzcke, Klaus: Ausweich- und Katastrophenklauseln im internationalen Wirtschaftsrecht, Göttingen 1959

George, Heinz: Kautschuk — Wandlungen in der Erzeugung und der Verwendung des Kautschuks nach dem Weltkrieg, Leipzig 1938

Gergely, Stefan M. / *Haaf*, Günter: Sprit, der auf den Feldern wächst, in: Die Zeit Nr. 31 v. 27. Juli 1979, S. 42

Gessner, Dieter: Agrardepression, Agrarideologie und konservative Politik in der Weimarer Republik,Wiesbaden 1976

— Agrardepression und Präsidialregierungen in Deutschland 1930 - 1933, Düsseldorf 1978

Giersch, Herbert: Perspektiven der Entwicklung der Weltwirtschaft, in: Im Brennpunkt: Wirtschaftspolitik, hrsg. v. Karl Heinz Frank, Stuttgart 1978

— Zu den Forderungen nach einer neuen Weltwirtschaftsordnung, in: Weltwirtschaftsordnung und Wirtschaftswissenschaft, hrsg. v. B. Schiemanz, Stuttgart, New York 1978, S. 18 - 29

Gini, Corrado: Die Probleme der internationalen Bevölkerungs- und Rohstoffverteilung, Jena 1937

Gocht, Werner: Wirtschaftsgeologie, Berlin, Heidelberg, New York 1978

Glismann, Hans H. / *Rodemer*, Horst: Bufferstocks als Mittel zur Stabilisierung konjunkturbedingter Preisschwankungen auf den Weltrohstoffmärkten, Kiel 1977

Götz, Volkmar: Die Finanzierung der gemeinsamen Agrarpolitik, in: Agrarrecht der EWG, Kölner Schriften zum Europarecht, Bd. 10 (KSE 10), Köln, Berlin, Bonn, München 1969, S. 169 - 188

Goodnow, Frank: Politics and Administration, 1900

Goodsell, Charles T.: The Multinational Corporation: Hate Object or Public Servant, in: William G. Taylor, Issues and Prospects for the New International Economic Order, Lexington, Toronto 1977, S. 165 ff.

Gottmann, Jean: Les marchés des matières premières, Paris 1957

Gottsmann, Ortwin: Der Gemeinsame Agrarmarkt — Texte mit Kommentar, Baden-Baden, LsbltSmlg., Stand Sept. 1979

Greiff, Walter: Der Methodenwandel der europäischen Handelspolitik während des Krisenjahres 1931, Berlin 1932

— Die neuen Methoden der Handelspolitik, Berlin 1934

Greve, Gerd: Die internationalen Rohstoffabkommen für Zinn, Tee, Kautschuk und Zucker, in: Ztschrft. f. d. ges. Staatswiss., Bd. 118 (1962), S. 721 bis 757

— Die Bedeutung der internationalen Rohstoffabkommen für die unterentwickelten Länder, Münster 1961

Groeben, Hans von der / *Boeckh*, Hans von / *Thiesing*, Jochen: Kommentar zum EWG-Vertrag, 2. Aufl., Baden-Baden 1974 (Bd. I und II)

Groeben, Hans von der / *Mestmäcker*, Joachim (Hrsg.): Ziele und Methoden der europäischen Integration, Frankfurt/M. 1972

Grondona, Luce St. Clare: Utilizing World Abundance, London 1958

Gross, Herbert: Welthandel von Morgen, Düsseldorf 1950

Großer, G. / *Jensen*, W. / *Kolbe*, H. / *Timm*, H.-J.: Welthandel und Rohstoffmärkte, in: Welt Konjunktur Dienst (HWWA) 4/78, S. 51 - 69

Grunddokumente des RGW, zusammengestellt und bearbeitet von Lothar Rüster, Berlin (DDR) 1978

Günther, Hermann-Ernst: Die Zuckerwirtschaft in EWG und EFTA, Baden-Baden, Bonn 1962

Haberler, Gottfried: Der Internationale Handel, Berlin 1933

Hackman, U. K.: The Executive director as a Commodity Diplomat. Adress given by the Executive Director of ICCO, Mr. U. K. Hackman to the International Seminar for Diplomats (Salzburg, August 1976)

Haeckel, Helmut: Der Faktor Zeit in der Verwirklichung der Europäischen Gemeinschaftsverträge, Hamburg 1965

Haegen, Pierre van der: l'Europe dans le commerce mondial des matières premières, Bruxelles 1978

Hagelberg, Gerhard B.: Economic Comparisons: The Cautionary Case of Beet und Cane Sugar, in: Economy and History, Vol. XVI, Lund 1973, S. 37 ff.

— Zur Rolle der Rübenzuckerindustrie bei der Intensivierung der Landwirtschaft in Deutschland im 19. Jahrhundert, in: Jahrbuch für Wirtschaftsgeschichte 1972/IV pp. 215 - 19

Hager, Wolfgang: The Nine in the Commodity Commission, in: Europe and the North-South-Dialogue, ed. by Wolfgang Wessels, Paris 1978

— Die Rohstoffproblematik im Nord-Süd-Dialog, in: Europa und der Nord-Süd-Dialog, hrsg. von Wolfgang Wessels, Bonn 1977, S. 39 ff.

— Westeuropas wirtschaftliche Sicherheit, Bonn 1976

Hahn, Hugo J.: Elemente einer neuen Weltwährungsordnung, in: Völkerrecht und internationale wirtschaftliche Zusammenarbeit, hrsg. v. Wilhelm A. Kewenig, Berlin 1978, S. 215 ff.

— Funktionenteilung im Verfassungsrecht europäischer Organisationen, Baden-Baden 1977

Hahn, Hugo J. / *Weber*, Albrecht: Die OECD, Baden-Baden 1976

Hall, Kenneth / *Blake*, Byron: The Caribbean Community: Administrative and Institutional Aspects. Journal of Common Market Studies (JCMS) 3/1978, S. 211 - 228

Hallstein, Walter: Der unvollendete Bundesstaat, Düsseldorf, Wien 1969

— Die verfassungsrechtliche Stellung der Kommission in der Europäischen Wirtschaftsgemeinschaft, in: Führung und Bildung in der heutigen Welt, Stuttgart 1964, S. 52 - 60

Handbuch für Internationale Zusammenarbeit (158. Lfg.), Juli 1979

Hanisch, Rolf: Kakaopolitik — Das Ringen der Entwicklungsländer mit den Industrieländern um die Regulierung eines Rohstoffmarktes, in: Verfassung und Recht in Übersee (VRÜ), 11. Jg., I 1978, S. 27 - 57

Harbrecht, Wolfgang: Die Europäische Gemeinschaft, Stuttgart, New York 1978

Harff, Paul: Rohstoffprobleme, in: Werner Gatz, Auswertung der Dokumentation der vierten Welthandels- und Entwicklungskonferenz Nairobi 1976, Baden-Baden 1978, S. 205 ff.

Harnier, Otto: Kompetenzverteilung und Kompetenzübertragung zwischen Rat und Kommission unter Berücksichtigung der Einsetzung von Hilfsorganen im Recht der EWG, Saarbrücken 1970

Hart, A. G. / *Kaldor*, N. / *Tinbergen*, J.: The Case for an international commodity reserve currency, in: UN, Trade and Development, Proceedings of the UNCTAD, New York 1964 (E/Conf. 46/141)

Hasse, Rolf / *Weitz*, Robert: Neuverhandlungen des Lomé-Abkommens, in: Wirtschaftsdienst 11/1978, S. 245 ff.

Hassell, W. U. von: Formen der Beschlußfassung des Rates der Europäischen Wirtschaftsgemeinschaft, in: Formen der Willensbildung in den europäischen Organisationen, hrsg. von Gerda Zellentin, Frankfurt/M. Bonn 1965, S. 89 - 104

Heiduk, Günter: Die weltwirtschaftlichen Ordnungsprinzipien von GATT und UNCTAD, Baden-Baden 1973

Heising, Klaus: Die Gewaltenteilung nach dem Bonner Grundgesetz und nach dem Vertrag zur Gründung der Europäischen Wirtschaftsgemeinschaft, Münster 1969

Hemmer, Hans-Rimbert: Wirtschaftsprobleme der Entwicklungsländer, München 1978

Henckel von Donnersmarck, Guidotto Graf: Planimmanente Krisensteuerung in der Europäischen Wirtschaftsgemeinschaft, Frankfurt/M. 1971

Herlemann, Hans-Heinrich: Vom Ursprung des deutschen Agrarprotektionismus, in: Agrarwirtschaft und Agrarpolitik, hrsg. v. Eberhard Gerhard und Paul Kuhlmann, Köln, Berlin, 1969, S. 183 ff.

Hermes, Peter: Außenpolitik und ökonomische Interessen, in: Außenpolitik Jg. 29 (1978), S. 243 ff.

— Über den Interessenausgleich in internationalen Organisationen, in: Aus der Schule der Diplomatie, Festschrift f. Peter H. Pfeiffer, 1965, 283 - 301

Hertslet, Edward / Lewis: Hertslet's commercial treaties, London 1840 - 1913 (Bd. 1 - 26), Bd. XIII (1877)

Hexner, Ervin: International Cartels, London 1946

— The International Steel Cartel, Chapel Hill, 1943

Hielscher, Wolfgang: Möglichkeiten und Probleme mittelfristiger Planung in der Europäischen Wirtschaftsgemeinschaft (EWG), Mainz 1967

Hill, Martin: The economic and financial organization of the League of Nations, Washington, D. C. 1946

Hillger, Hermann: Stimmenwägung in Internationalen Wirtschaftsorganisationen, Kiel 1957

Hoffmeyer, Martin: Determinanten der Instabilität auf den internationalen Agrarmärkten, in: Die Weltwirtschaft, H. 1/1977, S. 191 f.

Holtz, Uwe: Europa und die Multis — Chance für die Dritte Welt? Baden-Baden 1978

Horstmann, Hans-Henning: Der Drang zum Rohstoffkartell — Die OPEC als Vorbild internationaler Produzenten-Organisationen? in: EurArch 1974, S. 738 ff.

Hrbek, Rudolf: Ein falsches Bild von der Gemeinschaft, in: Wirtschaftsdienst 1980/VII, S. 323 - 326

Hubatsch, Walther: Entstehung und Entwicklung des Reichswirtschaftsministeriums 1880 - 1933, Berlin 1978

Hubert, Agnès: Tokyo Round: Les Habits Neufs du Commerce International, in: Révue du Marché Commun 1979, S. 537 - 541

Hurstfield, Joel: The Control of Raw Materials, London 1953 (History of the Second World War, UK Civil Series)

International Coffee Organization, Basic Information, London o. J. (1978/79)

International Labour Office (ILO), Intergovernmental Commodity Control Agreements, Montreal 1943

International Tin Study Group, Tin and the TIN Study Group 1948 - 52, The Hague 1953

Ipsen, Hans Peter: Europäisches Gemeinschaftsrecht, Tübingen 1972

— Konstruktionsfragen der Getreideeinfuhrlenkung, in: Forschungen und Berichte aus dem öffentlichen Recht, hrsg. von Otto Bachof et al., Bd. 6, München 1955, S. 593 - 615

Jacobs, Hans: Die internationale Zuckerkonvention, Berlin 1928

Jaenicke, Günther: Institutionelle Probleme des Agrarmarktes in der EWG, in: KSE 10, S. 119 - 146

Jahresgutachten 1979/80, 1980/81 des Sachverständigenrats zur Begutachtung der gesamtwirtschaftlichen Entwicklung, in: BTDrS 8/3420; BTDrS 9/17

Jürgensen, Harald: General Agreement on Tariffs and Trade (GATT), in: Handwörterbuch der Sozialwissenschaften (HdSW) Bd. 4, Stuttgart, Tübingen, Göttingen 1965, S. 346 ff.

Kalbe, Peter: Europäisches Agrarrecht, Internationales Verwaltungsrecht im Werden, in: DVBl 1975, 753 ff.

Kamaya, Andrew: Stabilisierung und Erhöhung der Exporterlöse der Entwicklungsländer, Frankfurt/M. 1978

Kapp, Karl W.: The League of Nations and Raw Materials, Geneva 1941

Karunatilleke, Kesera: Essai d'une classification des Accords conclus par les organisations internationales, entre elle ou avec des états, in: Révue Générale du Droit International Public, Vol. 75 (1971), S. 12 - 91

Kaufmann, Wilhelm: Welt-Zuckerindustrie und Internationales und Koloniales Recht, Berlin 1904

Kebschull, Dietrich / *Michalski*, Wolfgang / *Scharrer*, Hans-Eckart: Die neue Weltwirtschaftsordnung, Hamburg 1977

Kebschull, Dietrich / *Kühne*, Wilfried / *Menck*, Karl Wolfgang: Das integrierte Rohstoffprogramm, Hamburg 1977

Kemper, Ria: Nationale Verfügung über natürliche Ressourcen und die Neue Weltwirtschaftsordnung der Vereinten Nationen, Berlin 1976

Kesseler, Wolfram: Geschichtliche Entwicklung internationaler Verwaltungsabkommen im deutschen Recht, Köln 1960

Kewenig, Wilhelm A.: Technologietransfer aus völkerrechtlicher Sicht, in: Völkerrecht und internationale wirtschaftliche Zusammenarbeit, hrsg. von Wilhelm A. Kewenig, Berlin 1978, S. 71 ff.

Keynes, John Maynard: The International Control of Raw Materials, in: Journal of International Economics 4 (1974), 299 - 315

Knirsch, Peter: Art. Comecon, in: HdWW, 15. Lfg. 1978, S. 81 ff.

Knorr, Klaus E.: Tin under Control, Stanford, Cal. 1945

— World Rubber and its Regulation, Stanford, Cal. 1945

Knote, Jürgen: Internationale Rohstoffabkommen aus der Nachkriegszeit, Bonn 1965

Kobatsch, Rudolf: Internationale Wirtschaftspolitik, Wien 1907

Köhler, Klaus: Europäische Agrarpolitik — Unbewältigte Vergangenheit und ungeklärte Zukunft, in: Europäische Wirtschaftspolitik — Programm und Realität, hrsg. von Hans-Eckart Scharrer und Wolfgang Wessels, Bonn 1973, S. 287 - 326

— Die Kehrseite des Gemeinsamen Agrarmarktes, in: Die Europäische Gemeinschaft in der Krise, hrsg. v. Klaus Köhler und Eckart Scharrer, Hamburg 1974, S. 127 ff.

Kneilmann, M.: Die innerstaatliche Durchführung der gemeinsamen EWG-Agrarmarktorganisationen, in: Agrarrecht 1979, S. 127 - 129

Koester, Ulrich: EG-Agrarpolitik in der Sackgasse, Baden-Baden 1977

Köttgen, Arnold: Fondsverwaltung in der Bundesrepublik, Stuttgart, Berlin, Köln, Mainz 1965

Kofi, Tetteh A.: The International Cocoa Agreements, in: JWTL Vol. 11 (1977), S. 37 ff.

Kommission: 12. Gesamtbericht über die Tätigkeit der EG, Brüssel, Luxemburg 1979

Kommission der Europäischen Gemeinschaften, Europäischer Ausrichtungs- und Garantiefonds für die Landwirtschaft — EAGFL, Brüssel, Luxemburg 1978

— Die Lage der Landwirtschaft in der Gemeinschaft, Bericht 1979 (KOM (80) 11 endg.), Brüssel, Februar 1980

Kooperation oder Konfrontation? Materialien zur Rohstoffpolitik, hrsg. v. Reinhardt Bolz, Manfred O. Hinz, Norman Peach, Karl Wohlmuth, Bonn 1975

Koul, Autar Krishan: The Legal Framework of UNCTAD in World Trade, Leyden, Bombay 1977

Kramer, Heinz: Die Rolle der Sozialpartner im Entscheidungsprozeß der EG, Beilage zu Das Parlament Nr. 22/77 v. 4. 6. 1977

Krappel, Franz: Die Havanna Charta und die Entwicklung des Weltrohstoffhandels, Berlin 1975

Kronstein, Heinrich: Das Recht der Internationalen Kartelle, Berlin 1967

Kruse-Rodenacker, A.: Die Organisation der Weltagrarmärkte, Brüssel 1964

Küng, Emil: Der Interventionismus, Bern 1941

Lambsdorff, Otto Graf: 5. VN-Konferenz für Handel und Entwicklung (Manila 1979), Bulletin der Bundesregierung v. 10. 5. 79 Nr. 56, 1979, S. 509 ff.

Langhammer, Rolf J.: Die Zentralafrikanische Zoll- und Wirtschaftsunion, Tübingen 1978

Läufer, Dirk: Krisen in den Europäischen und Atlantischen Organisationen, Berlin 1974

Lasok, D. / *Bridge*, J. W.: An Introduction to the Law and Institutions of the European Communities, 2nd. ed., London 1976

Lauwaars, R. H.: Auxiliary Organs and Agencies in the EEC, in: CLMR, Vol. 16 (1979), S. 365 - 387

Lavigne, Marie: Le Comecon, Paris 1973

Law, Alton D.: International Commodity Agreements, Setting, performance and prospects, Lexington/Mass., Toronto, London 1975

Lehmann, Heinrich: Die schlechte Lage der deutschen Zuckerwirtschaft nach dem Krieg und der Versuch ihrer Besserung durch den Chadbourne-Plan, Jena 1933 (Bottrop 1933)

Leitolf, Andreas: Das Einwirken der Wirtschaftsverbände auf die Agrarmarktorganisation der EWG, Baden-Baden 1971

Leive, David M.: International Regulatory Regimes, Vol. I, II, Lexington/Mass., Toronto 1976

Lemper, Alfons: Zum Problem einer ökonomischen Ordnung der Rohstoffmärkte, Hamburg 1966

Leube, Ernst Georg: Völkerrechtliche Rahmenverträge mit privatrechtlichen Ausfüllungsgeschäften, Göttingen 1967

Lewis, W. Arthur: The Evolution of the International Economic Order, Princeton 1978

Liang, Ingwen: Versteckter Protektionismus in der Handelspolitik, Greifswald 1930

Liefmann, Robert: Kartelle und Trusts, Stuttgart 1905

— Die Unternehmungen und ihre Zusammenschlüsse, 2., Kartelle, Konzerne und Trusts, 8. Aufl., Stuttgart 1930

Ljubisavljevic, Bora: Les Problèmes de la Pondération dans les Institutions Européennes, Leyden 1959

Lösch, R. / *Meinberg*, R. / *Reitzenstein*, J. C. v.: Die Landwirtschaft in den Regionen der EWG und ihre Verbindung zu den anderen Wirtschaftsbereichen, München (ifo), April 1971

Lösch, Rolf / *Meinunger*, Bernd: Notwendigkeit und Möglichkeiten einer Koordinierung von Agrarpolitik und Regionalpolitik, in: Regionalpolitik und Agrarpolitik in Europa (Beihefte zur Konjunkturpolitik H. 22), Berlin 1975, S. 66 ff.

Luard, Evan: The Emerging Framework of Interdependence, London 1977

Ludwig, Mario: Internationale Rohstoffpolitik, Zürich 1957

Magura, Wilhelm: Chronik der Agrarpolitik und Agrarwirtschaft in der Bundesrepublik Deutschland von 1945 - 1967, Hamburg / Berlin 1970 (Ber. üb Landwirtschaft, SH 185)

Maizels, Alfred: Primary Commodity Markets and their Regulation, in: Reshaping the World Economic Order, Symposium 1976, ed. by Herbert Giersch, Tübingen 1977, S. 141 ff.

Markert, Friedrich: Rechtsinstitute der Agrarmarktordnungen, Erlangen, Nürnberg 1978

Mason, Edward Sagendorph: Controlling World Trade, New York, London 1946 (Reprint New York 1972)

Matthias, Annette: Integrationsrechtliche Probleme im Recht der Europäischen Gemeinschaften (Das Problem der Willensverschränkung), Berlin 1979

McFadyean, Andrew: The History of Rubber Regulation 1934 - 1943, London 1944

Meerhaeghe, M. A. G. van: International Economic Institutions, 2nd edition, London and Southampton 1971

Meinunger, Bernd: Zur Problematik der Stabilisierung des Weltweizenmarktes mit Hilfe nationaler Markt- und Preispolitik und internationaler Abkommen, München 1975

Meng, Werner: Das Recht der Internationalen Organisationen — eine Entwicklungsstufe des Völkerrechts, Baden-Baden 1979

Metzger, Stanley D.: UNCTAD, in: AJIL 61 (1967), S. 756 - 775

Meyer, Klaus: Die Integration und ihre Institutionen, in: Außenpolitik, 1971, 646 - 659

Mikesell, Raymond F.: The World Copper Industry, Baltimore, London 1979

Mikusch, Gustav: Geschichte der internationalen Zuckerkonventionen, Berlin 1932

Mingst, Karen A.: Economic Determinants of International Commodity Regulations, in: JWTL Vol. 13 (1979), S. 158

Modelski, George: Agraria and Industria: Two Models of the International System, in: The International System, ed. by Klaus Knorr and Sidney Verba, Princeton 1961

Möbius, Klaus: Natur- und Synthese-Kautschuk in der Weltwirtschaft, Tübingen 1969

Möller, Hans: Internationale Wirtschaftsorganisationen, Wiesbaden 1960

— Wohin treibt die EG? — Eine mittelfristige Prognose, in: Wirtschaftsdienst 1980/VII, S. 319 - 322

Mosler, Hermann: Der Vertrag über die Europäische Gemeinschaft für Kohle und Stahl — Entstehung und Qualifizierung, in: ZaöRV 1952/53, S. 1 - 45

— National- und Gemeinschaftsinteresse im Verfahren des EWG-Ministerrats, in: ZaöRV Bd. 26 (1966), S. 1 ff.

Morbach, Reiner: UNCTAD V — Rückblick und Ausblick, in: Wirtschaftsdienst, 1979, S. 351 ff.

Moss, Alfred George / *Winton,* Harry N. M.: A New International Economic Order, Selected Documents 1945 - 1975, o. O., o. J. (Unitar Document Service No. 1, UN-Institute for Training and Research)

Mostecky, Vaclav / *Doyle,* Francis R. (Hrsg.): Index to multilateral Treaties 1956 - 1963, Harvard Law School Library, Cambridge, Mass. 1965

Münch, Kurt: Wirtschaftliche Selbstverwaltung, Hamburg 1936

Nagao, Masatumi: Conditions for Improving the Transfer of Technologie: UNCTAD's Approach, in: Reshaping the World's Economic Order, ed. by Herbert Giersch, Tübingen 1977, S. 231 ff.

Nass, Klaus Otto: Institutionelle Probleme des Agrarmarktes, in: Agrarrecht der EWG, Kölner Schriften zum Europarecht, Bd. 10 (KSE 10), S. 147 - 168, Köln, Berlin, Bonn, München 1969

— Die Träger der Agrarpolitik in der EWG, in: Die Willensbildung in der Agrarpolitik, hrsg. v. H.-G. Schlotter, München, Bern, Wien 1971, S. 179 bis 198

Nicolaysen, Gert: Europäisches Gemeinschaftsrecht, Stuttgart, Berlin, Köln, Mainz 1979

Nies, Alfred: Internationale Kartelle, Mannheim 1959

Noel, Emile: Der Ausschuß der Ständigen Vertreter, in: EuR 1967, S. 24 - 54

Noel, Emile / *Etienne,* Henri: Quelques aspects des rapports et de la collaboration entre le Conseil et la Commission, in: La décision dans les Communautés européenes, hrsg. v. Pierre Gerbet et Daniel Pepy, Bruxelles 1969

— Zur Entwicklung der europäischen Institutionen: Der Ausschuß der Ständigen Vertreter und die Vertiefung der Gemeinschaften, in: EuR 1972, S. 137 - 158

OECD: Agrarpolitischer Jahresbericht 1977, hrsg. v. BML, Bonn 1978

— Angebotssteuerung in der Landwirtschaft, hrsg. vom BML, Bonn 1974

OECE: Organisation Européenne de Cooperation Economique — Historique et Structure, Paris 1957

OEEC: Rules of Procedure of the Organization, Paris 1956

— Agrarstruktur, Marktregelung, Preisstützung in Europa und Nordamerika, Deutsche Übersetzung 1959, hrsg. v. BMWi und BML

— Agrarpolitik in Europa und Nordamerika, Deutsche Übersetzung, 2. Aufl. 1958, hrsg. vom Bundesministerium für Wirtschaft (BMWi) in Zusammenarbeit mit dem Bundesministerium für Ernährung, Landwirtschaft und Forsten (BML)

Olivier, E. M.: L'Avenir de la Politique Agricole Commune — L'Agriculture: Matière Première de l'Industrie du Futur, in: Révue du Marché Commun, No. 237, Mai 1980, S. 229 - 234

Olmi, Giancarlo: The Role of Community and National Institutions in the Implementation of the Common Agricultural Policy, in: European Integration, ed. by Michael Hodges, Harmondsworth, Baltimore, Ringwood 1972, S. 241 - 264

Ophüls, Carl Friedrich: Die Mehrheitsbeschlüsse der Räte in den Europäischen Gemeinschaften, in: Europarecht (EuR) 1966, S. 193 ff.

— Zur ideengeschichtlichen Herkunft der Gemeinschaftsverfassung, in: Probleme des europäischen Rechts (Festschrift f. Walter Hallstein), Frankfurt/M. 1966, S. 387 - 413

— Die Europäischen Gemeinschaftsverträge als Planungsverfassungen, in: Joseph H. Kaiser, Planung I, Baden-Baden 1965, S. 229 ff.

Otzen, Peter H.: Möglichkeiten und Grenzen der internationalen Zusammenarbeit auf dem Weltmarkt für Getreide, Kiel 1970

Park, Hi-Chun: Auswirkungen der Exportinstabilität auf das Wirtschaftswachstum in den Entwicklungsländern, Diessenhofen 1979

Passow, Luise: Zwischenstaatliche Regulierung des Weizenangebots auf dem Weltmarkt, in: Weltwirtschaftliches Archiv, 45. Bd. 1937, S. 171 - 199

Pellet, Alain: Le Droit International du Développement, Paris 1978

Pennock, J. A.: La Question du Sucre en Europe depuis la Guerre Mondiale, Thèse Lausanne (Paris 1935)

Penzler, Johannes / *Ehrenberg*, Hermann (Hrsg.): Bde. I u. II, Bde. III u. IV, Graf Posadowsky als Finanz-, Sozial- und Handelspolitiker, Bd. I - IV, Leipzig 1907, 1908, 1911, 1911

Pescatore, Pierre: L'ordre juridique des Communautés Européennes, Liège 1973

Petersmann, Ernst U.: „Entwicklungsvölkerrecht", „Droit International du Développement", "International Economic Development Law": Mythos oder Wirklichkeit? in: Jahrbuch für Internationales Recht, Bd. 17 (1975), S. 145 - 176

— Die Dritte Welt und das Wirtschaftsvölkerrecht, in: ZaöRV (1976) (36/1 - 3), S. 492 ff.

— Das Internationale Kakao-Abkommen 1972, in: ZaöRV Bd. 33 (1973), S. 489 ff.

Peuker, Thomas: Eine Erweiterung des Thünen-Modells um Klimafaktoren und technischen Fortschritt, phil. Diss. Heidelberg 1966

Plate, Roderich: Agrarmarktpolitik, Bd. 1, München, Bern, Wien 1975, Bd. 2, München, Basel, Wien 1970

Plummer, Alfred: International Combines in Modern Industry, London, Third edition 1951

Politis, Nicolas: L'Organisation de l'Union Internationale des Sucres, in: Révue de Science et de Législation financières, 2. Jahrg. 1904, S. 1 ff.

Poullet, Edouard / *Deprez,* Gérard: Struktur und Macht der EG-Kommission, Bonn 1976, auch in: Sasse / Poullet / Coombes / Deprez, Decision Making in the European Community, New York, London 1977

Predöhl, Andreas: Außenwirtschaft, 2. Aufl. Göttingen 1971

— Das Ende der Weltwirtschaftskrise, Reinbek b. Hamburg 1962

— Art. Weltwirtschaftskonferenzen, in: HdSW, Bd. 11, 1961, S. 614

Priebe, Reinhard: Entscheidungsbefugnisse vertragsfremder Einrichtungen im Europäischen Gemeinschaftsrecht, Baden-Baden 1979

Priebe, Hermann: Landwirtschaftspolitik, in: Hans von der Groeben, Ernst-Joachim Mestmäcker, Ziele und Methoden der europäischen Integration, Frankfurt/M. 1972, S. 148 ff.

Pryce, Roy: The Politics of the European Community, London 1973

Radke, Detlef: Überblick über bestehende und mögliche multilaterale Rohstoffvereinbarungen, in: Hartmut Brandt et al., Das integrierte Rohstoffprogramm, Berlin 1978, S. 37

Rahman, Ibrahim Helmi Abdel / *Hesse,* Helmut: Industrialization, Trade and International Division of Labour, in: Reshaping the International Order (RIO), Co-ordinator: Jan Tinbergen, London 1976, S. 141 ff.

Rahn, Hans-Georg: Das Instrumentarium der gemeinsamen Agrarpolitik, in: RIW/AWD, 1980-4, S. 262 - 269

— Zum Recht der Ausfuhrerstattungen, in: RIW/AWD, H. 8, August 1980, S. 563 - 569

Raw-Material: Problems and Policies, hrsg. von der League of Nations, Geneva 1946

Rayner, A. J. / *Reed,* G. V.: Domestic price stabilisation, trade restrictions and buffer stock policy: A theoretical policy analysis with reference to EEC agriculture, in: European Review of agricultural Economics (Den Haag) 1978, 101 - 118

Reichwein, Adolf: Die Rohstoffwirtschaft der Erde, Jena 1928

Reinsch, Paul Samuel: Public International Unions, Boston, London 1911

Remus, Rolf: Kommission und Rat im Willensbildungsprozeß der EWG, Meisenheim am Glan 1969

Re-Making the System of World Trade: A proposal for institutional reform, by: The American Society of Intern. Law, Washington, D. C. 1976

Rengeling, Hans-Werner: Rechtsgrundsätze beim Verwaltungsvollzug des Europäischen Gemeinschaftsrechts, Köln, Berlin, Bonn, München 1977 (KSE 27)

Richter, Bodo: Völkerrecht, Außenpolitik und internationale Verwaltung bei Lorenz von Stein, Hamburg 1973

Rievel, Ernst: Die deutsche und die internationale Zuckerkontingentierung, Köln 1933 (Alfeld 1934)

Rigaux, François: Pour un autre Ordre International, Paris 1979

Rijn, T. P. J. N. van: Le Comité des Représentants Permanents dans les Communautés élargies, in: Cahiers de droit européen (CDE) 1972, S. 637

Riklin, Alois: Die Europäische Gemeinschaft im System der Staatenverbindungen, Bern 1972

Ritter, Carl: Über die geographische Verbreitung der Baumwolle und ihr Verhältnis zur Industrie der Völker alter und neuer Zeit, Berlin 1852

Rittershausen, Heinrich: Internationale Handels- und Devisenpolitik, 2. Aufl., Frankfurt/M. 1955

Rodemer, H.: Wechselkursänderungen und EWG-Agrarmarkt — Die Kontroverse um den Grenzausgleich, Kiel 1974

Röpke, Wilhelm: Internationale Ordnung, Erlenbach, Zürich 1945

Rogge, Karl: Hundert Jahre Zuckerpolitik, in: Zucker, Zeitschrift für Zuckerrübenbau-Zuckerindustrie-Hefeindustrie (Hrsg.: Verein der Zuckerindustrie), [Hannover] 3. Jahrgang Nr. 17 v. 1. Sept. 1950, S. 361 - 365

— Die Überprüfung des Internationalen Zuckerabkommens und die Lage auf dem Weltzuckermarkt, in: Zucker Jahrbuch, (Hamburg) 1957, 373 - 400

Rosenbach, Georg: Status und Vertretung der Europäischen Gemeinschaften in internationalen Organisationen, München 1979

Rostow, Walt Whitman: The World Economy, History and Prospect, London and Basingstoke 1978

Rowe, John Wilkinson Foster: Primary Commodities in International Trade, Cambridge 1965

Sackur, Martin: Die handelspolitische „Abschöpfung" 1. Ein geschichtl. Rückblick 2. Das System, in: Berichte über Landwirtschaft, N. F. 43 (1965), 1 S. 121 - 125 u. 4 S. 697 - 712

Salmon, Jean J. A.: Les représentations et missions permanentes auprès de la CEE et de l'Euratom, in: Michel Virally, Pierre Gerbet, Jean Salmon, Les Missions Permanentes auprès des Organisations Internationales, Bruxelles 1971, S. 561 - 830

— Le rôle des représentations permanentes, in: La décision dans les Communautés européennes, Bruxelles 1969, S. 57 - 73

Sanne, Carl Werner: Deutscher Beitrag zur Sicherung der Welternährung, in: Bulletin der Bundesregierung Nr. 62 v. 16. 5. 1979, S. 579

Sartorius v. Waltershausen, August: Die Entstehung der Weltwirtschaft, Jena 1931

— Die Umgestaltung der zwischenstaatlichen Wirtschaft, Jena 1935

Sasse, Christoph: Regierungen, Parlamente, Ministerrat, Bonn 1975; auch in: Christoph Sasse, Edouard Poullet, David Coombes, Gérard Deprez, Decision Making in the European Community, New York - London 1977

— Die Zukunft der Verfassung der Europäischen Gemeinschaft, in: EA 1972, S. 87 - 100

Sattler, Andreas: Das Prinzip der „funktionellen Integration" und die Einigung Europas, Göttingen 1967

Seidl-Hohenveldern, Ignaz: Die „neue Weltwirtschaftsordnung" und unser innerstaatliches Recht, in: FS Fritz Schwind, Wien 1978, 269 ff.

— Planung im Rahmen internationaler Rohstoffabkommen, in: Joseph H. Kaiser, Planung IV (Planung international), Baden-Baden 1970, S. 281 bis 297

— Das Recht der Internationalen Organisationen einschließlich der Supranationalen Gemeinschaften, 2. Aufl., Köln, Berlin, Bonn, München 1971

Seiffert, Wolfgang: Rechtsformen und besondere Wesenszüge der sozialistischen ökonomischen Integration der Mitgliedsländer des RGW, in: Rechtsfragen der Integration und Kooperation in Ost und West, hrsg. v. Otto Wolff von Amerongen, Berlin 1976, S. 61 - 78

Senghaas, Dieter: Friedrich List und die Neue internationale ökonomische Ordnung, Leviathan, 3. Jg. 1975, S. 292 - 300

Senghaas, Dieter / *Menzel,* Ulrich (Hrsg.): Multinationale Konzerne und Dritte Welt, Opladen 1976

Senghaas, Dieter: Weltwirtschaftsordnung und Entwicklungspolitik, Frankfurt/M. 1977

Senti, Richard: Internationale Rohprodukteabkommen, Diessenhofen 1978

Silberschmidt, Max: Die Weltwirtschaftskrise 1929 - 1931, in: Festgabe Hans von Greyerz, hrsg. von Ernst Walder u. a., Bern 1967

Singh, Shamsher: The International Dialogue on Commodities, World Bank Reprint Series: No. 39, Washington 1976

Singh, Shamsher / *de Vries,* Jos / *Hulley,* John C. L. / *Yeung,* Patrick: Coffee, Tea and Cocoa, Baltimore and London 1977

Smith, Adam: Der Wohlstand der Nationen, München 1974 (übers. nach der 5. Aufl. von An Inquiry into the Nature and Causes of the Wealth of Nations, London 1789, von Horst Claus Recktenwald)

Smith, David N. / *Wells,* Louis T. Jr.: Mineral Agreements in Developing Countries: Structures and Substance, in: Am. Journal of International Law, Vol. 69, 1975, S. 560 ff.

Solomon, Norman B. / *Schuhmacher,* Erwin: Technologietransfer, Düsseldorf, Köln 1977

Sonthofen, Wolfgang: Völkerrechtliche Grundlagen des internationalen Warenhandels, Freiburg i. Br. 1936

Suma, Said Mohammad: Möglichkeiten und Hindernisse der Investitionsförderung in „armen" Entwicklungsländern — unter besonderer Berücksichtigung der Gemeinschaftsunternehmen und der Finanzinstitute, Bonn 1977

Spinelli, Altiero: Agenda pour l'Europe, Paris 1972

Spröte, Wolfgang: Resolutionen zu Grundfragen der internationalen Wirtschaftsbeziehungen, Berlin (DDR), 1978

Swerling, Boris C.: International control of sugar 1918 - 41, Stanford, Cal. 1949

Schachter, Oscar: Sharing the World's Ressources, New York 1977

Schander, Alfred: Die völkerrechtliche Regelung der Zuckererzeugung, Halle und Berlin 1937

Schanze, Erich: Formen der Vertragsgestaltung, in: Christian Kirchner et al., Rohstofferschließungsvorhaben in Entwicklungsländern, Frankfurt/M., Deventer 1977, S. 351 ff.

Scherer, Josef: Die Wirtschaftsverfassung der EWG, Baden-Baden 1970

Schermers, Henry G.: International Institutional Law, Vol. I u. II, Leyden 1972

Scheuer, Hans / *Weinstock*, Ulrich: Administrative Strukturen der Europäischen Gemeinschaft, Bonn 1977

Schiller, Karl: Marktregulierung und Marktordnung in der Weltagrarwirtschaft, Jena 1940

Schilling, Karl: Der Europäische Wirtschaftsrat (OEEC) und das Abkommen über die Europäische Zahlungsunion (EZU), in: EA 1952, 4873 - 4898

Schippel, Max: Zuckerproduktion und Zuckerprämien bis zur Brüsseler Konvention 1902, Stuttgart 1903

Schirmer, Wilhelm Gerhard / *Meyer-Wöbse*, Gerhard: Internationale Rohstoffabkommen. Vertragstexte mit einer Einführung und Bibliographie, hrsg. v. Gottfried Zieger, München, New York 1980

Schmerbach, Gerhard / *Friedrich*, Siegfried: Das internationale Zucker-Übereinkommen von 1958, Ratzeburg 1959

Schmid, Karl: Europa zwischen Ideologie und Verwirklichung, Zürich und Stuttgart 1966

Schmidt, E.: Zur gegenwärtigen Lage und zukünftigen Entwicklung der Weltzuckerwirtschaft, in: Agrarwirtschaft 1974, S. 265 ff.

Schmidt, Odilo: Zuckerwirtschaft und Zuckerpolitik in Westdeutschland seit 1945, Freiburg i. Br. 1957

Schmidt, Otto: Die agrarpolitischen Grundlagen des Zuckerrübenanbaues und der Zuckerwirtschaft im Hinblick auf die deutsche Außenhandelspolitik und die Europäische Wirtschaftsgemeinschaft, Gießen 1962

Schmitt von Sydow, Helmut: Die Verwaltungs- und Regelungsausschußverfahren der EWG, Heule, Brüssel, Namur 1973

Schmitt von Sydow, Helmut / *Rosenbach*, Georg: Organe der erweiterten Europäischen Gemeinschaften — Die Kommission, Baden-Baden 1980

Schmitz, Friedrich: Regulierungsprobleme auf den Weltrohstoffmärkten, Köln 1960

Schmitz, Peter Michael: Der Grenzausgleich im Agrarhandel, in: Wirtschaftsdienst 1979/341 ff.

Schneider, Ernst: Die Weltzuckerindustrien in der Nachkriegszeit unter besonderer Berücksichtigung der internationalen Zuckerkonventionen, Köln 1938

Schneider, Heinrich / *Hrbek*, Rudolf: Die Europäische Union im Werden, in: Möglichkeiten und Grenzen einer Europäischen Union, Bd. 1: Die Europäische Union als Prozeß, hrsg. v. Hans von der Groeben und Hans Möller, Baden-Baden 1980, S. 273 - 472

Schöllhorn, Johann: Internationale Rohstoffregulierungen, Berlin, München 1955

Schönfeld, Roland: Deutsche Rohstoffsicherungspolitik in Jugoslawien 1934 bis 1944, in: Vierteljahreshefte für Zeitgeschichte, 1976, S. 215 ff.

— Der Ostblock im Nord-Süd-Konflikt, in: Ztschrft. für Politik, 24. Jg. (1977), S. 389 ff.

Schulz, Günther: Entwicklungsformen internationaler Gesetzgebung, Göttingen 1960

Schumpeter, Joseph A.: Konjunkturzyklen, Bd. I, Göttingen 1961

Schwarzmann, Maurice: Discussion: Kennedy Round Agricultural Negotiations and the World Grains Agreement, in: Journal of Farm Economics 1967, S. 1341 ff.

Schweigert, Alexander: Die neuere Entwicklung der Wettbewerbslage zwischen Rohrzucker und Rübenzucker auf dem Weltmarkt, Hannover 1958

Stadler, Theodor Willy: Kartelle und Schutzzoll, Berlin 1933

Stavropoulos, Constantin A.: Rechtsgutachten, in: UN Juridical Yearbook 1968, New York 1970 (auch Doc. TD/SUGAR. 7/4 and Corr. 1 - 3)

Steffen, Fritz: Die Auswärtige Gewalt und der Reichspräsident, Berlin-Grunewald 1933

Steiger, Heinhard: Staatlichkeit und Überstaatlichkeit, Berlin 1966

Stocking, Georg W. / *Watkins*, Myron, W.: Cartels or Competition? New York 1948

Stödter, Rolf: Völkerrecht und Weltwirtschaft, in: ZaöRV XIII (1950), S. 67 ff.

Stone, Donald C.: The Application of Scientific Management Principles to International Administration, in: The American Political Science Review, Vol. XLII (1948), 915 - 926 (Reprint New York, London 1971)

Tacke, E. F.: Der Welthandel in Zucker und seine Regulierung, in: Berichte über Landwirtschaft, N. F. Bd. 40 (1962), S. 432 - 459

Tacke, E. F. / *Stepanov*, A. S. / *Walker*, J. Gordon / *Ali*, L. / *Henning*, H.: The World Sugar Economy, Structure and Policies, Vol. I: National Sugar Economics and Policies, hrsg.: International Sugar Council, London 1963

Tacke, E. F. / *Stepanov*, A. S. / *Ali*, L. / *Hallmans*, M. G. W.: The World Sugar Economy, Structure and Policies, Vol. II: The World Picture, hrsg.: International Sugar Council, London 1963

Taylor, Stephen: Die Europäischen Gemeinschaften als Verhandlungspartner im Nord-Süd-Dialog, in: EA 1977, 721 - 730

Teichmann, Ulrich: Die Politik der Agrarpreisstützung, Köln-Deutz 1955

Thiede, Günther: Einflüsse der wirtschaftlichen und technischen Innovationen auf die Neuorientierung der Agrarerzeugung und der Agrarpolitik, in: Beiträge zur Weiterentwicklung der Agrarpolitik, hrsg. v. Werner Ernst und Rainer Thoss, Münster 1977, S. 9 - 33

von Thünen, Johann Heinrich: Der isolierte Staat in Beziehung auf Landwirtschaft und Nationalökonomie, Jena 1910 — Neudruck nach den 1./2. Aufl. 1842/1850

Tietzel, Manfred: Internationale Rohstoffpolitik, Bonn-Bad Godesberg 1977

Timmler, Markus: Von Algier nach Lima, Köln 1972

— Die Konferenz der „Gruppe der 77" und die Charta von Algier, Köln 1968

— Die Schlüsselfunktion des Gemeinsamen Fonds, in: Außenpolitik, 1979, S. 210 ff.

Timoshenko, Vladimir P. / *Swerling*, Boris C.: The World's Sugar — Progress and Policy, Stanford, Cal. 1957

Tinbergen, Jan (Co-ordinator): Reshaping the International Order (RIO), London 1977

Tindemans, Leo: Die Europäische Union, Bericht an den Europäischen Rat — Übersetzung — Brüssel, Dezember 1975 (Tindemans-Bericht)

Titze, Klaus Otto: Internationale Planungen auf den Weltrohstoffmärkten — ihre Darstellung und kritische Würdigung, Darmstadt 1958

Tobler, Achim: Die Französische Handelspolitik in der Weltwirtschaftskrise (Herbst 1929 bis Febr. 1936), Heidelberg 1938 (Speyer 1938)

Todenhöfer, J. G.: Wachstum für alle. Plädoyer für eine Internationale Soziale Marktwirtschaft, Stuttgart 1976

Toll, Benno Baron von: Die internationalen Bureaux der allgemeinen völkerrechtlichen Verwaltungsvereine, Tübingen 1910

Toncić-Sorinj, Lujo: Rolle und Aufgabe der Generalsekretäre internationaler Organisationen, in: EA 9/1977, S. 279 - 284

Towards a New International Economic Order, Report by a Commonwealth Experts Group, London o. J. (1975)

Treiber, Richard: Die Probleme der deutschen Zuckerwirtschaft in der Gegenwart unter besonderer Berücksichtigung des Internationalen Chadbourne-Abkommens v. 9. Mai 1931, Tübingen 1933

Tyler, William G. (ed.): Issues and Prospects for the New International Economic Order, Lexington, Mass., Toronto 1977

Uhlmann, Friedrich: Gegenwärtige und zukünftige Tendenzen der Weltgetreidewirtschaft, Völkenrode 1974

Urff, Winfried von: Zur Funktion des Grenzausgleichs bei Wechselkursänderungen im System der EWG-Agrarmarktordnungen, in: Agrarwirtschaft 1974, S. 161 ff.

Usher, John A.: Agricultural Markets: Their Price-systems and Financial Mechanisms, in: ELR (European Law Review), Vol. 4 (1979), S. 147 - 165

Ustor, Endre: Decision-Making in the Council for Mutual Economic Assistance, in: Receuil des Cours, 1971 III, S. 163 - 296

Valki, Laszlo: Beschlußfassung und Mechanismus der Zusammenarbeit im RGW, in: Rechtsfragen der Integration und Kooperation in Ost und West, hrsg. von Otto Wolff von Amerongen, Berlin 1976, S. 79 - 89

Vandersanden, G. / *Barav*, A.: Contentieux Communautaire, Brüssel 1977

Vedel Report / Bericht Vedel, in: Bulletin der EG, Beilage 4/1972

Verdross, Alfred / *Simma*, Bruno: Universelles Völkerrecht, Berlin 1976

Die Versorgung der Welt mit Rohstoffen. Bericht über den wissenschaftlichen Teil der 39. Mitgliederversammlung der ArGE dt. wiwi Forschungsinstitute e. V. in Bonn-Bad Godesberg am 6. u. 7. Mai 1976 (Beihefte der Konjunkturpolitik 23)

Vignes, Daniel: Le rôle du Sécrétariat des Conseils, in: La décision dans les Communautés européennes, Bruxelles 1969, S. 75 - 81

Virally, Michel / *Gerbet*, Pierre / *Salmon*, Jean: Les Missions Permanentes auprès des Organisations Internationales, Bruxelles 1971

Volle, Hermann / *Rehbein*, Herbert: Das internationale Weizenabkommen (v. 1940), in: Europa-Archiv 1948, 1499 ff.

Vorschläge für eine Reform der Kommission der Europäischen Gemeinschaften und ihrer Dienststellen, Bericht erstellt unter Vorsitz von Dirk Spierenburg, Brüssel, September 1979 (Spierenburg-Bericht)

Vries, Jos de: Compensatory Financing: A Quantitative Analysis, IBRD, Bank Staff Working Paper No. 228) o. O. 1975

— Structure and Prospects of the World Coffee Economy, IBRD, Bank Staff Working Paper 208, Washington 1975

Wallace, Benjamin Bruce / *Edminster,* Lynn Ramsay: International Control of Raw Materials, Washington, D. C. 1930

Wächter, Hans H.: Die Preispolitik für landwirtschaftliche Erzeugnisse in der EWG, in: Agrarwirtschaft und Agrarpolitik, hrsg. v. Eberhard Gerhardt und Paul Kuhlmann, Köln, Berlin 1969, S. 418 - 484

Wälde, Thomas: Transnationale Investitionsverträge — Rohstoffvorhaben in Entwicklungsländern, in: Rabels Zeitschrift für ausländisches und internationales Privatrecht, 1978, S. 28 - 86

Waltermann, Franz: Umstrittene EWG-Agrarpolitik — Gedanken zur Reform, Köln 1975

Wang, Jen-Huong: Die Konferenz der Vereinten Nationen über Handel und Entwicklung (UNCTAD) als neuer Faktor in der internationalen Organisation des Welthandels, Heidelberg 1970

Wassermann, Ursula: UNCTAD: Export Credit Guarantee Facility, in: JWTL Vol. 13, 1979, S. 263

— Commodities in UNCTAD: Rubber, in: JWTL Vol. 11 (1977), S. 287

— Jakarta Natural Rubber-Agreement 1976, in: JWTL Vol. 11 (1977), S. 289

— International Sugar Agreement, 1977, in: JWTL Vol. 12 (1978), S. 83 ff.

— UNCTAD: The Common Fund, in: JWTL Vol. 13 (1979), S. 355

Weber, Albrecht: Neuere Tendenzen im Integrationsrecht Lateinamerikas, in: VRÜ 1978, S. 89 ff.

Weber, Hermann: Der Anspruch auf Entwicklungshilfe und die Veränderungen des Internationalen Wirtschaftsrechts, in: VRÜ 1978, S. 5 ff.

Wegener, Henning: Sozialistische Länder und neue Weltwirtschaftsordnung, in: EA 1977, S. 293 ff.

Wei, Wu-Lien: Die EWG und die internationale Nahrungsmittelhilfe, Heidelberg 1977

Weise, Herbert: Die NIEO und ihre finanziellen Implikationen für die sozialistischen Industrieländer, in: Osteuropa-Wirtschaft 1978, 1, S. 46 - 57

Weizen als Waffe, hrsg. vom North American Congress on Latin America (NACLA), Reinbek 1976

Wickizer, Vernon D.: Tea under International Regulation, Stanford/Cal. 1951

— The World Coffee Economy with special reference to Control Schemes, Stanford, Cal. 1943

Wildhaber, Luzius: Multinationale Unternehmen und Völkerrecht, in: Internationalrechtliche Probleme multinationaler Kooperationen, S. 7 - 62, Heidelberg, Karlsruhe 1978 (H. 18 der Berichte der Dt. Ges. für VöR)

Wilkinson, Harold François: Etude des initiatives internationales en vue de la stabilisation des marchés des produits de base, Paris 1959

Willgerodt, Hans: Der „Gemeinsame Agrarmarkt der EWG“, Tübingen 1974

— Die Grundprobleme der Weltwirtschaftsordnung, in: Internationale Wirtschaftsordnung, hrsg. v. Helmut Gröner u. Alfred Schüller, Stuttgart, New York 1978

Winham, Gilbert R.: The Mediation of Multilateral Negotiations, in: JWTL 13 (1979), S. 193

Winter, Helmut: Institutionalisierung, Methoden und Umfang der Integration im RGW, Stuttgart 1976

Wirsing, Erich: Aufgaben und Stellung der Kommission in der Verfassungsstruktur der EWG, in: Formen der Willensbildung in den europäischen Organisationen, hrsg. v. Gerda Zellentin, Frankfurt/M., Bonn 1965, S. 49 bis 74

Wissenschaftlicher Beirat beim Bundesministerium für wirtschaftliche Zusammenarbeit, Auf dem Wege zu einer neuen Weltwirtschaftsordnung, Stuttgart 1978

Wojtkowiak, Georg: Strukturprobleme der Welt-Teewirtschaft, Hamburg 1973

Wolf, Julius: Der deutsch-amerikanische Handelsvertrag — Die kubanische Zuckerproduktion und die Zukunft der Zuckerindustrie, Jena 1906

Woodruff, William: Die Entstehung einer Internationalen Wirtschaft 1700 bis 1914, in: Europäische Wirtschaftsgeschichte, hrsg. v. Carlo M. Cipolla, Bd. 4, Stuttgart, New York 1977, S. 435 ff.

Wruck, Horst: Internationale Marktvereinbarungen, Berlin 1970

Zellentin, Gerda: Formen der Willensbildung in den europäischen Organisationen, Frankfurt/M. 1965

Zemanek, Karl: Das Vertragsrecht der internationalen Organisationen, Wien 1957

Zieger, Gottfried: Die Stellung der Gemeinschaft und ihrer Organe in internationalen Organisationen, in: KSE Bd. 25 (1974), S. 103

— Rechtsformen und besondere Wesenszüge der Integration Westeuropas, in: Rechtsfragen der Integration und Kooperation in Ost und West, hrsg. v. Otto Wolff von Amerongen, Berlin 1976, S. 43 - 60

Die Zuckerwirtschaft der Comecon-Länder, in: F. O. Lichts Europäisches Zuckerjournal, Spezialausgabe, Ratzeburg 1974

Zusammenarbeit der RGW-Länder in der Planung — Rechtsfragen —, Gesamtredaktion Manfred Kemper, Berlin (DDR) 1977

FSC
www.fsc.org
MIX
Papier | Fördert
gute Waldnutzung
FSC® C083411

Kolibri 360 GmbH
Ferdinand-Jühlke-Straße 7
99095 Erfurt, Deutschland
produktsicherheit@kolibri360.de

Druck:
CPI Druckdienstleistungen GmbH
im Auftrag der
Kolibri 360 GmbH
Ferdinand-Jühlke-Str. 7
99095 Erfurt